BAEDEKER SMART

ANDALUSIEN

Perfekte Tage mit maurischer Pracht

Verlag Karl Baedeker – www.baedeker.com

Inhalt

Kapiteleinteilung: siehe vordere Umschlaginnenseite

TOP 10

Was muss ich gesehen haben? Unsere TOP 10 helfen Ihnen, von der absoluten Nummer eins bis zur Nummer zehn, die wichtigsten Sehenswürdigkeiten einzuplanen.

1 GRANADA ➤ 82
In der Alhambra (Abb. links), der letzten maurischen Königsresidenz auf spanischem Boden, wird man an Tausendundeine Nacht erinnert. Ein maurisches Erbe ist auch das Stadtviertel Albaicín gegenüber.

2 CÓRDOBA ➤ 114
Die Mezquita, die ehemalige Hauptmoschee des westlichen Islam, die 25 000 Gläubigen Platz bot, ist die bedeutendste Schöpfung maurisch-religiöser Baukunst in Spanien.

3 SEVILLA ➤ 144
Neben der Giralda, dem Wahrzeichen der Stadt, erhebt sich die größte gotische Kirche der Welt. Aus der einstigen Burg der maurischen Herrscher ließ ein König das schönste Zeugnis mudejarer Baukunst in Spanien schaffen.

4 RONDA ➤ 50
Zu den imposantesten Bauwerken der Stadt, die als die Wiege des heutigen Stierkampfs gilt, zählt der Puente Nuevo, von dem man eine grandiose Aussicht genießt.

5 ÚBEDA ➤ 122
Wohlhabende Bürger ließen hier einst prächtige Paläste bauen und schufen so ein einmalig geschlossenes Stadtbild der Renaissance.

6 CARMONA ➤ 158
Glanzpunkt Carmonas ist neben dem schönen Stadtkern die Necrópolis Romana, die bedeutendste römische Grabanlage Spaniens. Manche Gräber ähneln unterirdischen Palästen.

7 JEREZ DE LA FRONTERA ➤ 53
In der »Welthauptstadt des Sherry« laden zahlreiche Weinkeller zum Besuch ein. Und in der Königlichen Andalusischen Schule der Reitkunst kann man Pferden beim »Tanzen« zusehen.

8 LAS ALPUJARRAS ➤ 94
Die reizvolle Bergwelt der Alpujarras mit ihren steilen Tälern und vielen weißen Dörfern bietet vielfältige Möglichkeiten zum Bergsteigen, Wandern und Mountainbiking.

9 PARQUE NACIONAL COTO DE DOÑANA ➤ 160
Der Park zählt zu den schönsten Naturräumen Europas und bietet vielen hier überwinternden Zugvögeln ein imposantes Refugium.

10 COSTA DEL SOL ➤ 56
Die »Sonnenküste« zwischen Málaga und Estepona ist ein Paradies für diejenigen, die nachts gern durchfeiern und tagsüber Entspannung am Strand suchen.

DAS ANDALUSIEN

Erleben, was die Autonome Region im Süden Spaniens ausmacht, ihr einzigartiges Flair spüren. So, wie die Andalusier selbst.

IR DE COPAS

Viele Spanier lieben es, von Kneipe zu Kneipe zu ziehen, um dort jeweils eine *caña*, ein kleines Bier, ein Glas Rotwein oder einen *fino*, einen trockenen Sherry, in Verbindung mit einer köstlichen *tapa* zu sich zu nehmen. Machen Sie das auch (anstelle des Abendessens), und suchen Sie sich die Kneipen aus, wo das größte Gedränge herrscht! Dort gibt es die besten *tapas*, und man kommt mit anderen Gästen leicht ins Gespräch. Gute *tapas*-Städte sind Almería, Córdoba, Granada, Málaga und Sevilla.

FIESTAS

Um die andalusische Seele kennenzulernen –, die religiöse Inbrunst, aber auch die Ausgelassenheit bei Feiern – bieten sich die Semana Santa und die Feria de Abril von Sevilla, die beiden größten Festivitäten Spaniens, bestens an. Ähnliche Erlebnisse macht man aber auch auf jeder Dorfkirmes, denn jede andalusische Gemeinde feiert einmal im Jahr ihren Ortsheiligen – zuerst mit kirchlicher Messe oder Prozession und dann mit gutem Essen, Tanz und Feuerwerk.

EL ROCÍO

An 362 Tagen im Jahr ist El Rocío (➤ 166) ein staubiges 800-Seelen-Nest. Von Pfingstsamstag bis Pfingstsonntag aber findet hier die ausgelassenste Wallfahrt Andalusiens statt, die Romería del Rocío, bei der Tausende von Pilgern aus allen Teilen Spaniens den Parque Nacional Coto de Doñana durchwandern bzw. hoch zu Ross und im Feiertagsanzug (die Damenwelt in bunten Flamencokleidern) den girlandengeschmückten Prozessionskarren mit einer Marienfigur begleiten. Nachts wird bei dieser Wallfahrt ausgiebig getanzt, üppig gegessen, und der Alkohol fließt in Strömen. Ohrenbetäubenden Lärm machen die Musikinstrumente und die Knallfrösche bei der abschließenden Prozession in El Rocío.

FLAMENCO

Flamenco ist typisch andalusisch. Zu den Hochburgen dieser Kunst zählen Málaga, Ronda, Jerez de la

GEFÜHL

Anmut, Grazie und Passion: Tänzerin bei der World Flamenco Fair in Sevilla

Frontera, Cádiz (➤ 63), Córdoba (➤ 114) und Sevilla (➤ 144). Fragen Sie in den Tourismusbüros, den *oficinas de turismo*, nach authentischem Flamenco, um nicht in »Schuppen« mit mittelmäßigen Darbietungen und überteuerten Preisen zu landen. Je authentischer die Vorstellung mit den Musikern, Sängern, Tänzerinnen und Tänzern ist, desto mehr lässt sich das andalusische Publikum mitreißen! Auch das zu erleben ist schon ein Genuss.

ARABISCH

Die maurische Tradition erkennt man nicht nur an Bauwerken wie der Alhambra oder der Mezquita, man kann sie auch hautnah erleben im Hammam-Bad von Córdoba (➤ 138) oder in den Restaurants von Granada, die traditionelle arabische Gerichte servieren.

SHOPPING

Zara, Mango, Desigual? Klar, das sind innovative spanische Modelabels, die es auch in Deutschland gibt! Daneben findet man zahlreiche Läden, die traditionelle Produkte wie Leder-, Keramik- Korbwaren, Flamencogitarren etc. anbieten, bei deren Herstellung man nicht selten vor Ort direkt zusehen kann.

Stierkampfarena in Málaga

MERCADOS

Der *mercado* (Wochenmarkt) ist die beste Shoppingbühne ganz Andalusiens. Ob in den großen Städten, den kleinen Dörfern am Mittelmeer oder in den Bergregionen: die Stände rund um die Kirchen und Hauptplätze biegen sich – meist vormittags – unter frischen Granatäpfeln, Würsten, Kleidung und Hausrat. Eine Alternative sind die überdachten Markthallen. Auch hier unterhalten sich die Verkäufer gern mit Besuchern, im Zweifel auch mit Händen und Füßen, und Probieren ist in der Regel selbstverständlich: Krabben, Oliven, bester Schinken …

CORRIDA

Auch in Spanien gibt es mittlerweile viele Gegner des Stierkampfs. Doch in Andalusien, vor allem in Ronda, Málaga, Jerez (➤ 53), Córdoba (➤ 114) und Sevilla (➤ 144), trifft man immer noch auf zahlreiche Anhänger, *aficionados*, die die *corrida* als bedeutendes kulturelles Erbe und als Kunstform schätzen. Sollte Ihnen das Spektakel bei einem Stierkampfbesuch zu blutig sein, dann konzentrieren Sie doch Ihre Aufmerksamkeit auf die andalusischen Zuschauer – auch das ist ein höchst sehenswertes Schauspiel.

Das Magazin

Arabisches Flair verströmen auch die Restaurants im Viertel Albaicín in Granada (oben). Links: Bis ins kleinste Detail ist der Myrtenhof der Alhambra in Granada verziert. Er ist eines der schönsten Beispiele des maurischen Stils.

MAURISCHES ERBE

Viele Völker prägten Andalusien: Phönizier, Griechen, Karthager, Kelten, Römer, Westgoten. Am nachhaltigsten erwies sich der Einfluss der Mauren. Sie brachten Andalusien zu kultureller Blüte.

Der Begriff »Mauren« leitet sich von dem Wort *amaurós* (»dunkel«) ab, mit dem die Griechen und Römer alle in Nordafrika lebenden Berberstämme bezeichneten, die im 7. Jh. von den Arabern islamisiert wurden und diese bei ihrer Eroberung der Iberischen Halbinsel als kämpfende Truppe unterstützten: Im Jahr 711 überquerte der arabische Feldherr Tariq Ibn Ziyad mit einem 7000 Mann starken Heer die Meerenge von Gibraltar und landete in der Nähe des heutigen Tarifa, der am weitesten südlich gelegenen Stadt des europäischen Festlands. Die Invasoren blieben fast 800 Jahre lang. Zeugnisse ihrer Handwerkskunst wie auch ihrer gesellschaftlichen und politischen Errungenschaften sind in Andalusien bis zum heutigen Tag überall sichtbar, etwa in den Stuckaturen und geschwungenen Arabesken so großartiger Bauwerke wie der Alhambra in Granada, der Mezquita von Córdoba oder der Giralda von Sevilla.

Wasser ist Leben

Als die Mauren nach Andalusien kamen, fanden sie hier eine Art irdisches Paradies vor, von dem sie in der nordafrikanischen Wüste immer geträumt

ARTESONADO, AZULEJOS & CO.

Der Einfluss der islamischen Architektur prägt Andalusien ganz besonders. Die folgenden Begriffe kommen in der Literatur über die Region häufig vor.

- **Artesonado** Mit Ornamenten verzierte Holzdecke
- **Azulejos** Glasierte Kacheln in bunten Farben und vielen Mustern
- **Mudéjar** Während der Reconquista wurden viele Muslime vertrieben. Wer handwerkliche und künstlerische Fähigkeiten hatte, durfte bleiben: die *mudéjares.* Später wendete verwendete man diesen Begriff auch für den Stil, den diese Kunsthandwerker entwickelten, indem sie islamische und christliche Elemente mischten.
- **Muqarnas** Hohlformen und Stuckaturen mit Stalaktiteneffekt

hatten. Das Zauberwort lautete: Wasser. Es verwandelte trockenes Land in grüne Oasen und verschönte die Paläste der Mauren wie auch ihre bescheidenen Häuser mit üppigen Gärten, in denen zwischen der blühenden Pracht Brunnen plätscherten und Wasserbecken schimmerten.
Die Mauren hatten das Gebiet jenseits der Straße von Gibraltar seit alters her al-Andalus genannt. Vielleicht bezog sich der Name auf die Vandalen, die Spanien und Teile Nordafrikas im 5. Jh. besetzten. Möglicherweise verwendeten die Muslime aus dem Osten den Begriff zunächst auch, um den »Islam des Westens« zu beschreiben. Als die Mauren nach Norden vordrangen, gebrauchten sie ihn für ganz Spanien und schließlich für das Gebiet bis hin zur Loire bei Poitiers. Weiter drangen sie nie vor, denn Stück für Stück wurden die Muslime im Zuge der Reconquista von den Christen wieder über die Pyrenäen zurückgedrängt. Allerdings zog sich diese Rückeroberung über 700 Jahre hin, weil die spanischen Christen auch untereinander in Streitigkeiten verwickelt waren, was ihre Schlagkraft erheblich schwächte.

Das goldene Zeitalter

Nachdem die Mauren im 8. Jh. nach Spanien und sogar bis nach Frankreich vorgerückt waren, machten sie sich jene Region untertan, die heute als Andalusien bekannt ist. Hier, in al-Andalus, arrangierten sie sich mit ihren christlichen Nachbarn, deren Religion sie tolerierten. Unter den Mauren erlebte Andalusien ein goldenes Zeitalter. Córdoba stieg zur Hauptstadt der Mauren auf, die Kalifen konkurrierten mit Bagdad und Damaskus um Reichtum und Fortschritt. Im Jahr 756 begann man mit dem Bau der Mezquita, der Großen Moschee, in Córdoba. In den folgenden 200 Jahren wurde die Stadt reich durch den Handel mit Gold und

Silber, Leder, Seide, Parfüm und Gewürzen und entwickelte sich zum Zentrum von Kunst und Wissenschaft.

Vom Zauber des maurischen al-Andalus

Zu Beginn des 11. Jh.s endete das goldene Zeitalter aufgrund von politischen Streitigkeiten und internen Machtkämpfen der Kalifen von Córdoba. Al-Andalus zerfiel in eine Reihe von kleineren, unabhängigen Königreichen, genannt *taifas*. Als letztes maurisches Gebiet konnte sich über einen längeren Zeitraum das 1238 von Mohammed Ibn al-Ahmar aus dem Geschlecht der Beni Nasr gegründete Königreich von Granada halten. Dieses reichte von Gibraltar bis Almería, seine Hauptstadt war die reichste Stadt der Halbinsel und zugleich ihr kulturelles Zentrum; mit der im 14. Jh. erbauten Alhambra hinterließen die Nasriden ein einmaliges Zeugnis ihrer Herrschaft. Mit der Heirat von Isabella von Kastilien und Ferdinand von Aragón (die »Katholischen Könige«) im Jahr 1469 wurde der Grundstein für die Vereinigung der beiden großen spanischen Königreiche gelegt. Das Paar war fest entschlossen, die Muslime zu verdrängen. Am 2. Januar 1492 zogen die Katholischen Könige in Granada ein. Der letzte maurische Herrscher Boabdil floh zurück nach Afrika. Mit ihm gingen fast acht Jahrhunderte islamischer Kultur in Südspanien zu Ende. Die anschließende Vertreibung mehrerer hunderttausend Mauren und Juden bedeutete einen schweren Rückschlag für die weitere wirtschaftliche Entwicklung und das kulturelle Leben Spaniens. Aber wer heute durch Andalusien reist, verspürt dort den Zauber des maurischen al-Andalus noch immer.

Mit der Regentschaft der Katholischen Könige, denen die kunstvollen Marmorsarkophage in Granadas Kathedrale gewidmet sind, endete die Maurenherrschaft in Andalusien.

ROMANTISCHES ANDALUSIEN

Im 19. Jh. beschworen Andalusienreisende gern das Bild einer verführerischen Welt herauf, voller Hitze und Leidenschaft, mit feurigen Charakteren und Banditen in den Bergen, sittenlosen Don Juans und lasziven Carmens.

Dieses Bild tradierte sich wie von selbst, zumal viele Reisende ihre Erfahrungen übertrieben, um sie romantischer erscheinen zu lassen. Andalusien erschien in ihren Schilderungen auch aufgrund der Nähe zu Afrika als exotisches, nicht ganz ungefährliches Land. Das hatte durchaus seinen Reiz. Der englische Schriftsteller Richard Ford etwa bezeichnete Spanien als »rassig und frisch« im Gegensatz zur »langweiligen Gleichförmigkeit« Europas. Er besuchte Spanien 1830 zum ersten Mal und verfasste in den Folgejahren sein umfassendes *Handbook for Travellers in Spain and Readers at Home*, das 1845 veröffentlicht wurde und bis heute als eines der fundiertesten, auch amüsantesten Werke über Spanien gilt. Schon vor ihm, 1826, kam der US-amerikanische Autor Washington Irving nach Spanien, um in Madrid zu arbeiten, zwei Jahre später unternahm er eine Reise nach Andalusien. Er lebte eine Weile in der damals halb verfallenen Alhambra und schrieb dort *The Conquest of Granada*, bevor er sein bekanntestes Buch, *The Alhambra: A Series of Tales*, in Angriff nahm. Darin verbindet er romantische Geschichten um die maurische Vergangenheit der Alhambra mit Beschreibungen vom Verfall des großartigen Palasts, was mit dazu beitrug, dass immer mehr Menschen sich für den Erhalt dieses wichtigen Kulturerbes einsetzten.

Untrennbar mit dem romantischen Bild Andalusiens verbunden ist auch Georges Bizets Oper *Carmen*. 1875 uraufgeführt, steht sie bis heute immer wieder auf dem Spielplan der bedeutendsten Bühnen der Welt. Während die Musik Bizets (der übrigens Spanien kein einziges Mal besuchte) einen revolutionären Bruch mit der damaligen Operntradition vollzieht, erfüllt die auf der gleichnamigen Novelle von Prosper Mérimée basierende Handlung sämtliche romantischen Klischees. Carmen, eine Roma mit maurischen Zügen, arbeitet in der Tabakfabrik von Sevilla, hat eine Affäre

DIE HISTORISCHE CARMEN

Das Bild leicht geschürzter Arbeiterinnen in der drückenden Hitze der Tabakfabrik von Sevilla im 19. Jh. ließ bei vielen Männern eher lüsterne als romantische Gedanken aufkommen. »Die meisten von ihnen waren jung und einige auch sehr hübsch«, meinte etwa Théophile Gautier in seiner *Reise in Andalusien* (1826), um hinzuzufügen: »Da sie so überaus zwanglos gekleidet waren, konnten wir ihre Reize in aller Ruhe würdigen.« Höchst ungalant äußerte sich dagegen George Dennis (*Ein Sommer in Andalusien*, 1839): »Eine derartige Ansammlung von Hässlichkeit hatte ich noch nie zuvor gesehen.« In Wirklichkeit mussten die Frauen dort unter schrecklichen Bedingungen arbeiten, was den Augen aufmerksamer Beobachter kaum entgehen konnte.

Im 19. Jh. lebten die *bandoleros* in abgelegenen, schwer zugänglichen Gegenden wie hier der Serranía de Ronda.

mit einem Banditen aus Ronda und einem Torero – so entspinnt sich eine leidenschaftliche Liebesgeschichte mit Mord und Verrat. Carmens männliches Gegenstück ist Don Juan – eine spanische Sagengestalt, die zum Archetypus des Frauenhelden schlechthin aufstieg und noch viele Künstler inspirierte; am ergreifendsten vielleicht in Musik umgesetzt in der Mozartoper Oper *Don Giovanni*. Die leidenschaftlich Liebende und der ewige Verführer präg(t)en das Bild des Reisenden wie die andalusische Sonne. Mit der Wirklichkeit hat das nicht viel mehr zu tun als ein romantischer Traum.

WO SIND DIE BANDITEN GEBLIEBEN?

Im 19. Jh. hatten viele Andalusienreisende den Kopf voller Geschichten von spanischen Robin Hoods in der malerischen Sierra. Das meiste davon beruhte auf reiner Fantasie. Tatsächlich gab es in dieser Zeit in den abgelegenen Bergen Andalusiens *bandoleros*. Ausländer wurden jedoch in der Regel nicht behelligt, auch wenn sich manche davon offenbar ein romantisches Abenteuer versprachen. Der Däne Hans Christian Andersen soll zutiefst enttäuscht gewesen sein, dass er die Sierra Morena unbehelligt durchqueren konnte, und der französische Romancier Alexandre Dumas bot einem Banditen angeblich sogar Geld für einen Überfall an (gegen die Versicherung, versteht sich, dass ihm und seinen Mitreisenden dabei nichts Ernstes geschehen würde).

STIERKAMPF

Kunst, Sport oder Quälerei?

Für den *aficionado*, den Fan, ist der Stierkampf mehr eine Kunst als ein Sport. Berichte über Stierkämpfe erscheinen in den spanischen Tageszeitungen im Feuilleton, wobei die *corrida* mit denselben Superlativen bedacht wird wie eine Ballett- oder Theaterproduktion.

Die klassische Landschaft des Stierkampfs ist Andalusien, auch wenn in allen großen Städten Spaniens, in einigen Ländern Lateinamerikas und selbst in Südfrankreich sich die Matadores dem Stier in der Arena stellen. Die größte Plaza de Toros besitzt zwar Madrid, doch im andalusischen Ronda befindet sich die älteste. So verwundert es nicht, dass die gefeiertsten Toreros aller Zeiten meist Andalusier waren und sind: Manolete, Lagartijo, Joselito, Paquirri und El Cordobés – einige von ihnen haben ihr Leben in der Arena verloren. *Die toros bravos*, diese vor Kraft strotzenden halbwilden Tiere, werden größtenteils seit vielen Generationen von andalusischen

Matadore wie hier Salvador Vega bei einem Stierkampf in Malaga zelebrieren ihre Profession als kunstvolles – aber gleichwohl blutig endendes – Ritual.

WEIBLICHE TORREROS

Bis zum Jahr 1908, als weibliche Toreros verboten wurden, gab es auch mehrere Frauen, die es zu Ruhm brachten. Eine von ihnen war Martina García, die 1880 im Alter von 76 Jahren ihren letzten Stierkampf bestritt. Kurz nach dem Tod von General Franco (am 20. November 1975 in Madrid) wurde das Verbot dann aufgehoben. Im glitzernden *traje de luces* machte nun Cristina Sánchez Furore, die viele ihrer männlichen Kollegen in den Schatten stellte. Bei einer unvergesslichen *corrida* tötete sie alle sechs Stiere. 1997 zog sie sich vom Stierkampf zurück – weil sich kaum noch ein bekannter *matador* fand, der in einem hochklassigen Kampf zusammen mit ihr auftreten wollte.

Züchterdynastien herangezogen. In den Provinzen Sevilla, Huelva und Cádiz liegen deren riesige Latifundien, geradezu und nach wie vor der Inbegriff alter Señorito-Herrlichkeit.

Kampf um Leben und Tod

Die Stierkämpfe aufzugeben, hieße für viele Spanier, einen Teil einer tief verwurzelten Kultur, ja ein Stück der eigenen Identität zu verlieren. In Andalusien bieten sich noch viele Gelegenheiten, sich einen Stierkampf anzusehen. Saison ist von Ostern bis Oktober. *Novilladas*, Stierkämpfe mit neuen, unerfahreneren Toreros, finden an der Costa del Sol sogar noch im November statt. Zu den bedeutendsten Arenen zählt die Maestranza von Sevilla (➤ 172). Die besten *matadores* treten natürlich nur in den bekanntesten Arenen auf, um gegen die wildesten Stiere Andalusiens zu kämpfen. Aber selbst das kleinste Dorf lässt es sich nicht nehmen, zumindest einmal pro Jahr eine *corrida* zu veranstalten. Und in Spanien endet der Kampf nach wie vor mit dem Tod des Stiers – oder des Toreros.

SCHMUTZIGE TRICKS

Stierkampfgegner verurteilen das Spektakel generell, doch selbst dessen Anhänger geben zu, dass die *corrida* heute nicht mehr das ist, was sie früher einmal war. So gibt es heutzutage Praktiken, bei denen die Hörner des Stiers rasiert und somit desensibilisiert werden. Besonders gefährliche Tiere werden auch häufig mit Medikamenten behandelt, um ihre tödliche Kraft auf diese Weise etwas zu verringern. Mit der traditionsreichen *arte de lidiar* – der Kunst, den Stier zu bannen, im Kampf gegen ihn zu bestehen und ihn nicht nur körperlich zu besiegen – hat das dann nicht mehr viel zu tun.

FLAMENCO – FEUER IM BLUT

Im Flamenco verschmelzen Stimme, Gitarre und Tanz zum typischen Rhythmus Andalusiens. Charakteristisch sind der leidenschaftlich-elementare tiefe Gesang *(cante jondo)*, das kunstvolle Händeklatschen *(palmas)* und das rhythmisch-virtuose Spiel der Gitarristen, das die virtuosen Tänzerinnen und Tänzer begleitet.

Die historischen Quellen des Flamenco sind so vielfältig wie Andalusiens Geschichte. Maurische Einflüsse und Anlehnungen an byzantinische liturgische Musik wurden in ihm ebenso entdeckt wie Strukturen mittelalterlicher Romanzen. Gesichert ist lediglich, dass die *gitanos* (Roma) Andalusiens den größten Einfluss auf diese Kunstform hatten; noch heute entstammen die besten Flamencokünstler dieser Volkgruppe, die sich selbst *calé* (oder *kalé*, von rom. *kalo*: »schwarz«) nennt und eine auf der Iberischen Halbinsel alteingesessene Untergruppe der Roma ist. Vor etwa 200 Jahren begründeten sie die Urform des heutigen Flamenco. Wie der Gesang und das Spiel der Gitarre hat sich der Tanz seitdem zu einer äußerst anspruchsvollen Kunstform entwickelt. In praktisch jeder Stadt Andalusiens

Nicht »nur« Musik, Tanz und Gesang: Flamenco ist auch Ausdruck einer Lebenshaltung.

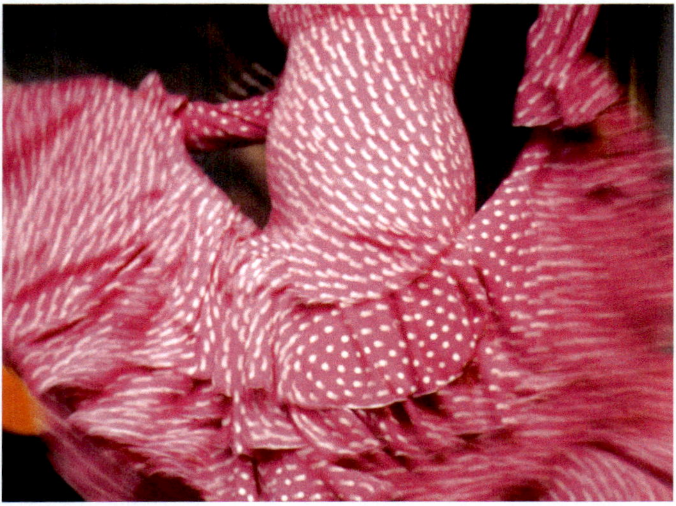

gibt es Flamencoschulen, allein in Sevilla gibt es mehr als 30. Manche bieten auch Tages- und Wochenkurse an, sind also auch für Touristen geeignet, die nur mal hineinschnuppern möchten (www.sevillaflamenco.com, www.flamenco-carmendetorres.com).

Flamencostimmen

Die besten Flamencosänger verfügen über jene geheimnisvolle Inspiration (*duende*), die eine einfache Vorführung zum unvergesslichen Erlebnis werden lässt. Erst nach etlichen Zigarillos und Gläsern des feurigen *aguardiente*, einem klaren Hochprozentigen, der jedem Nichteingeweihten die Sprache verschlägt und den Atem raubt, erreicht die Stimme die für den ausdrucksvollen Flamencogesang typische – tiefe – Lage, heißt es. Als Flamenco in Reinkultur gilt der *cante jondo* (inniger Gesang), bei dem die *cantadores* (Sänger) mit gepressten Stimmen allem Leid der Welt Ausdruck verleihen und zugleich doch auch ein Fest des Lebens zu feiern verstehen. Geradezu magisch wirkt aber erst die Verbindung von *cante* (Gesang), *toque* (Gitarre) und *baile* (Tanz), die einen Flamencoabend zu einem ganz besonderen Erlebnis macht.

Gefühlstiefe in Musik, Tanz und Gesang

Im Flamenco werden etwa 30 Liedformen unterschieden, von denen nicht alle tanzbar sind. Ihren Ursprung haben diese in den andalusischen Provinzen: So stammt etwa die *Bulería* aus Jerez, die *Alegría* aus Cádiz, und die *Malagueña* wird vor allem in Málaga gesungen. Allen diesen Formen gemein ist die Gefühlstiefe der Musik und des Gesangs. Die Themen handeln von den Sorgen und Ängsten im Alltag, vom Glück und Leid der Liebe vor allem, und sie werden in einer metaphernreichen, so einfachen wie eindringlichen Sprache besungen. Emotionen werden auch im Tanz aus-

WAS, WANN, WO?

Die Touristeninformation gibt Auskunft über alle **Veranstaltungen**. Auch in den Hotels wird man über Flamencoshows vor Ort informiert, die allerdings meist variéteartig und mit einem Abendessen verbunden sind. Folgende Lokalitäten sind zu empfehlen: Tablao Cardenal und La Bulería in Córdoba (➤ 138), Peña la Platería in Granada (➤ 108), Teatro Miguel de Cervantes in Málaga (➤ 76), Museo Lara in Ronda (➤ 76), La Taberna Flamenca in Jerez de la Frontera (➤ 76), La Cava in Cádiz (➤ 76), Los Gallos und El Tamboril in Sevilla (➤ 172).

KLEINES FLAMENCO-WHO-IS-WHO

Carmen Amaya (1913–1963) wurde im Armenviertel Somorrostro von Barcelona geboren (heute Vila Olímpica) und begann bereits als Siebenjährige mit dem tanzen, 1929 gab sie ihr Debüt in Paris, dem eine beispiellose Karriere als eine der besten Flamencotänzerinnen aller Zeiten folgte.

Manolo Caracol (Manolo die Schnecke, 1909–1973) stammte aus der Provinz Sevilla und begann seine Karriere 1922 als Elfjähriger bei einer Flamencovorführung in der Alhambra von Granada, die von dem Komponisten Manuel de Falla, dem Schriftsteller Frederico García Lorca und dem Gitarristen Andrés Segovia veranstaltet wurde.

Camarón de la Isla (Garnele von der Insel, 1950–1992), war der Sohn eines Schmieds aus Isla del León/San Fernando in der Provinz Cádiz. Bereits mit acht Jahren hatte er einen ersten Auftritt als Flamencosänger, und schon damals erkannten die Experten, dass ihm eine beispiellose Karriere als *cantador* bevorstand.

Paco de Lucía (1947–2014), als Francisco Sánchez Gómez in Algeciras geboren, war einer der bedeutendsten Flamencogitarristen der Gegenwart. Ausgestattet mit einer grandiosen Spieltechnik, faszinierte er als Sologitarrist ebenso wie als kongenialer Begleiter von Sängern. Als musikalischer Grenzgänger arbeitete er auch mit Jazzgrößen wie Al DiMeola, Larry Corryell und John McLaughlin zusammen. Für Carlos Sauras Film *Carmen* schrieb er die Musik.

Joaquin Cortés, 1969 in Córdoba geboren, wurde mit 15 Solist beim spanischen Nationalballett und gründete 1992 seine eigene Ballettkompanie, mit der er auf der ganzen Welt erfolgreich auftritt. Bekannt ist er auch für seine Zusammenarbeit mit Popstars wie Jennifer Lopez und Alicia Keys.

gedrückt: Das Stakkato der Stiefel symbolisiert Wut und Stolz, die schmeichelnden Bewegungen der Hände und Finger lassen Verführung und Zärtlichkeit erkennen. So wie die Zuhörer mit den Gefühlen des Sängers eins werden sollen und ein Schauer manchen erfasst, der in einem vielstimmigen, befreienden »Olé!« am Ende des Liedes wieder aufgelöst wird, so soll der Zuschauer die Bewegungen des Tänzers mitleben. Dann sind die Grenzen von Gesang und Tanz überschritten, und der Flamenco hat seine »Dämonen« gefunden, wie es der Schriftsteller Federico García Lorca ausgedrückt hat.

Experten behaupten, dass der beste Flamenco spontan und meist in den frühen Morgenstunden in versteckten Bars und auf eher privaten Festen, den *juergas*, zu sehen ist. In *tablaos* (Flamencobühnen) improvisieren oft auch klassisch ausgebildete Tänzer. Flamencoclubs und Vereinigungen, *peñas*, stehen Besuchern ebenfalls offen. Die schönsten Flamencoveranstaltungen erleben Touristen aber wohl bei Dorffesten, wenn die Musik bereits lange zu hören ist, ehe man den Tanzplatz erreicht.

FESTKALENDER

Auf dem andalusischen Festkalender stehen *Festivals*, *fiestas* und *ferias*. Die *fiesta* war zunächst ein Feiertag auf dem Land, die *feria* ein ländlicher Jahrmarkt mit Pferden und Stieren, wobei sich dieser Charakter auch in den Großstädten gehalten hat. Hinzu kommen religiöse Feste.

FEBRUAR

Karneval Zu Beginn der Fastenzeit finden beeindruckende Faschingsveranstaltungen in Cádiz und Málaga statt, jedoch auch in Córdoba, Carmona, Nerja und vielen anderen Dörfern und Städten.

MÄRZ/APRIL

Semana Santa In der Karwoche vor Ostern sind in allen größeren Städten Prozessionen.

APRIL

Feria de Abril In Sevilla findet etwa zwei Wochen nach Ostern die farbenprächtigste *feria* Spaniens statt.

MAI

Feria del Caballo Ein prächtiger Pferdemarkt mit interessanten Pferdeschauen und Reitervorführungen (Jerez de la Frontera, Anfang Mai).

Moros y Cristianos Fingierte Schlachten zwischen Mauren und Christen (Pampaneira, Las Alpujarras, 3. Mai).

Fiesta de los Patios Viele Privatpatios in Córdoba stehen Besuchern offen (Anfang Mai).

Romería del Rocío Die bedeutendste Wallfahrt mit Fest in Spanien (El Rocío, 7. Woche nach Ostern.

Feria de Primavera Weinfest in Puerto de Santa María (letzte Maiwoche).

Feria de la Manzanilla Weinfest von Sanlúcar de Barrameda (letzte Maiwoche).

Corpus Christi Prozessionen und Feierlichkeiten vielerorts (Ende Mai/ Anfang Juni).

FESTE FEIERN

Die Andalusier sind dafür bekannt, dass sie die Feste feiern wie sie fallen. »Jeder Tag ist wie ein Feiertag«, kommentierte der Brite Richard Ford im 19. Jh. seine erste Begegnung mit der Sonne und der Feierlaune der Spanier. »Es liegt an der Sonne«, rief der Politiker und Schriftsteller Benjamin Disraeli begeistert aus, als er im Jahr 1830 nach einer Krankheit erstmals nach Andalusien reiste – und in der andalusischen Sonne sofort genas …

JUNI

Feria de San Bernabé Opulentes Fest in Marbella (2. Juniwoche).

Fiestas Patronales de San Antonio Fest mit nachgestellten Schlachten zwischen Mauren und Christen (Trevélez, Las Alpujarras, 13./14. Juni).

Moros y Cristianos Fest in Mojácar (10. Juni).

Internationales Gitarrenfestival Córdoba An zwei Wochen im Juni/Juli.

JULI

Internationales Musik- und Tanzfestival In der Alhambra (Granada, Ende Juni/Anfang Juli).

Virgen de la Mar Sommerfest in Almería (letzte Juliwoche).

AUGUST

Feria de Málaga Fröhliches Sommerfest in Málaga (Mitte August).

Pferderennen von Sanlúcar de Barrameda Pferderennen am Strand von Sanlúcar (zweite Augusthälfte).

Feria de Grazalema Dorffest von Grazalema mit Stierjagden in den Straßen (letzte Augustwoche).

Fiestas Patronales San Augustín Mojácar-Fest (letzte Augustwoche).

SEPTEMBER

Fiesta de la Vendimia Wichtigstes Weinfest in Jerez de la Frontera (1./2. Woche im September).

Romería del Cristo de la Yedra Fest von Baeza (7. September).

Feria y Fiestas de Pedro Romero In Ronda mit Flamenco und Stierkämpfern in traditionellen Kostümen aus dem 18. Jh. in der Arena von Ronda (erste Septemberhälfte).

OKTOBER

Fiesta de San Miguel Fest in Úbeda und anderswo (1. Oktober).

Feria de San Lucas Wichtigstes Fest in Jaén (Mitte Oktober).

Die Feria in Sevilla ist ein gesellschaftliches Ereignis – ein bisschen Opernball und Kostümfest.

HELDEN & SCHURKEN

2. Januar 1492: Die Mauren übergeben Granada den Katholischen Königen.

Der erste und der Letzte

Tariq Ibn Ziyad, Gouverneur von Tanger in Marokko, landete als erster Maure 711 in Gibraltar und sicherte seiner Armee den Standort. Der Felsen ist nach ihm benannt: Jabal Tariq, Felsen von Tariq. Abur Abd Allah, genannt **Boabdil**, war der letzte Sultan der Nasridendynastie in Granada und auch der letzte maurische Herrscher mit Einfluss in Spanien. Zum Entsetzen seiner stolzen Mutter soll er sich bei seinem Rückzug aus Granada noch einmal umgedreht haben, um einen letzten bedauernden Blick auf die Stadt zu werfen. Die entsprechende Stelle auf einer Anhöhe heißt Puerta del Suspiro del Moro, »Seufzerpass«.

Die Katholischen Könige

Die Eheschließung **Isabellas I. von Kastilien** mit **Ferdinand V. von Aragonien** im Jahr 1469 läutete das Ende der islamischen Herrschaft ein. Vor der Vereinigung der beiden mächtigen katholischen Königreiche war das christliche Spanien zu gespalten, um die Reconquista des maurischen al-Andalus in Angriff zu nehmen. Isabella und Ferdi-

KÖNIGLICHE DICKSCHÄDEL

Die Katholischen Könige **Isabella und Ferdinand** liegen in der Krypta der Capilla Real gleich bei der Kathedrale von Granada (► 90f) begraben. Eine Marmorplastik des Königspaares ziert das Grabmal; das Mausoleum bildet das Herzstück der Kapelle. Isabellas Kopf sinkt dabei tiefer in das Marmorkissen als der von Ferdinand, ein subtiler Hinweis darauf, dass Isabella mehr Esprit besaß als Ferdinand und auch einen größeren Dickschädel …

nand, die bis heute als *Los Reyes Católicos*, als die Katholischen Könige, bezeichnet werden, gaben dem nun gänzlich christlichen Spanien neue Impulse. Für Nichtchristen, denen zunächst Religionsfreiheit gewährt wurde und die dann doch aus dem Land vertrieben wurden, wenn sie nicht konvertierten, waren die beiden das schrecklichste Herrscherpaar der Geschichte. Unter ihm nahm die Inquisition ihren Anfang, die kritische Untertanen rasch zum Schweigen brachte.

Künstler und ...

Francisco de Zurbarán (1598 bis 1664) kam zwar in der Nachbarprovinz, der Extremadura, zur Welt, verbrachte aber fast sein ganzes Leben in Sevilla. Seine Gemälde von Mönchen in Kutten und Heiligen vermitteln ein recht keusches Bild. Er selbst hielt es allerdings weniger mit Askese, sondern war zweimal verheiratet (beide Kinder aus seiner zweiten Ehe fielen 1649 der Pest zum Opfer).

Berühmtester Maler Andalusiens ist zweifellos **Pablo Ruiz Picasso** (1881–1973), der in Málaga geboren wurde, dann mit seiner Familie nach Galicien, später nach Barcelona zog und die meiste Zeit über in Frankreich lebte. Im **Museo Picasso** in Málaga sind einige seiner Werke zu sehen (► 61f).

... Literaten

Miguel de Cervantes Saavedra (1547–1616), Autor des großen Romans *Don Quijote*, wurde zwar in der Nähe von Madrid geboren, hielt sich jedoch Ende des 16. Jh.s als Steuereinzieher in Andalusien auf. Er kam eine Weile hinter Gitter wegen angeblicher »Unregelmäßigkeiten« und soll den größten Teil seines Romans im Gefängnis geschrieben haben.

Einer der bedeutendsten Schriftsteller Andalusiens ist **Federíco García Lorca** (1898–1936), ein Dichter und Dramatiker von enormem lyrischem Talent, der 1936 vom Franco-Regime ermordet wurde. Er stammte aus Granada, war homosexuell und hielt sich gern in der Szene der *gitanos* auf, die für ihn den wahren Geist Andalusiens verkörperte. Zu seinen berühmtesten Werken zählen die beiden Theaterstücke *Bluthochzeit* und *Bernarda Albas Haus*.

TRAGISCHES ENDE

Esteban Murillo (1617–1682) schuf in seinen frühen Jahren sehr farbenprächtige, mitunter etwas sentimental-kitschige Madonnen; sein Spätwerk wirkt vergleichsweise düster. Im – für die damalige Zeit hohen – Alter von 64 Jahren starb Murillo an den Folgen der Verletzungen, die er sich zuzog, als er beim Malen eines Altarbildes in einer Kirche in Cádiz vom Gerüst stürzte: Das Leben im 17. Jh. konnte für einen Maler recht gefährlich sein.

FLÜSSIGES GOLD: SHERRY – EINE ERFAHRUNG

In Andalusien trinkt man nicht einfach ein Glas Sherry – das goldbraune Getränk verströmt das Aroma einer ganzen Kultur, die es dabei zu erfahren gilt.

Ein Gesetz schreibt fest, dass Weißwein nur dann als »Sherry« ausgewiesen werden darf, wenn er aus dem sogenannten Sherrydreieck stammt, nämlich aus der Gegend zwischen Jerez de la Frontera, Sanlúcar de Barrameda und El Puerto de Santa María. In der Region um Jerez wird schon seit den Phöniziern Wein angebaut, die Sherryproduktion nahm jedoch erst im 16. Jh. ihren Anfang, als britische Glaubensflüchtlinge sich in Südspanien mit dem Weinbau beschäftigten, sich mit Andalusiern verheirateten und Sherrydynastien gründeten. Im mittelalterlichen England war der damals bereits exportierte Sherry unter dem Namen *sack* bekannt; in der Folgezeit gewann er weiter an Beliebtheit, nachdem Sir Francis Drake und der Earl of Essex von 1580 bis 1590 Cádiz angegriffen und zahlreiche Fässer Sherry erbeutet hatten.

Sherry wird aus drei Arten von Weintrauben gewonnen: *Palomino* ist die Grundlage eines jeden Sherrys, *Moscatel* und *Pedro Ximénez* werden jeweils für verschiedene Sherryverschnitte verwendet. Das Geheimnis der Herstellung liegt in der Anreicherung des *Palomino* mit Alkohol, der dann in riesigen Eichenfässern reift. Im Lauf der Zeit bildet sich ein Film an der

Ein Kenner prüft den Geschmack und die Klarheit des Sherrys. Schon 1000 v. Chr. sollen die Phönizier in der Region um Jerez Reben gepflanzt haben. Richtig bekannt wurde der Vino de Jerez – der Wein aus Sherish, wie die Mauren die Stadt nannten – aber erst, als die Engländer ihn kurzerhand zum Sherry machten.

SHERRYSTIERE

Metallsilhouetten von Kampfstieren begegnen einem immer wieder einmal, wenn man in Andalusien unterwegs ist. Sie wurden seit den 1950er-Jahren von der Firma Osborne Sherry aus El Puerto de Santa María aufgestellt. Als in den 1980er-Jahren die Werbung am Straßenrand verboten wurde, entfernte Osborne seinen Namen von den Stieren, ließ sie jedoch stehen, wo sie waren. Ein Schrei der Empörung ging durch Spanien, als die Tiere entfernt werden sollten. So blieben bis heute rund 100 der ehemals etwa 500 Sherrystiere erhalten.

Oberfläche, der *velo de flor* (Blütenschleier) heißt und die Oxidation verhindert. Diese Ablagerung des Weins ist verantwortlich für die blasse Färbung des *fino*, des beliebtesten Sherrys Spaniens. Sie verleiht ihm die typische Trockenheit und das besondere Bouquet. Fehlt dieser »Schleier«, findet ein Oxidationsprozess statt, der den dunkleren und vollmundigeren *amontillado* oder den *oloroso* hervorbringt. Mit *Moscatel* und *Pedro Ximénez* verschnitten, entstehen die süßeren Sorten, der Medium Sherry oder der likörartige Cream Sherry.

Wer eine der berühmten Kellereien *(bodegas)* wie Bodegas Tío Pepe, Domecq-Harveys, Sandeman oder Williams & Humbert (➤ 53f) besucht, kann die langen Reihen aufeinandergestapelter Fässer *(criaderas)* begutachten, in denen der Sherry drei bis sieben Jahre ruhen muss. Tausende von Fässern lagern hier in bis zu fünf Reihen übereinander. Dabei wird er nach einem bestimmten System immer wieder mit Wein verschnitten und schließlich als flüssiges Gold aus einem Fass in der untersten Reihe, der *solera*, in Flaschen abgefüllt. *Manzanilla* heißt der hervorragende trockene Sherry aus Sanlúcar de Barrameda mit seinem ganz besonderen Bouquet. Er hat eine andere Blume als der *fino* aus Jerez, denn in der Gegend um Sanlúcar ist die Luftfeuchtigkeit durch das Meer höher, was sich auf den Reifungsprozess in den Fässern stabilisierend auswirkt.

LAND DER OLIVEN

Andalusien, das ist für die meisten Costa del Sol, Alhambra, Mezquita, Flamenco und Carmen. Doch wer von Granada aus nach Norden fährt, der landet schnell mitten im España Incognita: in der Provinz Jaén. Und dort erlebt er dann vor allem eines: die Vielfalt rund um das andalusische Öl.

Den Ölbaum umgibt etwas Mystisches, Lebensspendendes, er kann mehrere Hundert Jahre alt werden und trotzdem Früchte tragen wie in jungen Jahren. Mancher träumt davon, selbst einmal einen Ölbaum zu pflanzen, und genau auf diese Idee kam man hier schon vor über 2500 Jahren, als die Phönizier die ersten Bäume ansiedelten. Besonders die Römer kultivierten in der Folgezeit das Öl und verbesserten die Produktionsmethoden. Händler sorgten per Schiff dafür, dass es im gesamten Römischen Reich verbreitet war und schickten die besten Öle nach Rom. Damals genoss der Ölbaum einen besonderen Ruf und aus seinem Holz entstanden geschnitzte Götterbilder. Die Olivenhaine waren heilig und einen Ölzweig bei sich zu führen galt als Schutz vor Gefahren. Olivenöl diente in der Antike als wichtiges Nahrungsmittel, aber auch damals schon als Medizin, Körperpflege und zur Beleuchtung, denn Öllampen waren längst populär, als es Kerzen noch gar nicht gab.

In Reih und Glied ...

... stehen die Olivenbäume heute auf den flach gewellten Hügeln der Provinz Jaén, akkurat aufgereiht, als würde gleich jemand eine Parade abnehmen. Ihre Pflege ist aufwendig, und auch bei der Ernte bleibt kaum Platz für Träume – selbst wenn beispielsweise einer der steinalten Bäume nahe Martos »Romeo und Julia« heißt, weil sich seine silbrig schimmernden Verzweigungen über dem ockerfarbenen Boden so schön aneinander schmiegen. Fast die Hälfte der Jahresernte geht in den Export, nur ist im Ausland kaum bekannt, woher der Großteil der Oliven stammt. Aus der Provinz Jaén eben. Wer beispielsweise zwischen Jaén und Úbeda unterwegs ist, sieht zur Abwechslung bestenfalls Strommasten, und schnell wird klar: Jaén ist der größte Olivenölproduzent Spaniens und der Welt, Monokultur pur und dabei dennoch überaus effektiv. Wegen der Subventionen durch die EU wurden Luftaufnahmen von der Provinz gemacht, um die genaue Anzahl der Bäume zu ermitteln: die Zahl ist sagenhaft, es sind über 60 Millionen! Ihre Pflege und Ernte sind aufwendig – da bleibt wenig Raum für Träume, selbst wenn beispielsweise einer der steinalten Bäume nahe Martos »Romeo und Julia« heißt, weil sich seine silbrig schimmernden Verzweigungen über dem ockerfarbenen Boden so schön aneinander schmiegen.

Starköche schwören auf das andalusische Olivenöl

Die ovalen Früchte der Bäume werden in modernen Fabriken zu Virgen Extra und einfachem Aceite de Oliva verarbeitet, die Kerne kommen zerkleinert in die Heizanlagen so mancher Wellness-Center und das »Gold der Region« wird auch in der Kosmetik, im Handwerk und in der Küche genutzt. Sogar Speiseeis entsteht daraus, was aber eher Geschmackssache ist. Vor allem die Piscual-Sorte aus der Provinz Jaén hat sich einen Namen gemacht, und das beliebt-pikante Öl darf in lokalen Gerichten natürlich nicht fehlen, ob bei mariniertem Rebhuhn, gebratenem Schweinslenden, Lamm aus dem Ofen, Stockfisch oder dem knoblauchreichen Eintopf ajoatao. Selbst Spaniens Starköche wie Ferran Adrià und oder Juan Mari Arzak aus dem fernen Katalonien bzw. Baskenland schwören auf das Öl.

Ein ganz besonderes Erlebnis ...

... ist eine Ölprobe. Bei solchen Catas de Aceite darf der Besucher wie ein Profi das kostbare Nass riechen und schmecken und dann auch bewerten. Sind Farbe, Geschmack und Geruch erstklassig, so bekommt der Tropfen die Höchstnote Aceite Virgen Extra! Zum Neutralisieren zwischen den Proben isst man übrigens Apfelstücke.

Knapp 2 Mio. t ovale Früchte werden pro Jahr in Spanien – dem größten Olivenölproduzenten der Welt – geerntet. Und 80 Prozent der Olivenbäume stehen in Andalusien.

Linke Seite und oben: Im Gallo Azul in Jerez de la Frontera serviert man *tapas* als Kunstwerk mit Krabben oder in schlichterer Form – immer aber zum Reinbeißen lecker. Und an der Theke bereitet man schon die nächste Qual der Wahl vor ...

ZEIT FÜR TAPAS

Wer in Andalusien essen geht, der probiert mit einiger Sicherheit tapas, kleine Tellerchen mit Köstlichkeiten, die ausgezeichnet zu einer copa de fino, einem Glas trockenen Sherry, schmecken.

In andalusischen Bars kommen und gehen die Leute, bestellen ohne Eile, halten ein Schwätzchen und bleiben meist nicht lange. Zum Bier, Sherry oder Wein werden Schälchen mit zwei, drei herzhaft-leckeren Appetithäppchen serviert, die in einer langen Reihe am Tresen ausgestellt sind. An denen kann und soll man sich nicht satt essen – *tapa* bezeichnet also nicht die Art, sondern die Menge des Essens. Zieht man jedoch von Bar zu Bar und probiert jedes Mal eine andere *tapa*-Köstlichkeit, lernt man nicht nur deren Vielfalt kennen, sondern kann danach ohne Weiteres auf eine Hauptmahlzeit verzichten.

Wörtlich übersetzt bedeutet *tapa* so viel wie »Deckel«: Der Überlieferung nach deckte man früher sein Sherryglas mit einem kleinen Teller ab, damit keine Fliegen oder Staub hineinfielen. Auf diese Abdeckung legte dann das Personal in den Bars immer ein paar Brotstückchen, Wurst, Käse oder auch Oliven. Heute bieten gute *tapas*-Bars eine große Auswahl an warmen und kalten Leckerbissen, die in langen Reihen am Tresen ausgestellt sind, dazu zahlreiche Sherrysorten, Wein und andere Getränke. Über dem Tresen hängen meist dicke, luftgetrocknete Schinken, die eben-

LECKERE TAPAS – EINE AUSWAHL

Die Namen dieser kleinen Auswahl typischer Tapas können je nach Bar auch etwas differieren.

FISCH UND FLEISCH

Gambas a la plancha gegrillte Garnelen
Puntillitas fritas frittierter Baby-Tintenfisch
Boquerones fritas frittierte Sardellen
Cazón en adobo in Essig, Zitrone und Gewürzen eingelegter Fisch, der dann frittiert wird
Croquetas mit Fleisch oder Fisch gefüllte Kroketten
Jamón Serrano luftgetrockneter Schinken, teuer
Habas con jamón dicke Bohnen mit Schinken
Flamenquin casero Schweinefleisch, gekochtes Ei und Gemüse im Teig
Lomo al Jerez Schweinelende in Sherry gekocht
Pollo al ajillo Huhn in Knoblauchsoße
Pimientos rellenos gefüllte Paprika mit Thunfisch

VEGETARISCH

Aceitunas Oliven
Ensalada mixta gemischter Salat
Revueltos Rührei mit Gemüse
Champiñones a la plancha gebratene Champignons mit Knoblauch
Patatas ali-oli gewürfelte Kartoffelstücke in Knoblauch-Mayonnaise-Dressing
Tortilla de patatas Kartoffelomelett
Arroz Reis

falls köstlich schmecken. Man kann sie als *ración* (Portion) für mehrere Personen oder als *media ración* (halbe Portion) für eine Person bestellen. Abgerechnet wird in sehr traditionellen Bars noch mit Kreide auf dem Holztresen. In einigen *tapas*-Bars gibt es mehrsprachige Speisekarten, doch die Regel ist das nicht. Wer kein Spanisch kann, spielt dann »*tapas*-Roulette« – und bestellt womöglich die wohlklingenden *criadillas* – frittierte Schweinehoden. Fragen Sie lieber vorher nach, um sicherzugehen!

DIE FÜNF BESTEN TAPASBARS

Bar Logüeno, Málaga (➤ 71): eine der besten Adressen Andalusiens, Riesenauswahl von 75 verschiedenen Tapas.
Bar Juanito, Jerez de la Frontera (➤ 73): große Auswahl an Taps und gigantisches Angebot an Finos.
El Faro, Cádiz (➤ 73): besonders gute Meeresfrüchte, schickes Ambiente.
La Gran Taberna, Granada (➤ 105): traditionelles Lokal, in dem der Schinken an der Decke hängt und man zwischen Fässern sitzt.
Patio San Eloy, Sevilla (➤ 169): berühmte Bar mit großer Auswahl an Tapas.

Erster Überblick

Ankunft

Ankunft in Málaga

Der Flughafen von Málaga
Der internationale Flughafen von Málaga (Tel. 902404704), etwa 8 Kilometer westlich von Málaga, ist der wichtigste Airport Andalusiens.

- Ein **Nahverkehrszug** (Línea C-1) verbindet die Städte Málaga und Fuengirola mit dem Flughafen, Torremolinos und Benalmádena. Man muss zum Bahnhof einige Minuten zu Fuß gehen, dennoch ist dieser Zug das beste öffentliche Verkehrsmittel. Der Weg zum Bahnhof ist ausgeschildert und führt über eine Fußgängerbrücke. Fahrkarten erhält man an einem Automaten am Ende der Fußgängerbrücke. Tickets gibt es auch im Zug, sind dort aber teurer. Der erste Zug nach Málaga fährt um 7 Uhr, danach halbstündlich bis 24 Uhr; Fahrzeit: zwölf Minuten.
- **Bus** Alle 30 Minuten verkehrt die Línea A Express zwischen dem Flughafen und der Stadt Málaga, von 7 bis 24 Uhr; Preis: 3 €; Fahrzeit: 15 Minuten. Ziel im Zentrum ist die Plaza del General Torrijos.
- **Taxi** Die Fahrt in die Innenstadt von Málaga kostet zwischen 20 € (wochentags) und 24 € (nachts, Wochenende), nach Marbella bis zu 90 €. Registrierte (weiße) Taxis stehen am Flughafenausgang.
- **Auto** Folgen Sie der Ausfallstraße. Wenn man sich der N340 nähert, nimmt man die linke Spur, die über eine Überführung auf den Ring von Málaga (Ronda de Málaga) führt und von dort nach Málaga, Granada, Almería und zu Orten im Norden der Stadt Málaga. Auf der rechten Spur gelangt man auf die andere Seite der N340 (und anschließend auf die A7/AP7), die nach Westen an die Costa del Sol und weiter nach Cádiz und Sevilla verläuft. Um nach Ronda zu gelangen, müssen Sie die Ausfahrt Coín wählen.

Der Bahnhof von Málaga (Málaga RENFE)
Der Hauptbahnhof von Málaga (Tel. 902320320) liegt etwa 0,75 Kilometer vom Zentrum entfernt. Ein **Nahverkehrszug** (Línea C-1) fährt zum Alameda Centro in der Innenstadt. Mehrere Buslinien verkehren bis Alameda Principal.

Der Busbahnhof von Málaga
Der Busbahnhof (Tel. 952350061) ist etwa 0,75 Kilometer vom Zentrum entfernt und grenzt an den Bahnhof am Paseo de los Tilos. Zug- und Busverbindungen ins Stadtzentrum siehe Hauptbahnhof.

Ankunft in Almería

Der Flughafen von Almería
Der Airport (Tel. 902404704*, mit * gekennzeichnete Telefonnummern sind kostenpflichtig) befindet sich 9 Kilometer östlich der Stadt. Der **Bus**, Linie 22, verkehrt zwischen dem Flughafen und der Innenstadt (Rambla de Belén) etwa alle 70 Minuten, von 7.10 bis 22.10 Uhr. Ein **Taxi** zur Puerta de Purchena kostet etwa 20 bis 25 €.

Bahnhof und Busbahnhof von Almería
Der Bahnhof (Estación de Ferrocarril, Tel. 902320320) und der Busbahnhof (Estación de Autobuses, Tel. 902450550) haben an der Plaza de la

Estación einen gemeinsamen Zugang. Es sind etwa 700 Meter zu Fuß in Richtung Meer zur Avenida Federico García Lorca (Rambla de Belén).

Ankunft in Granada

Der Flughafen von Granada

Der Flughafen (Tel. 902404704) liegt etwa 15 Kilometer westlich der Innenstadt und wird nur für Inlandsflüge genutzt. Die **Buslinie Granada-Aeropuerto** fährt nach Ankunft eines Flugzeugs vom Flughafen zur Plaza Isabel la Católica am Ende der Gran Vía de Colón im Zentrum. Ein Taxi ins Zentrum kostet etwa 28 €.

Der Bahnhof von Granada

Der Bahnhof (Tel. 902320320) an der Avenida de Andaluces liegt etwa 1,5 Kilometer von der Innenstadt entfernt. **Mehrere Buslinien** verkehren zwischen dem Bahnhof und der Gran Vía de Colón und Los Reyes Católicos im Zentrum. **Taxis** kosten etwa 6 € bis Los Reyes Católicos.

Der Busbahnhof von Granada

Carretera de Jaén (Tel. 957404040), etwa 3 Kilometer vom Zentrum entfernt. Die Stadtbusse 3, 10 und 33 fahren ins Zentrum.

Ankunft in Córdoba

Der Bahnhof von Córdoba

Der Bahnhof (Tel. 902240505) ist etwa 1,25 Kilometer von der Innenstadt entfernt. **Bus Nr. 3** fährt über die Plaza de las Tendillas bis zur Mezquita am Fluss. **Taxis** hierher kosten 6 €.

Der Busbahnhof von Córdoba

Bus Nr. 3 (s. oben) verbindet den Busbahnhof (Tel. 957404383) mit der Innenstadt.

Ankunft in Sevilla

Der Flughafen von Sevilla

Vom Flughafen (Tel. 902404704) starten Inlandsflüge wie internationale Flüge. Er liegt etwa 8 Kilometer vom Zentrum entfernt. Von 5.20 bis 1.15 Uhr fährt stündlich ein **Bus** in die Innenstadt. Ein **Taxi** kostet bis 31 €.

Der Bahnhof von Sevilla

Vom Bahnhof (Tel. 902320320) fährt Bus Nr. C-1 zur Avenida Carlos V; die Kathedrale ist nicht weit. Ein **Taxi** zur Kathedrale kostet etwa 8 € plus 2 € für Gepäck. Im **Touristeninformationsbüro** können Sie Hotelzimmer buchen.

Der Busbahnhof von Sevilla

Sevilla hat zwei Busbahnhöfe. Der internationale Busbahnhof, an dem auch Busse aus anderen Teilen Spaniens ankommen, liegt an der Plaza de Armas (Tel. 955038665); Busse aus Andalusien fahren zum Prado de San Sebastián (Tel. 955479290).

Touristeninformationen

Es gibt die regionalen **Oficinas de Turismo de la Junta de Andalucía (J de A)** sowie in den Städten die **Oficina Municipal de Turismo (OMT).**

Unterwegs in Andalusien

Öffentliche Verkehrsmittel

Zug

Alle großen Städte Andalusiens sind mit der Bahn erreichbar. Hochgeschwindigkeitszüge fahren nach Córdoba, Sevilla und Málaga.
RENFE (Red Nacional de Ferrocarril de España) heißt das Bahnnetz in Spanien. Die Zugverbindungen zwischen den Großstädten sind in der Regel schnell und bequem. Züge zwischen kleineren Städten und auf dem Land sind erheblich langsamer, dafür hat man oft eine schöne Aussicht. Die Bahnhöfe können auf dem Land mehrere Kilometer vom Zentrum entfernt liegen, und es stehen nicht immer öffentliche Verkehrsmittel zur Verfügung, sodass man gegebenenfalls auf ein Taxi angewiesen ist.

- Allgemeine Informationen zu RENFE-Verbindungen bekommt man in Andalusien unter Tel. 902 32 03 20. Außerdem gibt es eine umfangreiche Website in englischer und spanischer Sprache: www.renfe.com.
- Auf den Hauptstrecken ist es ratsam, **Plätze** zu reservieren. **Fahrkarten** und Platzreservierungen halten Reisebüros mit dem RENFE-Zeichen bereit. In den Bahnhöfen muss man aus einem Automaten mit der Bezeichnung *Venta anticipada su turno* eine Nummer ziehen, die dann am Schalter aufgerufen wird.
- Einzelheiten zu den **Bahnhöfen** von Málaga, Almería, u. a. (➤ 34f).

Zugkategorien

- Cercanías verbinden Städte und Vorstädte, manchmal fahren sie bis in die Provinzhauptstadt. Sie sind schnell und preiswert.
- **Media Distancia:** Regionalzüge verkehren zwischen den Großstädten und sind ebenfalls schnell und bequem; die komfortablere Version heißt TRD (Tren Regional Diésel).
- **Larga Distancia:** Die Hochgeschwindigkeitszüge AVE (Tren Alta Velocidad) fahren von Madrid nach Córdoba und Sevilla.

Bus

Ein dichtes, von mehreren betriebenes Netz verschiedener Buslinien verbindet alle großen und viele kleinere Städte Andalusiens untereinander. Die meisten Städte besitzen einen Busbahnhof. Im Allgemeinen sind die Busse bequem und zuverlässig; Intercity-Busse haben eine Klimaanlage. Die Preise liegen etwa 25 Prozent unter denen der Bahn. Besonders auf dem Land sind Busse oft schneller als Züge.

- Genauere Informationen und Telefonnummern der **Busbahnhöfe** (➤ 34f).
- **Fahrkarten** sollte man möglichst einen Tag im Voraus kaufen, da der Andrang besonders am Morgen groß ist.
- In den meisten Bahnhöfen gibt es einen zentralen Fahrkartenschalter. **Málaga** ist eine Ausnahme, hier kauft man bei der Gesellschaft Alsina Graells Fahrkarten ins Landesinnere, bei Automóviles Portillo in die Küstenregion.
- An Sonn- und Feiertagen verkehren erheblich weniger Busse.

- Gepäck wird im Kofferraum verstaut. Kleinere Gepäckstücke finden unter dem Sitz Platz.

Taxi

In Andalusien sind Taxis mit einem Taxameter ausgestattet. Die Preise liegen weit unter dem Niveau von Westeuropa. Außerhalb der Städte, nachts sowie an Sonn- und Feiertagen sind die Preise höher. Gepäck ist extra zu bezahlen.

Auto fahren

Fahrten in die Innenstädte sollte man möglichst vermeiden, insbesondere in die Altstadtkerne hinein, wo es oft sehr eng zugeht und viele Einbahnstraßen die Fahrt verlängern. In den meisten Städten ist Parken auf blau gekennzeichneten Plätzen gebührenpflichtig, an gelb bezeichneten Stellen verboten. Bezahlung erfolgt bei Parkwächtern oder am nächsten Parkscheinautomaten. Außerhalb der Großstädte fährt es sich relativ stressfrei. Auf der **N340** kann es jedoch zu Staus kommen.

- Es herrscht **Rechtsverkehr**. Beim **Linksabbiegen** außerhalb der Ortschaften gibt es auf größeren Straßen eigene Fahrspuren, die zunächst nach rechts ausweichen und dann die Hauptstraße kreuzen (raqueta).
- Es besteht **Anschnallpflicht**.
- **Treibstoff** gibt es als *normal, super, sin plomo* (bleifrei) und *gasoleo* (Diesel). Tankstellen akzeptieren meist Kreditkarten.
- Die **Geschwindigkeitsbegrenzung** liegt auf *autopistas* (Autobahnen mit Maut) und *autovías* (kostenlose Autobahnen) bei 120 km/h, auf Schnellstraßen mit Überholspur bei 100 km/h, auf Landstraßen bei 90 km/h. In der Stadt sind 50 km/h erlaubt, in Wohngebieten 25 km/h.
- Die **Promillegrenze** liegt bei 0,5.
- In Spanien gibt es zwei Begriffe für Autobahn: **Autovía** (z.B. A-7) und **Autopista** (z.B. AP-7). Autovías sind gebührenfrei, Autopistas überwiegend mautpflichtig..
- Zwei **Warndreiecke, Ersatzglühbirnen** sowie **Warnwesten** sind mitzuführen.

Mietwagen

- Zur Ferienzeit empfiehlt sich eine **Reservierung** etwa bei Budget (Tel. 01806 21 77 11; 0,20 €/Min. aus dem deutschen Festnetz, Mobilfunk max. 0,60 €/Min., www.budget.de) oder Europcar (www.europcar.de) von Deutschland aus.
- An Flughäfen und Bahnhöfen stehen von örtlichen Verleihfirmen preiswertere **Mietwagen** bereit, etwa von Rentacarspain (www.rentacarspain.com) mit Niederlassungen in Málaga und Sevilla und Cardelmar (www.cardelmar.es, Tel. 910 50 71 03, 0,42 €/Min.); dort bekommt man auch Informationen über die Zweigstellen.
- Bei der Fahrzeugübernahme sollte man den Zustand des Autos **prüfen** und alle Schäden sofort melden.
- Im Fall einer **Panne** wende man sich an die Notfallnummer der Autovermietung oder an den Straßendienst. Stellen Sie unbedingt ein Warndreieck auf. Alle Autos verfügen über Warnblinkanlagen, die Sie jedoch vor der Abfahrt überprüfen sollten. Wenn Sie mit dem eigenen Wagen unterwegs sind, sollten Sie sich an die Richtlinien Ihrer Versicherung oder Ihres Automobilclubs halten.
- Das Mietauto wird mit dem **gleichen Grad der Tankfüllung** zurückgegeben, wie man es übernommen hat.

Übernachten

In diesem Führer finden Sie ausgewählte Übernachtungsmöglichkeiten, die Auswahl reicht von *paradores* (staatlichen Tophotels) bis hin zu familiären *hostales*, Pensionen. In den Touristenhochburgen an der Costa del Sol empfiehlt es sich, im Voraus zu buchen.

Zimmersuche

- Die Touristeninformation vor Ort hält Übersichten mit Zimmern aller Kategorien bereit und fragt auch telefonisch an. Die Zimmer sind bis 18 Uhr zu beziehen, außer man hat vorher seine Kreditkartennummer angegeben.
- Falls keine Touristeninformation vorhanden ist oder sie geschlossen hat, findet man rund um die *Plaza mayor* (zentraler Platz) am leichtesten Übernachtungsmöglichkeiten.
- Wer mit einem Kleinkind oder Haustier unterwegs ist, sollte das Hotel beim Buchen informieren.

Einchecken und auschecken

- Beim Einchecken muss man seinen Pass vorlegen. Die Rezeption füllt ein Anmeldeformular aus.
- Hotelzimmer sind bis zwölf Uhr zu räumen, Pensionen oft schon um elf Uhr. Sagen Sie auch rechtzeitig Bescheid, wenn Sie frühmorgens abreisen möchten.
- Hotels bewahren Gepäck bis zum Abend auf und kümmern sich auch um ein Taxi.

Übernachtungsmöglichkeiten

Paradores

Paradores sind teuer, aber etwas Besonderes. Oft handelt es sich um umgebaute Burgen, Schlösser oder Klöster, die ihren historischen Charakter bewahrt haben, jedoch wie ein Fünf-Sterne-Hotel mit Bädern, Klimaanlage und allem Luxus ausgestattet sind. Oft findet man hier schöne Antiquitäten und echte Kunstwerke vor.
In Andalusien gibt es 16 *paradores*. Rechtzeitige Reservierung empfiehlt sich über die Zentrale: **Central de Reservas**, Calle José Abascal 2–4, 28003 Madrid, Tel. 902 54 79 79*, www.parador.es

Hotels

Die Hotels in Spanien sind vom Tourismusministerium mit einem bis fünf Sternen *(estrellas)* klassifiziert.

- **Fünf-Sterne-Hotel:** absoluter Luxus mit voll ausgestatteten Zimmern (WiFi, TV, Telefon), Tennisplatz, Schwimmbad, Fitnesscenter und einem eigenen Abendprogramm.
- **Vier-Sterne-Hotel:** nicht ganz so luxuriös, aber dennoch hervorragend ausgestattet.
- **Drei-Sterne-Hotel:** preiswerter, aber mit TV und Klimaanlage.
- **Zwei- und Ein-Sterne-Hotel:** sehr preiswert, aber mit unterschiedlichem Standard; am besten, man lässt sich das Zimmer zeigen. Wegen der unterschiedlichen Standards sollte man sich beim Buchen genau über Lage und Ausstattung der jeweiligen Häuser informieren.
- Viele Hotels bieten Familienzimmer mit Zusatzbetten für ca. 30 Prozent Aufschlag an.

Hostales
Hostales sind oft hübscher als billige Hotels und sollten nicht mit Jugendherbergen verwechselt werden. Es handelt sich um eine Art Hotel in Familienbetrieb mit keinem bis zwei Sternen. Ein *hostal* mit **zwei Sternen** entspricht in etwa einem Zwei-Sterne-Hotel. Viele Zimmer haben ein eigenes Bad, sind nett eingerichtet und trotzdem preiswert. In Andalusien gibt es viele charmante *hostales*, die meist im historischen Zentrum liegen.

Pensionen
Zwischen einem *hostal* und einer *pensión* besteht kein großer Unterschied. Oft haben Pensionen allerdings ein Gemeinschaftsbad; man muss zwischen Halb- oder Vollpension wählen. Die Zimmer sind sauber, aber einfach eingerichtet. Bettwäsche und Handtücher werden in der Regel gestellt, Toilettenartikel nicht.

Preisgünstige Unterkünfte
Camas oder ***habitaciones*** sind Zimmer in Privathäusern oder gehören zu Lokalen und *ventas* (➤ 41); oft hängt ein Schild im Fenster, auf dem *camas y comidas* (Betten und Essen) steht. Mit einem eigenen Bad sollte man nicht rechnen. Eine ***fonda*** ist ein kleiner Gasthof, der eine einfache Unterkunft anbietet.
Die meisten **Jugendherbergen** *(albergues juveniles)* sind in alten Gemäuern untergebracht – ohne Heizung und warmes Wasser, also im Winter oft richtig kalt. Meist liegen sie vor den Toren der Stadt, sind oft während der Ferien knallvoll mit Schulkindern – und eigentlich eher zu meiden.

Zelten
In Andalusien gibt es viele hervorragende Campingplätze. Sie werden regelmäßig von der Tourismusbehörde inspiziert und je nach Ausstattung in vier Kategorien eingeteilt: L (Luxus), erste, zweite und dritte Klasse. Selbst der einfachste Campingplatz muss 24 Stunden beaufsichtigt und eingezäunt sein, Trinkwasser zur Verfügung stellen, eine Erste-Hilfe-Station, Toiletten, Duschen und Feuerschutz aufweisen. Heißwasser ist meist extra zu bezahlen. Wildes Campen an Stränden ist verboten und wird mit einem Bußgeld belegt.

Saisonzuschläge
Je nach Jahreszeit ist mehr oder weniger zu berappen, ebenso wirkt sich die Ausstattung auf den Preis aus. In beliebten Ferienorten wie an der Costa del Sol ist im Juli und August Hochsaison *(temporada alta)*, was die Preise um bis zu 25 Prozent hinauftreibt. In Wintersportorten in der Sierra Nevada ist im Winter Hochsaison. In der Nebensaison findet man viele günstige Schnäppchen, und auch die *paradores* werben dann manchmal mit Sonderpreisen – solche Angebote können sehr attraktiv sein.
An Feiertagen und während der lokalen *fiestas* – wie der *Feria de Abril* in Sevilla – findet man schwerer eine Unterkunft und muss auch mehr Geld ausgeben (Informationen zu den Festen und Veranstaltungen ➤ 22f).

Preise
für ein Doppelzimmer pro Nacht:
€ unter 60 € **€€** von 60 – 90 € **€€€** von 90 – 140 € **€€€€** über 140 €

Essen und Trinken

Das Klima, die Lage am Meer, aber auch das fruchtbare Land tragen dazu bei, dass in Andalusien eine Vielfalt von Köstlichkeiten auf den Tisch kommt. Schwertfisch *(pez espada)*, Miesmuscheln *(mejillones)*, Herzmuscheln *(coquinas* und *almejas)* und frische Sardellen *(boquerones)* sind ein Genuss für jeden Freund von Meeresfrüchten. Zicklein *(choto)* und Kaninchen *(conejo)* erfreuen den Fleischesser. Dazu gibt es wunderbares Gemüse je nach Saison: glänzend rote Paprikaschoten, grünen Mangold oder leuchtend orangefarbene Kürbisse.

Wann isst man was?

- **Frühstück** *(desayuno)*: Es besteht meist aus Kaffee mit Toast *(tostada)*, den die Einheimischen mit Olivenöl bestreichen und nicht mit Butter. Auch Schweineschmalz *(manteca)* mit Paprika oder zerdrückte Tomaten mit Öl *(tomate y aceite)* gehören oft zum Frühstück. Die spiralförmigen *churros*, ein süßes Schmalzgebäck, mit Kakao sind eine beliebte Alternative. Die meisten Spanier trinken morgens Kaffee, und zwar stark und schwarz *(café solo)*, mit heißer Milch *(café con leche)* oder auch schwarz mit einem Tropfen Milch *(café cortado)*. Wem der Kaffee so zu stark ist, der nehme den schwächeren *americano*.
- **Mittagessen** *(almuerzo)*: Um etwa 14 Uhr nimmt man in Spanien die Hauptmahlzeit zu sich; in Restaurants kann man bis 16 Uhr zu Mittag essen. Meistens gibt es drei oder vier Gänge. Den Anfang machen eine Suppe oder ein Salat, gefolgt vom Hauptgericht mit Meeresfrüchten oder Fleisch und Gemüse. Vegetarier essen gern *gazpacho*, eine kalte Gemüsesuppe, oder *tortilla* (s. unten) mit Salat. Zum Nachtisch gibt es häufig Karamellpudding *(flan)*, Eis *(helado)* oder Obst. Viele Restaurants bieten ein preiswertes Tagesmenü *(menú del día)* an.
- ***Tapas*** sind ein typischer Bestandteil der kulinarischen Tradition Andalusiens (➤ 30 ff).
- **Abendessen** *(cena)*: Im Vergleich zum Mittagessen fällt das Abendessen schmaler aus. Einige Restaurants bieten auch abends preiswerte Menüs an. Essenszeit ist zwischen 21 und 22.30 Uhr, also relativ spät.

Die Küche Andalusiens

- **Suppen** *(sopas)*: Die wohl bekannteste Suppe ist *gazpacho*, eine kalte Gemüsesuppe aus Tomaten, Gurken, Paprika, Knoblauch, Brot, Essig und Olivenöl. Die dickflüssigere Variante heißt in Córdoba *salmorejo*, in der Gegend um Málaga *porra antequerana*. *Ajo blanco* ist eine gekühlte Suppe aus Mandeln, Knoblauch und Trauben.
- **Eier** *(huevos)*: Kartoffeln, Zwiebeln und Eier sind die Zutaten für das spanische Omelett, die *tortilla*. Eine *tortilla francesa* ist ein einfaches Omelett ohne weitere Zutaten.
- **Meeresfrüchte** *(mariscos)*: In ***chiringuitos*** (➤ 41) am Strand bekommt man den preiswertesten Fisch, zum Beispiel über dem offenen Feuer gegrillte Sardinen (*boquerones*). *Paella* ist ein Dauerbrenner und wird mit Schalentieren, Reis und Zitronenschnitzen zubereitet.
- **Fleisch** *(carne)*: Zu den beliebtesten Fleischgerichten zählen Schweinelende *(lomo de cerdo)*, Kotelett *(chuletas)*, würzige Würstchen *(chorizo)* und Jungschwein *(cochinillo)*. Einer der besten spanischen Schinken *(jamón serrano)* kommt aus der Gegend von Alpujarras und aus der Provinz Granada.

- **Gemüse** *(verdura)*: Salate sind meist eine Mischung von Kopfsalat, Tomaten und Zwiebeln. Je nach Saison gibt es Gerichte mit Gemüse wie Champignons in Knoblauchsoße mit Petersilie oder Spargel mit Rührei.
- **Nachtisch** *(postres)*: Neben Eis oder Karamellpudding mit Sahne *(crema catalana)* stehen Milchreis *(arroz con leche)*, Vanillecreme *(natillas)*, und frisches Obst auf der Speisekarte.

Wohin zum Essen?

- **Ventas:** Ländliche Restaurants, die herzhafte Hausmannskost anbieten. Heute zählen Arbeiter genauso wie Businessleute und am Wochenende Familien aller Schichten zu den Gästen. *Chiringuitos* sind kleine Lokale am Meer, in denen frische Meeresfrüchte auf den Tisch kommen.
- Die Auswahl an **Cafés** und **Bars** ist riesig. In den *tascas* hat man sich auf *tapas* spezialisiert, in *bodegas* kann man Wein und Sherry vom Fass probieren.
- **Restaurants:** Besonders an der Küste gibt es einfach alles, vom Fastfood-Restaurant über Ethnolokale bis hin zu schicken Restaurants mit internationaler Cuisine. Spanische Restaurants haben sich vor allem auf Meeresfrüchte, Wild und Fleischgerichte spezialisiert.
- **Teterías** sind Teeläden im marokkanischen Stil mit einer Riesenauswahl an Kräutertees *(infusiones)*, zu denen arabisches Gebäck gereicht wird.

Trinkgeld

In Spanien sind fünf Prozent Trinkgeld üblich, aber eigentlich lässt man einfach nur überzählige Münzen liegen. Viele Touristen geben Trinkgeld wie zu Hause.

Getränke

- **Bier** *(cerveza)* ist überaus beliebt; viele Spanier ziehen es sogar dem Wein vor. Eine *cervecería* hat sich auf den Ausschank von Bier spezialisiert und bietet viele Sorten vom Fass und noch mehr in der Flasche. Das spanische Bier ist mit fünf Prozent Alkohol relativ stark; wer es weniger hochprozentig mag, probiert Bier mit Sprudel *(clara)*.
- Rioja heißt der wohl bekannteste **Wein** Spaniens, es gibt aber noch 40 weitere Weinregionen im Land. Man kann einen Hauswein *(vino de la casa)* probieren oder einen *tinto de verrano*, einen Rotwein mit Limonade *(gaseosa)*. Rotwein heißt *tinto*, Weißwein *blanco*. Der süße Wein aus Málaga wird aus Muskatellertrauben gekeltert, die in der Gegend um Axarquia wachsen.
- **Sherry** *(fino, manzanilla, amontillado, oloroso)* ist ein beliebter Aperitif (► 26f).
- ***Sangría*** ist ein köstlicher Punsch aus Rotwein, Cognac, Likören und Sprudel mit Orangen- und Zitronenstückchen.
- **Cocktails und Spirituosen** sind in Spanien erheblich billiger als in den meisten anderen Ländern. Für viele Spanier gehören ein *brandy* oder ein *anis* schon zum Morgenkaffee.
- An **nichtalkoholischen Getränken** mit Kohlensäure steht die übliche Palette zur Auswahl. Lecker sind Obstsäfte *(zumos)* und *Bitter Kas*, der geschmacklich dem Campari ähnelt. Etwas Besonderes ist eine eiskalte *horchata*, eine Art Milchgetränk aus Mandeln.

Preise

für ein Drei-Gänge-Menü inklusive Wein und Service:
€ unter 15 € **€€** 15–40 € **€€€** über 40 €

Einkaufen

In den Großstädten und mondänen Ferienorten finden sich schicke Designerboutiquen neben Geschäften, in denen etwa traditionelle Flamencokleider verkauft werden. Jede Region hat auch ihre eigenen *alaferías* (Töpfereien) und *talleres* (Handwerksbetriebe), in denen farbenprächtige Keramik, Stoff, Lederarbeiten und Silberwaren gefertigt werden. All diese Gewerbezweige gehen auf die Mauren zurück. Die typischen Delikatessen Andalusiens findet man in Weinläden und Feinkostgeschäften und natürlich auf den Märkten.

Wohin zum Einkaufen?

Mode
In allen Großstädten Andalusiens – Málaga, Sevilla, Córdoba und Cádiz – und auch in Ferienorten wie Marbella oder Puerto Banús ist die Auswahl an Bekleidungs- und Schuhgeschäften groß. Man kann hier alles kaufen, von Top-designermode von Armani oder Gucci bis hin zu erschwinglicherer, aber dennoch schicker Mode, Sport- und Strandkleidung. An der Costa del Sol finden sich viele Schmuckgeschäfte, doch sollte man sich mit Schmuck auskennen. Renommierte Juweliere haben sich in den Einkaufszonen der größeren Städte niedergelassen.

Souvenirs
Überall in Andalusien bekommt man Souvenirs, vom bedruckten T-Shirt bis hin zu Keramik. Um die Hauptsehenswürdigkeiten einer jeden Stadt werden in vielen kleinen Läden Andenken aus Massenproduktion feilgeboten, so beispielsweise um die Mezquita von Córdoba oder im Viertel Santa Cruz von Sevilla. Edleres und authentischeres Kunsthandwerk lässt sich aber durchaus finden (s. Hinweise in den Regionalkapiteln). Die Hauptstraßen und Uferpromenaden am Meer sind von Andenkenläden gesäumt, dazu kommen in der Hauptsaison noch die fliegenden Händler mit billigen Souvenirs. Unter all dem Schund kann man aber durchaus ein witziges Mitbringsel entdecken.
Vgl. auch die folgenden Abschnitte zu Antiquitäten, Kunsthandwerk und Läden in Dörfern.

Antiquitäten und Kunst
Um interessante Stücke spanischer Herkunft zu finden, stöbert man in den entsprechenden Geschäften, die sich im Zentrum der Großstädte angesiedelt haben, beispielsweise in Granada und Sevilla. So manches ist ja vielleicht zu groß und sperrig, um mit nach Hause genommen zu werden, aber es gibt auch viele hübsche Kleinigkeiten.

Kunsthandwerk
Die **Keramik** aus Andalusien wird höchsten Ansprüchen gerecht, vor allem in Zentren wie Úbeda (➤ 122f) und Níjar (➤ 101). Besonders die farbenprächtigen Kacheln, die auf die Mauren zurückgehen, haben es zu Ruhm gebracht. In Córdoba findet man auch schöne **Leder-** und filigrane **Silberwaren**, während Granada sich eher als Zentrum für **Intarsienarbeiten** einen Namen gemacht hat. In der Bergregion von Andalusien, vor allem in den Alpujarras (➤ 94ff) und in der Sierra de Grazalema (➤ 66f) werden Stoffe und traditionelle Kleidung wie Ponchos angeboten, dazu kleine Läufer und Bettüberwürfe, *jarapas*.

Essen und Trinken

Die Bergregionen der Alpujarras in der Provinz Granada und die Sierra Morena bei Sevilla sind bekannt für ihren ***jamón serrano*** und ***jamón ibérico*** (luftgetrockneter Schinken). In Dörfern wie Trevélez (➤96f) in den Alpujarras, in Aracena (➤162f) und Jabugo (➤188) in der Sierra Morena gibt es Läden, die ausschließlich Schinken und Wurst verkaufen.
Die großen *bodegas* von Jerez de la Frontera (➤53ff) bieten ihre eigene **Sherry**-Marke an, ebenso El Puerto de Santa María (➤67f) und Sanlúcar de Barrameda (➤67). In den größeren Städten und in den Weinbaugebieten steht in Spezialgeschäften eine endlose Auswahl an Sherry, Wein und Likör – oft bekommt man sogar eine Kostprobe.

Kaufhäuser

Am bekanntesten ist **El Corte Inglés**, eine Ladenkette mit Niederlassungen u.a. in Sevilla, Granada, Córdoba, Málaga und an der Costa del Sol. In Málaga erreicht das Kaufhaus gigantische Dimensionen mit Fachabteilungen für alles, was man sich nur wünschen kann.

Märkte

Die Märkte in der Stadt und auf dem Land bieten frische Lebensmittel. Zudem gibt es hier auch immer eine Menge zu sehen.

Die besten Märkte

Fisch: Sanlúcar de Barrameda (➤67), Almería (➤98ff).
Fisch, Fleisch, Obst und Gemüse: Cádiz (➤63f), Málaga (➤60ff).
Kleidung und Haushaltswaren: Fuengirola (➤57), Córdoba (➤114ff).

Dorfläden

Die Tante-Emma-Läden in den Dörfern verkaufen alles, Töpferei und Strohhüte, Gewürze und Lebensmittel, bunte Schals und Krawatten. Alles kostet hier nur einen Bruchteil von dem, was in den Städten verlangt wird, überdies bekommt man spanische Waren und keinen Touristenkitsch.

Öffnungszeiten

Die meisten Geschäfte in Andalusien sind von 9 bis 14 Uhr und von 16.30 bis 20.30 Uhr geöffnet, und zwar von Montag bis Samstag, was allerdings recht flexibel gehandhabt wird. In den großen Kaufhäusern kann man durchgehend von 10 bis 22 Uhr einkaufen; am Samstag wird früher geschlossen, jeder erste Sonntag im Monat ist verkaufsoffen.

Zahlungsmöglichkeiten

In den größeren Städten werden Kreditkarten in fast allen Läden angenommen. Auf dem Land wird Barzahlung erwartet.

Verhaltensregeln

Auch die Andalusier stöbern gern in den Geschäften herum, und so hat man als Tourist kein Problem, wenn man es ebenso macht. Um Missverständnisse zu vermeiden, sollte man allerdings beim Verkaufspersonal rückfragen, bevor man Waren aus den Regalen nimmt. In schicken Designerboutiquen wird jeder Kunde in der Regel sofort persönlich betreut, und man geht von ernsten Kaufabsichten aus. Meiden Sie aufdringliche Bauchladenverkäufer in Ferienorten.

Ausgehen

In Andalusien ist das Angebot an Unterhaltungsmöglichkeiten groß. In den größeren Städten gibt es Kinos, an der Costa del Sol finden sich Spielkasinos. Auch wer gern in der freien Natur etwas unternimmt, kann sich in unzählige Aktivitäten stürzen. Kinder kommen in den Vergnügungsparks (➤ 67) auf ihre Kosten.

Nachtleben

- **Nachtclubs:** Vor allem an der Costa del Sol, aber auch in den großen Städten geht die Post ab. Viele Nachtclubs öffnen erst um 22 oder 23 Uhr ihre Pforten, erst ab drei oder vier Uhr ist richtig was los.
- **Kinos** gibt es in allen größeren Städten. Die meisten ausländischen Filme werden synchronisiert. Kinos in Málaga, Fuengirola und Marbella zeigen auch Filme in der Originalversion.
- In ganz Andalusien kann man gute **Flamencoshows** (➤ 19ff) sehen.

Besondere Veranstaltungen

- **Festivals** sind ein wichtiger Bestandteil des Lebens in Andalusien; die meisten finden zwischen Ostern und Juni statt (➤ 22f).
- Die **Stierkampfsaison** dauert von Ostern bis Oktober, an der Costa del Sol bis November. Etwa drei Wochen vorher werben bunte Plakate für die Veranstaltung; die Hotels bieten oft organisierte Stierkampfbesuche mit Transfer an. Einheimische buchen für so renommierte Arenen wie in Sevilla, Granada, Córdoba, Málaga und Ronda die Eintrittskarten lang im Voraus. Die Preise können hier bei bis zu 140 € liegen, Billigtickets kosten 15 €. Selbst für die *novilladas* an der Costa del Sol muss man zwischen 30 und 60 € berappen (weitere Informationen ➤ 17 ff).

Aktivitäten im Freien

- Die Atlantikküste zwischen Gibraltar und Cádiz, vor allem aber Tarifa (➤ 68f), ist zum Paradies für **Wind- und Kitesurfer** avanciert. Außerdem kann man hier **tauchen, Wasserski fahren** und **paragleiten**. Spaß macht es auch, vom Boot aus bei Gibraltar und Tarifa **Delfine** zu beobachten.
- An der Costa del Sol sind viele »Golfdörfer« entstanden. Generell muss man frühzeitig reservieren, besonders wenn man ein Zertifikat erwerben will. Die Gebühren schwanken erheblich und sind besonders auf schicken Golfplätzen enorm hoch (Informationen ➤ 76). Auskunft erteilt die **Real Federación Andaluza de Golf** (Sierra de Grazalema 33-5-1B, Málaga, Tel. 952 22 55 90, http://rfga.org).
- In der beeindruckenden Bergwelt Andalusiens gibt es vielfältige Möglichkeiten für einen Abenteuerurlaub: Man kann auf Pfaden durch die Alpujarras (➤ 94ff), durch die Sierra de Grazalema (➤ 66) und durch die Sierras de Cazorla und Segura (➤ 128f) **wandern**. Außerdem werden organisierte **Reitausflüge** und **Radtouren** angeboten. In vielen Flüssen kann man **angeln**. Informationen erteilt die **Spanische Anglervereinigung** (Tel. 915 32 83 53, www.fepyc.es). Wer das große Abenteuer sucht, geht zum **Klettern, Paragleiten** oder **Hängegleiten**.

Nützliche Informationen

In vielen Touristeninformationen liegt der Veranstaltungskalender *Qué hacer? – Guía de Ocio de Andalucía* in Englisch und Spanisch aus.

Málaga und Cádiz

Kleine Erlebnisse

Ein blaues Wunder

Wer nach **Júzcar** (➤ 52) kommt, erlebt ein blaues Wunder: Hier wurden die typischen weißen Häuser Andalusiens, *pueblos blancos*, alle blau gefärbt – Werbung für die Weltpremiere des Films *Die Schlümpfe*.

Wale beobachten

Die Meerenge von Gibraltar ist eine gute Gelegenheit, um **Wale** vom Boot aus zu beobachten, z. B. mit FIRMM (www.firmm.org) in **Tarifa** (➤ 68).

Mit den Wölfen heulen

Wölfe mal ganz nah erleben! Daniel Weigend und Alexandra Stieber ermöglichen dies – bei Führungen in ihrem **Lobo Park** (➤ 66) in den Bergen von Antequera.

Erste Orientierung

Málaga und Cádiz sind die am häufigsten besuchten Provinzen Andalusiens. Das liegt nicht nur an der Costa del Sol, sondern auch am beeindruckenden Hinterland mit alten maurischen Dörfern und historischen Städten.

Die Provinz Málaga eignet sich hervorragend als Ausgangspunkt für die Erkundung der außergewöhnlichen Vielfalt Andalusiens. Die Hauptstadt Málaga ist eine noch ganz authentische spanische Stadt – ein schöner Kontrast zu den aus dem Boden gestampften Touristenzentren an der Costa del Sol. Im Norden der Provinz liegen bewaldete Täler und zerklüftete Berge. Am eindrucksvollsten ist der Naturpark El Torcal mit seinen bizarren Kalksteinformationen unweit des historischen Städtchens Antequera. Doch auch weiter gen Westen mangelt es nicht an spektakulären Orten. So scheint die Stadt Ronda förmlich über der gewaltigen Schlucht des Río de Guadalevín zu hängen. Südlich und westlich von Ronda sprenkeln die legendären *pueblos blancos* wie weiße Tupfen die schönen Berge der Sierra de Grazalema und die bewaldeten Hügel der Region Los Alcornocales.

TOP 10

Nicht verpassen!

Nach Lust und Laune!

In der berühmten Reitschule von Jerez de la Frontera

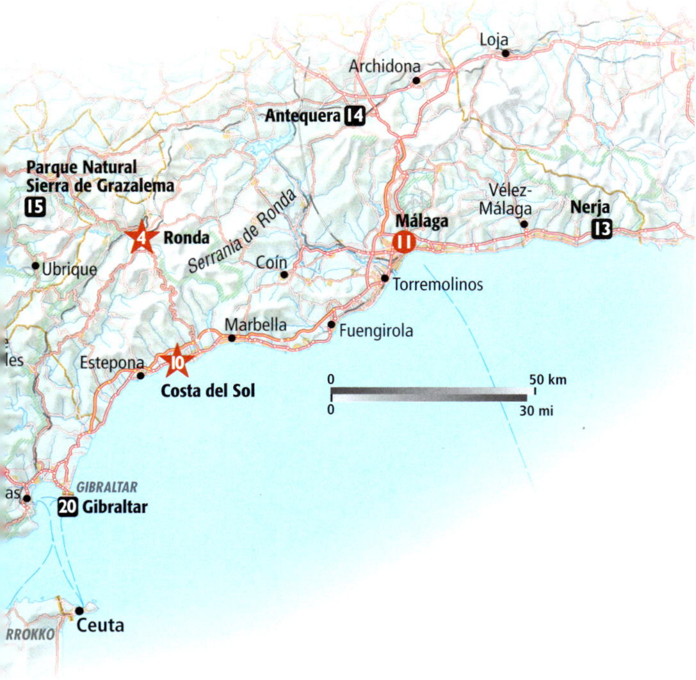

In vier Tagen

Folgen Sie von Málaga aus der reizvollen Bergstraße nach Ronda und zu den weißen Dörfern. Dann geht es weiter zur Sherryhauptstadt Jerez de la Frontera, zum historischen Cádiz und an der Küste zurück nach Málaga.

Erster Tag

Vormittags

Besuchen Sie den bunten Markt von 11 **Málaga**, den **Mercado Atarazanas** (➤ 62), spazieren dann die mit Marmor gepflasterte Haupteinkaufsstraße Marqués de Larios (rechts) entlang und danach durch enge Gassen sowie über idyllische plazas zur maurischen Zitadelle, der **Alcazaba** (➤ 60 f). Bewundern Sie den Renaissancedekor der **Kathedrale** (➤ 61), bevor Sie mittags in der Bar Logüeno (➤ 71) ein paar leckere tapas kosten.

Nachmittags

Im **Museo Picasso** (➤ 61) finden Sie eine herrliche Auswahl der Werke von Málagas berühmtestem Sohn. Durch Wälder und raue Berge geht es nach 4 **Ronda** (unten, ➤ 50), das sich auf zwei Seiten einer Schlucht den Berg hinaufzieht. Am frühen Abend kann man mit Muße einen Bummel machen. Besonders schön ist der Blick auf die zerklüftete Felsschlucht im Schein der goldenen Abendsonne. Übernachten Sie in Ronda.

Zweiter Tag

Vormittags

Besichtigen Sie die **Iglesia de Santa María Mayor** (➤ 50) mit Überresten der alten maurischen Moschee. Weiter geht es zum **Palacio de Mondragón** mit Museum (➤ 51), hübschen Patios und herrlicher Aussicht.

Nachmittags

Fahren Sie durch die **Sierra de Grazalema** (➤ 66), und legen Sie in Grazalema oder in **Zahara de la Sierra** eine Pause ein. Fahren Sie durch die Berge nach 7 **Jerez de la Frontera** (➤ 53 f), wo Sie die Nacht verbringen.

Dritter Tag

Vormittags
Besuchen Sie die berühmte **Königliche Andalusische Schule der Reitkunst** und anschließend eine der Sherrybodegas (➤ 55). Essen Sie in einer *tapas*-Bar zu Mittag.

Nachmittags
Weiter geht es nach ⓬ **Cádiz** (➤ 63 f). Bewundern Sie die **Kathedrale**, und spazieren Sie durch die belebten Gassen zum **Museo de Cádiz** (➤ 63) mit seinen beeindruckenden Exponaten aus der Zeit der Phönizier und Römer sowie Gemälden alter spanischer Meister. Spazieren Sie in der Abenddämmerung über die Uferpromenade.

Vierter Tag

Vormittags
Schlendern Sie nach dem Frühstück auf der **Plaza de las Flores** (➤ 63) über den Markt zur **Torre Tavira** (➤ 63). Von dort haben Sie einen herrlichen Blick über die Stadt. Fahren Sie anschließend in östlicher Richtung an der 19 **Costa de la Luz** (➤ 68 f) entlang. Wer Zeit und Lust hat, stattet dem maurischen Ort **Vejer de la Frontera** (➤ 68) einen Besuch ab, dann geht es weiter nach **Tarifa** (➤ 68) durch die hügelige Sierra del Cabrito mit Ausblicken auf den markanten Felsen von 20 **Gibraltar** (➤ 69). In **Estepona** (➤ 56) gibt es ein spätes Mittagessen.

Nachmittags
Der herrliche Strand von Estepona lädt zum Entspannen ein, bevor es weiter nach **Marbella** (➤ 56) geht, wo man dem Nachtleben frönen kann. Als Alternative dazu bietet sich die Rückfahrt nach **Málaga** an, um am Paseo del Parque zu flanieren, tapas zu essen und dazu einen süffigen Sherry zu trinken.

4 Ronda

Ronda begeistert einfach jeden – allein schon durch seine wahrlich spektakuläre Lage über El Tajo, der zerklüfteten Schlucht des Río Guadalevín. Über die steil abfallenden Wände spannt sich der Puente Nuevo, eine Brücke aus dem 18. Jahrhundert. Seit dem 19. Jh. gehört die Stadt zu den Touristenmagneten Andalusiens.

Oft herrscht in Ronda am späten Vormittag ein Riesengedränge, wenn die Touristenbusse von der Costa del Sol ankommen. Gut beraten ist also, wer seine Stadtbesichtigung auf den frühen Morgen oder den Spätnachmittag verlegt. Über 100 Meter tief ist **El Tajo**, die Schlucht, die die Stadt teilt. Dort, wo der Guadalevín hinein- und herausfließt, bilden die Felswände auf beiden Seiten Steilabbrüche. Braune und weiße Gebäude stehen am Rand der Klippen dicht beieinander, als ob sie gemeißelte oder gemalte Fortführungen des natürlichen Gesteins wären. Die imposante Brücke, der **Puente Nuevo**, führt an der schmalsten Stelle über die Schlucht und eröffnet einen guten Blick in den Abgrund. Atemberaubend ist die Aussicht auf die Schlucht auch von den Gärten am Paseo Blas Infante. Zu ihm gelangt man über den Hauptplatz von Ronda, der Plaza de España am Nordende der Brücke.

Die Altstadt

Die interessantesten Sehenswürdigkeiten von Ronda liegen auf der Südseite der Schlucht in der ***ciudad antigua***, der Altstadt. Wer durch die Gassen schlendert, steht plötzlich vor Moscheen, Kirchen und Renaissancepalästen. Im Zentrum der Altstadt liegt die Plaza Duquesa de Parcent, ein begrünter Platz mit hübschen Gebäuden und der **Iglesia de Santa María Mayor**. Die Kirche steht an der Stelle einer alten Moschee, und so haben sich einige maurische Merkmale an dem vorwiegend gotischen und barocken Bau erhalten. Der Glockenturm krönt das Fragment des alten Minaretts.

Ronda liegt zu beiden Seiten einer steilen Schlucht.

Die Arena von Ronda (18. Jh.) gilt als architektonisches Kleinod.

Gleich um die Ecke, ein Stück die Calle Manuel Montero hinauf, gelangt man zum **Palacio de Mondragón** aus dem 14. Jahrhundert. Der ehemals maurische Palast wurde nach der Reconquista umgebaut, doch ein Teil der *mudéjar*-Architektur blieb erhalten. Es gibt drei kleine Höfe, *patios*, deren Anlage und Dekor bemerkenswerte Beispiele für die Kunst des Islam sind. Von den Gartenterrassen hat man einen herrlichen Ausblick.

Wer die Haupttreppe hinaufsteigt, sollte einen Blick auf die farbenprächtige Kuppel werfen. Der Palast geht ins Stadtmuseum über, wo eine Ausstellung Einblick in die prämaurische Geschichte von Ronda gibt.

Nicht weit ist es bis zur **Casa Juan Bosco**, einem Anwesen aus dem 19. Jh. mit einem herrlich gestalteten Garten samt Mosaiken, Brunnen und Blick auf die Felsen. In der Calle Arniñan, der Hauptstraße der Altstadt, erzählt das **Museo del Bandolero** (Ganovenmuseum) die Geschichte der Wegelagerer, die im 19. Jh. in den umliegenden Bergen lebten (► 16).

---

199 E2

Touristeninformation

Oficina Municipal de Turismo, Paseo de Blas Infante (OMT) ☎ 952 18 71 19; www.turismoderonda.es

Oficina Comarcal de Turismo, CalleEspíritu Santo 37 ☎ 952 87 07 39

Parken

Zentraler Parkplatz am Paseo de Blas Infante hinter der Stierkampfarena; Parkhaus an der Plaza de la Merced.

Iglesia de Santa María Mayor

Plaza Duquesa de Parcent Mo–Sa 10–19, So 10–12.30, 14–19 Uhr 4 €

Der Mercadillo

Auf der Nordseite der Schlucht liegt der **Mercadillo**, das Ronda der schicken Hotels, Restaurants, Bars und Andenkenläden. Die **Plaza de Toros** ist die zweitälteste Stierkampfarena von Spanien; hier definierte um das Jahr 1750 der legendäre Matador Pedro Romero die Regeln für den Stierkampf.

Das angeschlossene Museo Taurino zeigt alle möglichen Erinnerungsstücke berühmter Toreros genauso wie Bilder berühmter Stiere, aber es erinnert auch an literarische Stierkampffans wie den Regisseur Orson Welles oder den Schriftsteller Ernest Hemingway.

Gegenüber der Arena beginnt die autofreie Haupteinkaufsstraße der Stadt, die Carrera Espinel, auf beiden Seiten flankiert von Souvenirläden unterschiedlicher Qualität, aber auch von verführerischen Delikatessengeschäften und Boutiquen. Über die Espinel gelangt man zur Plaza del Sororro mit ihren Restaurants, Bars und Cafés.

KLEINE PAUSE

Wer die wirklich atemberaubende Aussicht auf Schlucht und Brücke genießen möchte, der kehrt am besten in dem typisch spanischen Restaurant **Don Miguel** (Calle Villanueva 4, Tel. 952 16 18 64) ein – da lassen sich Panorama und kulinarischer Genuss gut verbinden.

---

199 E2

Palacio de Mondragón
Plaza de Mondragón, Calle Manuel Montero ☎ 952 87 08 18
Mo–Fr 10–18 Uhr, Sa/So und Feiertage 10–15 Uhr 3 €

Casa Juan Bosco
Calle Tenorio 20 ☎ 600 27 51 25
tgl. 9–14, 14.30–17 Uhr

Museo del Bandolero
Calle Armiñán 65 ☎ 952 87 77 85
Sommer tgl. 11–20.30, Winter tgl. 11–19 Uhr
3,75 €

Plaza de Toros und Museo Taurino
Calle Virgen de la Paz ☎ 952 87 41 32
tgl. 10–18 Uhr 7 €

BAEDEKER TIPP

- **Übernachten Sie in Ronda**, um die Stadt ohne Trubel in Ruhe genießen zu können.
- Spazieren Sie durch die **Jardines Ciudad de Cuenca.** Von dort haben Sie einen herrlichen Panoramablick. Die Gärten am Nordende der Schlucht erreichen Sie über die Plaza de España, die Calle Nueva, Los Remedios und die Calle Mina.
- Am östlichen Zugang zur Schlucht gibt es zwei weitere Brücken, den mittelalterlichen **Puente Viejo** und den maurischen **Puente de San Miguel** mit fantastischer Aussicht. Nicht weit vom Puente de San Miguel befinden sich die **Baños Árabes**, die arabischen Bäder, die auf das 13. und 14. Jh. zurückgehen (Calle San Miguel, Mo–Fr 10–18, Sa, So 10–15 Uhr 3 €.
- 21 km südlich von Ronda sorgt **Júzcar** – *el pueblo pitufo*, das Schlumpfdorf – für Aufsehen. Die ursprünglich als Werbeaktion für den Hollywoodfilm »Die Schlümpfe« blau gestrichenen Häuser des idyllisch in der bewaldeten Berglandschaft gelegenen Dörfchens entwickelten sich zu einer Touristenattraktion.

7 Jerez de la Frontera

Jerez ist weltberühmt als Herkunftsort des Jerez-Weins, in unseren Breiten besser bekannt als Sherry. Ebenso große Bedeutung haben die Pferdezucht und der Flamenco. Mit ihren schönen Plätzen, schicken Geschäften, lebhaften Bars und Restaurants gehört sie zu den sehenswertesten Provinzstädten Andalusiens.

Edler Tropfen: Der *fino*, die am häufigsten getrunkene Sherrysorte, wird in Eichenfässern gelagert, die nur zu vier Fünfteln gefüllt sind.

Der Sherry, eine Erfahrung

Die Weinkelterei reicht in Jerez bis in die Zeit der Phönizier und Römer zurück; schon damals erkannte man, dass der fruchtbare, kalkhaltige Boden ideal ist, um Wein anzubauen. Heute wird in den *bodegas* fermentierter Wein zum berühmten Sherry und zum spanischen Brandy verarbeitet.

Die eine oder andere *bodega* zu besuchen, ist eine bereichernde Erfahrung. Führer in Livree weisen den Weg durch riesige Weinlager, am Ende lernt man bei einer Kostprobe die unterschiedlichen Sherrysorten kennen. Zu den bekanntesten *bodegas* in Jerez zählen berühmte Namen wie Bodegas Tío Pepe, Domecq-Harveys, Sandeman und

VON XERES ZUM SHERRY

Schon der Name Jerez verweist auf sein wichtigstes Exportprodukt. Die ursprüngliche Siedlung war den Römern als Xeres bekannt. Die Mauren veränderten den Namen dann zu Sheriss, woraus schließlich Jerez wurde; »de la Frontera« fügte man hinzu, als Jerez im 14. Jh. eine Grenzstadt des maurischen Königreichs Granada wurde. Wein baute man hier schon zur Römerzeit an, doch erst im 18. / 19. Jh. kam in Europa der Begriff »Sherry« auf.

Williams & Humbert; am schönsten sind wohl die Führungen bei Bodegas Tío Pepe und Domecq-Harveys, deren *bodegas* kleinen Dörfern mit üppigen Gärten, überdachten Patios und Kopfsteinpflastergassen gleichen. In der *bodega* von Williams & Humbert gibt es zusätzlich Flamenco und eine Pferdeschau zu sehen.

Pferde und mehr

Den Namen Jerez verbindet man seit dem 18. Jh. auch mit Pferden. Damals begannen die Mönche des Kartäuserklosters ganz in der Nähe, die sogenannten *cartujanos* zu züchten, Pferde arabischer Abstammung, die für ihre Eleganz und ihren Gehorsam bekannt waren. Die Region um Jerez steht bis heute in der spanischen Pferdezucht an erster Stelle. In

Reitkunst vom Feinsten zeigt die Real Escuela Andaluza del Arte Ecuestre bei ihren Vorführungen.

der **Real Escuela Andaluza del Arte Ecuestre**, der Königlichen Andalusischen Hofreitschule, kann man *Cómo bailan los caballos andaluces* bewundern, eine Pferdeshow mit einer Choreografie, die nicht nur Pferdefans begeistert. An den vorstellungsfreien Tagen sind die Stallungen und Trainingseinrichtungen zu besichtigen. Wer noch etwas mehr Zeit zur Verfügung hat, stattet dem maurischen **Alcázar** aus dem 12. Jh. einen Besuch ab – der von einem Wall umgebenen Burganlage mit Gärten, Moschee und Badehaus. Man betritt den Alcázar durch die Puerta de la Ciudad und entdeckt hinter seinen Mauern eine gut erhaltene überkuppelte Moschee mit restauriertem Mihrâb sowie eine aus dem 14. Jh. stammende Badeanlage. Der im Stil der Renaissance umgebaute Palacio de Villavicencio bietet im Turm eine Camera Obscura, die ungewöhnliche Stadtansichten erzeugt. Vom Alcázar blickt man auf die Rückseite der 1695 im Barockstil erbauten Kathedrale Colegiata de San Salvador, Nachfolgerin eines Kirchenbaus aus dem 13. Jh., der wiederum auf den Grundmauern einer Moschee entstanden ist. Auffallend sind der frei stehende Glockenturm, das ausladende Strebewerk zum Schutz vor Erdbebenschäden, die

Beim Flamenco ist stilvolle Kleidung gefragt.

von Skulpturen umgebene Kuppel sowie die schöne barocke Freitreppe vor der Hauptfassade.

Das Flamencozentrum, **Centro Andaluz de Flamenco**, lohnt ebenfalls einen Besuch. Es liegt mitten im Barrio de Santiago, dem alten Romaviertel der Stadt, und gilt als Wiege des Flamenco. Man kann sich hier Videos ansehen, hinzu kommt ein audiovisuelles Theater, in dem Filme über berühmte Vertreter des Flamenco wie Manolo Caracol (➤ 21) gezeigt werden. Wer früh am Morgen durch das Viertel schlendert, hört das rhythmische Spiel der Gitarre aus den Flamencoschulen.

Das moderne Jerez zeigt sich von seiner besten Seite westlich der Hauptstraße in der Fußgängerzone, der Calle Larga. Man schlendert zur Plaza San Dionisio mit ihrer hübschen Kirche aus dem 15. Jh. und kehrt in einer der vielen *tapas*-Bars ein.

KLEINE PAUSE

Viel Flair bietet das authentische Lokal **La Maceta Bar** (Calle Lanceria 27), wo man einen eiskalten *fino* zu eingelegten Miesmuscheln oder einem *bocadillo* (herzhaft belegtes Brot) trinkt. Man kann im Freien Platz nehmen oder in der mit zahlreichen Sherryplakaten geschmückten Bar.

198 C2

Touristeninformation
Plaza del Arenal ☎ 956 33 88 74; www.turismojerez.com

Alcázar
Alameda Vieja ☎ 956 14 99 55
Mo–Fr 9.30–19.30 (Juli–Mitte Sept.), März bis Juni und 2. Septemberhälfte, Okt. bis 17.30, sonst bis 14.30; Sa und So bis 14.30 Uhr 5 €

Real Escuela Andaluza del Arte Ecuestre
Avenida Duque de Abrantes
☎ 956 31 96 35 (Reservierung); www.realescuela.org
Vorführung: März–Mitte Dez Di 12 Uhr sowie machmal Mo und Sa; Stallungen und Training: 10–13 Uhr an Tagen ohne Show
27 bzw. 21 €, Training 11 €

Centro Andaluz de Flamenco
Palacio Pemartín, Plaza de San Juan, Barrio de Santiago ☎ 956 90 21 34; www.juntadeandalucia.es/cultura/centroandaluzflamenco Mo–Fr 9–14 Uhr
frei

BAEDEKER TIPP

- Die Eintrittskarten für die Hofreitschule sind einige Zeit im Voraus zu buchen (www.realescuela.org).
- Die Sammlung des Museo Arqueológico (Plaza del Mercado, Tel. 956 14 95 60, Di–Fr 10–14, 16–19, Sa/So 10–14 Uhr, Eintritt 5 €) gibt einen hervorragenden Überblick vom prähistorischen Andalusien bis zur Zeit der Mauren.
- Wer eine Führung durch eine *bodega* machen will, sollte sich bei der Touristeninformation erkundigen, ob es auch Touren in seiner Muttersprache gibt.

10 Costa del Sol

Der touristische Kern der Küste von Málaga bis Estepona gilt als das größte zusammenhängende Feriengebiet Europas. Bis in die 1950er-Jahre hinein verirrte sich kaum ein Reisender hierher, doch dann entdeckte der organisierte Massentourismus die Küste, an der an 320 Tagen im Jahr die Sonne scheint.

An der Playa del Salon (Nerja)

Estepona, Marbella und Puerto Banús

Der westlichste Ort der Costa del Sol, das einstige Fischerdorf **Estepona**, wuchs mit dem aufkommenden Massentourismus in den 1960er-Jahren beträchtlich an, doch hat sich der hübsche Ortskern samt einem ansehnlichen Fischerei- und Jachthafen erhalten. Blumenrabatten, Palmen und Büsche finden sich zwischen der Hauptstraße, der Avenida de España, und der breiten Promenade, die am gesamten schönen Strand entlangführt. Im Herzen der Altstadt liegt die Plaza de las Flores, ein kleiner Platz mit duftendem Jasmin, der das Andalusien des 19. Jh.s wieder zum Leben zu erwecken scheint. Es gibt im Zentrum viele Bars, Cafés und Restaurants, ansonsten sind die Unterhaltungsmöglichkeiten an diesem Ort eher rar. Die eigentliche Attraktion ist der schöne Strand. Am westlichen Ende finden sich ein alter Leuchtturm, der Fischerhafen, der Jachthafen und noch ein paar Kilometer gen Westen die Costa Natura, der älteste FKK-Strand Spaniens. Östlich von Estepona ziehen sich die gesichtslosen Apartmentanlagen auf beiden Seiten der Autobahn bis nach **Marbella**. Einst gründeten die Phönizier hier eine Niederlassung namens Salduba (Salzstadt). 1485, als die Katholischen Könige die Mauren vertrieben hatten, soll Königin Isabella beim Anblick der Küste ausgerufen haben »¡Qué mar bella!« – »Was für ein schönes Meer!« – und der Name der Stadt war geboren. Marbellas Eintritt in die touristische Welt erfolgte 1953, als Prinz Alfonso von Hohenlohe den Marbella-Club gründete, jahrzehntelang Mittelpunkt der High Society. Heute wirkt der Ferienort tagsüber relativ langweilig, aber nachts entfaltet sich rund um Marbellas Jachthafen Puerto Deportivo und die Plaza Puente Ronda in der aufgemöbelten Altstadt *(casco antiguo)* ein quirlig-buntes Nachtleben. Gute Stube der Altstadt ist die Plaza de los Naranjos, die im 14. Jh. entstand, als das alte maurische Viertel zerstört wurde. Die kleinen Gässchen, die von der Plaza abzweigen, sind voller Boutiquen und Läden mit Kunsthandwerk. Weiter östlich gelangt man nach einem kleinen Spaziergang zur Plaza de la Iglesia, wo die hübsche Kirche Nuestra Señora de la Encarnación neben den alten maurischen Stadtmauern von Marbella steht. Südlich der Plaza de los Naranjos geht die Altstadt in die geschäftige Avenida Ramón y Cajal über; jenseits davon liegt die Plaza de la Alameda mit Springbrunnen. Von hier aus gelangt man, über einen Fußweg und an einigen exzentrischen Plastiken von Salvador Dalí vorbei, hinunter zur Promenade. Dort bietet Marbella die an der Costa del Sol übliche Mischung aus Strand, Fischlokalen, Andenkenläden, Bars und Cafés. Am Meer entlang geht es gen Westen zum Jachthafen **Puerto Banús** mit pseudomaurischen Apartmenthäusern, teuren Geschäften und Restaurants sowie dem entsprechenden betuchten Publikum.

Im Herzen von Estepona

Fuengirola und Torremolinos

Etwa 25 Kilometer östlich von Marbella liegt das authentische Arbeiterstädtchen **Fuengirola**, das mit seinen Hotelkomplexen am Meer einer der am wenigsten beliebten Orte ist. Dennoch gilt Fuengirola als klassischer Ferienort mit Bars am Meer, wo man dem Sangría zusprechen kann, und einem langen Strand, der mit Liegestühlen vollgepackt ist.

VERGNÜGUNGSPARKS AN DER COSTA DEL SOL

Selwo Aventura (Tel. 902 19 04 82, www.selwo.es, Juni–Aug. tgl. 10–20, sonst 10–18 Uhr; Eintritt 24,50 €) liegt 6 Kilometer östlich von Estepona und ist ein Safaripark mit rund 200 Tieren. Auf dem Weg durch einen Canyon können Sie exotische Vögel sehen. Zwischen Marbella und Estepona liegt der Wasserpark **Sea Life,** Puerto Marina, Benalmádena Costa (tgl. 10–20 Uhr, www.visitsealife.com; Eintritt 15,50 €), wo man von der Garnele bis zum Hai das Leben im Mittelmeer kennenlernt. **Tivoli World**, Arroyo de la Miel, Benalmádena Costa (www.tivoli.es, Juni tgl. 16–24, Juli–Aug. tgl. 17.30–1.30, sonst meist Sa, So 12.30–19 Uhr; Eintritt 7,95 €) bietet alle möglichen Karussells, dazu Wildwestshows und Flamencodarbietungen. Das **Aqualand Torremolinos** (Tel. 952 38 88 88, www.aqualand.es/torremolinos, Mai, Juni, Sept., Okt. 11–18, Juli, Aug. 11 bis 19 Uhr; Eintritt 28 €) unterhält mit Wasserrutschen und anderen Attraktionen.

BAEDEKER TIPP

- **Torremolinos** und **Fuengirola** liegen an der Hauptbahnstrecke zwischen Málaga und seinem Flughafen. Der Zug fährt direkt ins Zentrum der beiden Ferienorte, sodass man getrost auf das Auto verzichten kann. Wer einen Spaziergang über die beiden Hauptstrände hinaus macht, findet dort weniger überfüllte Strandabschnitte.
- Das **Museo del Grabado Contemporáneo** (Lithografiemuseum) von Marbella ist in einem schönen Renaissancegebäude untergebracht und zeigt Werke von Joan Miró und Picasso wie zeitgenössische spanische Grafik.
- **Ausflüge an der Costa:** In den Bergen hinter der Costa del Sol gibt es viele schöne Dörfer. **Casares** liegt in der Sierra Bermeja, etwa 18 Kilometer landeinwärts von Estepona. Über die weiß getünchten Häuser mit ihren orangefarbenen Dächern wacht eine maurische Burg. **Mijas** befindet sich acht Kilometer nördlich von Fuengirola. Das Dorf ist zwar ziemlich überlaufen, hat sich aber trotzdem einiges von seinem Charme bewahren können. Dies sieht man besonders gegen Abend. Zwischen den Ferienorten und den Dörfern bestehen Busverbindungen.

Torremolinos, 20 Kilometer nordöstlich von Fuengirola gelegen, ist der am meisten besuchte Ort an der Costa. Hier dominiert der typische Mischmasch aus Souvenirläden, Bars, Cafés und Restaurants. Einige alte Gassen blieben jedoch erhalten. In der Hauptsaison schiebt sich der Touristenstrom durch den Ort, der Strand ist voll besetzt. Man kann jedoch einen Spaziergang auf der hübschen Promenade, dem Paseo Marítimo, machen. Dieser führt fünf Kilometer an den Stränden La Carihuela und Montemar entlang, bevor man an der Benalmádena Costa zu einem kitschigen Hafenkomplex im arabischen Stil mit Terrassen und Zuckerhuttürmchen gelangt. Am ganzen Paseo Marítimo findet man *chiringuitos* (Strandbars), in denen gegrillte Sardinen und eiskalte Getränke auf den Tisch kommen.

Jachthafen an der Küste von Marbella

Tummelplatz der Reichen und Schönen: an der Costa del Sol

KLEINE PAUSE

Wer einen Blick auf den Jetset von Marbella erhaschen möchte, genehmigt sich in **Sinatra's Bar** in Puerto Banús einen überteuerten Drink. Hier treffen sich Stars und Sternchen, und wer genug gesehen hat, bewundert danach die Jachten oder macht einen Schaufensterbummel.

Estepona Touristeninformation

199 E2 Plaza de las Flores ☎ 952 80 20 02; www.estepona.es/turismo

Marbella Touristeninformation

199 E2 ✉ Plaza de los Naranjos ☎ 952 768 76 60; www.marbellaexclusive.com ✉ Glorieta de la Fontanilla

Fuengirola Touristeninformation

199 F2 ✉ Avenida Jesús Santos Rein 6 ☎ 952 37 42 57; www.visitafuengirola.com

Torremolinos Touristeninformation

199 F2 ✉ Plaza de las Comunidades Autónomas ☎ 952 37 42 31; www.torremolinos.es

11 Málaga

Die am Fuß der Montes de Málaga liegende zweitgrößte Stadt Andalusiens ist der wirtschaftliche und kulturelle Mittelpunkt der Costa del Sol und wird an 300 Tagen im Jahr von der Sonne verwöhnt.

Málaga ist eine Gründung der Phönizier, die hier einen Handelsplatz für gesalzene Fische besaßen, was wohl auch den Namen der Stadt erklärt: Das phönizische *malak* leitet sich von *malac* = »salzen« ab. Nach Sevilla ist Málaga die zweitwichtigste Stadt Andalusiens. Es gibt einen bedeutenden Hafen; das wachsende Finanzzentrum Málagas unterstützt die wirtschaftliche Entwicklung der Region – den Tourismus im Hinterland sowie die Nahrungsmittel- und Textilindustrie. Der Río Guadalmedina teilt die Stadt in zwei Bereiche: im Westen die Neustadt mit dem Hauptbahnhof, wo sich Hochhaus an Hochhaus reiht, und im Osten die Altstadt. Hier, im Herzen Málagas, finden sich Straßen und Plätze aus dem 19. Jh. mit zahlreichen Läden und Kunstgalerien, Bars und Cafés. Dazwischen erzählen historische Gebäude die lange Geschichte Málagas als Hafen und Handelszentrum. Beeindruckend ist die maurische Alcazaba auf dem Monte del Faro, dem »Leuchtturm-Berg«. Dessen Name geht zurück auf die Römer, die auf seinem Gipfel einen Leuchtturm errichteten, um in der Nacht den Schiffen den Weg zu weisen.

Sehenswürdigkeiten

Der Bau der Festung **Alcazaba** begann auf römischen Resten im 11. Jh. und erfuhr im 14. Jh. unter den Nasriden erheb-

Unvergleichlich: der Blick auf die abends stimmungsvoll illuminierte Alcazaba in Málaga

liche Erweiterungen und Ausmaße, die der Alhambra von Granada nahe kommen. Nach dem Untergang der Mauren verfiel die Burg, erst von 1931 an wurden ernsthafte Rekonstruktionsarbeiten unternommen, heute erhebt sie sich wieder in voller Pracht über den engen Gassen, deren Gebäude vielfach durch Rampen, Torwege und Terrassen miteinander verbunden sind. Am Eingang liegen die beeindruckenden Ruinen eines römischen Theaters. Marmorsäulen und Kapitelle aus der Römerzeit sind in die Wände des Maurenpalasts integriert. Steigt man weiter hinauf, bietet sich vom oberen Komplex der Alcazaba ein fantastischer Blick.

Das renovierte **Castillo de Gibralfaro** (Kastell Gibralfaro) aus dem 14. Jh. liegt auf dem Gipfel des Monte del Faro über der Festung Alcazaba. Von dort haben Sie eine wunderschöne Aussicht, und es gibt ein kleines Militärmuseum. Zum Castillo de Gibralfaro ist es ein etwas beschwerlicher Fußmarsch (entlang der Straße rechts von der Festung Alcazaba), der steile, gepflasterte Pfad führt durch hübsche Gärten; Sie können aber auch von der Avenida de Cervantes den Bus Nummer 35 oder ein Taxi nehmen und dann zu Fuß zurück nach unten gehen und dabei die herrliche Aussicht genießen. In der Nähe der Festung Alcazaba liegt Málagas **Kathedrale**, deren Bau 1582 begonnen und 1783 abgeschlossen wurde. Das Gotteshaus wird auch La Manquita (»einarmige alte Frau«) genannt, da an der Westseite nur ein Turm steht. Die bröckelnden dunklen Fassaden scheinen die Wirkung der wunderschön restaurierten barocken Kathedrale noch zu verstärken.

Das elegante Palacio de Buenavista aus dem 16. Jh. beherbergt das **Museo Picasso**, eine hervorragende Hommage an den genialen Maler (► 25). Zu sehen gibt es

eine Dauerausstellung von Picassos Werken sowie Wechselausstellungen internationaler Künstler. Über 200 Gemälde aus der Sammlung der Baronin Carmen Thyssen Bornemisza sind im Palacio Villalón im Museo Carmen Thyssen (Calle Compañía 10) zu sehen. Sammlungsschwerpunkt ist die spanische Malerei des 19. Jahrhunderts. Das CAC, ein Museum für Moderne Kunst, bietet eine Dauerausstellung von Malerei, Fotografie und Skulpturen.

Genießen Sie die Atmosphäre

In Málaga kann man wunderbar bummeln. Die Fußgängerzone (Calle Marqués de Larios) säumen schicke Läden und Cafés. Sie führt zur Plaza de la Constitución im Herzen der Altstadt. Hier beginnt ein Gassengewirr aus hübschen Häusern mit schmiedeeisernen Balkonen und historischen Kirchen.

KLEINE PAUSE

Für den wahren Malageño gibt es nur einen Platz, seinen Nachmittagskaffee, ein Gläschen Wein oder eine Tapa zu nehmen: das über zwei Stockwerke reichende **El Pimpi** in der Calle Alcazabilla (nahe der Calle Granada). Allerdings macht diese Bodega erst gegen 17 Uhr auf.

---

199 F2

Touristeninformation
Plaza de la Marina 11 951 92 60 20; www.malagaturismo.com Avenida de Cervantes 1 (OMT) 951 92 60 20

Alcazaba
Calle Alcazabilla 952 22 72 30
tgl. ab 9 Uhr 2,20 €

Kirchen
Calle Molina Lario 9 952 22 03 45
Catedral: Mo–Fr. 10–18, Sa 10–17 5 €; Iglesia del Sagrario: Mo–Fr 9–19, Sa 9–20, So 8.30–14, 18–20 Uhr

Museo Picasso
Calle San Augustín 952 12 76 00; www.museopicassomalaga.org
tgl. März bis Juni, Sept., Okt. 10–19, Juli, Aug. bis 20, Nov., Febr. bis 18 Uhr 6 €

Parken
Tiefgaragen sind über die Alameda Principal und die Plaza de la Marina zu erreichen.

BAEDEKER TIPP

- Westlich der Calle Marqués de Larios findet morgens der **Mercado Atarazanas** statt, eine wahres Fest für Fans von Fisch, Fleisch, Obst und Gemüse.
- Neben der Kathedrale lohnen das gotische Portal und der Altar der **Iglesia del Sagrario** einen Blick.
- Neben dem Museo Picasso lohnt auch das Geburtshaus des Malers, die **Casa Natal de Picasso** auf der Plaza de la Merced (tgl. 9.30–20 Uhr; Eintritt 3 €) einen Besuch.
- Das **Museo de Artes y Costumbres Populares** in einem restaurierten Gebäude aus dem 17. Jahrhundert zeigt Exponate aus dem Leben der Bauern und Seefahrer (Plaza Enrique García-Herrera 1, Tel. 952 21 71 37, Mo–Fr 10–17, Sa 10–14 Uhr Eintritt 4 €).

12 Cádiz

Die Hafenstadt ist berühmt für ihre grandiose Lage auf einem Muschelkalkfelsen am Ende der neun Kilometer langen, sich in die Bucht von Cádiz am Atlantischen Ozean erstreckenden Landzunge. Ihr früherer Reichtum spiegelt sich noch in der Kathedrale und anderen barocken Gebäuden wider. Unvergesslich: ein Bummel durch die engen Gassen bis zur in gleißendes Sonnenlicht getauchten Meerpromenade.

Schöner Dekor im Oratorio de San Felipe Neri

Beständig weht eine frische Brise durch die Straßen, die den Aufenthalt auch im Hochsommer angenehm macht und für flirrend-klares Licht in der Stadt sorgt, was ihr den Beinamen »*una tazita de plata*« (»Silbertässchen«) eintrug. Schon unter den Phöniziern, Römern und Westgoten war Cádiz ein bedeutender Hafen, erlebte aber unter der Herrschaft der Mauren einen zwischenzeitlichen Niedergang. Die meisten Sehenswürdigkeiten stammen aus dem 18. Jh., als der spanisch-amerikanische Handel mit Gold und Silber Cádiz Wohlstand brachte. Das **Museo de Cádiz** ist ein guter Ausgangspunkt, um die Stadt zu erkunden. Das Museum, ein restauriertes Anwesen aus dem 18. Jh., zählt zu den schönsten in ganz Spanien. In der Abteilung Archäologie finden sich Schmuck der Phönizier sowie Glasarbeiten und die Rekonstruktion des Wracks eines römischen Handelsschiffs. Der erste Stock birgt Kunstschätze, unter anderem Arbeiten von Murillo und Rubens sowie religiöse Gemälde von Zurbarán (➤ 25) aus dem 17. Jh. Die schluchtartigen Straßen sind durch hübsche Plätze verbunden. Einer davon, die Plaza Topete, heißt auch **Plaza de las Flores**, weil dort der Blumenmarkt stattfindet. Der Lebensmittelmarkt schließt sich direkt an. Nach dem Spaziergang durch schattige Gassen steht man unvermittelt vor der **Torre Tavira**, einem alten Wachturm mit zwei Ausstellungssälen und Camara Obscura. Das **Oratorio de San Felipe Neri** hat einen ovalen Innenraum, der sich zu einer himmelblauen Kuppel mit mehreren umlaufenden Galerien emporschwingt; der Blick von hier oben ist nur

Von den achteckigen Doppeltürmen der Kathedrale aus tragen Glocken ihren Klang über die Dächer der Stadt hinweg.

etwas für Schwindelfreie. Bemerkenswert sind die üppig geschmückten Kapellen und der Hochaltar mit einem Mariengemälde von Murillo.

Die monumentale **Catedral Nueva** ist die einzige ausschließlich barocke Kathedrale in Spanien. Ihre Hauptfassade beherrscht die **Plaza de la Catedral**; innen entfaltet sich die Barockarchitektur in Stein und Marmor. Die »vergoldete« Kuppel der Kathedrale ist in Wirklichkeit mit gelben Fliesen geschmückt, doch ist der Effekt beeindruckend, besonders wenn man die Kirche von der Promenade aus betrachtet.

Die »vergoldete Kuppel« der Kathedrale von Cádiz

KLEINE PAUSE

»La Gorda te da de comer« (»Die Dicke gibt dir zu essen«) heißt ein *tapas*-Lokal in der Altstadt, etwas versteckt gelegen in Richtung Hafen (Marqués de Valdeiñigo 4). Hier herrscht immer Betrieb, und die *tapas* sind nicht nur lecker, sondern auch noch recht preiswert.

---

198 C2

Touristeninformation
Avenida José León de Carranza
956 28 56 01
Paseo de Canalejas
956 24 10 01; www.turismo.cadiz.es

Parken
In die Innenstadt sollte man besser nicht mit dem Auto fahren. Parkplätze gibt es an der Plaza San Juan de Dios, neben dem Bahnhof und an der Cuesta de las Calesas.
Auch an der Promenade kann man seinen Wagen abstellen.

Museo de Cádiz
Plaza de Mina 5 856 10 50 23
Di–Sa 9–20.30, So 9–15.30 (im Sommer Di–So 9–15.30) Uhr frei für EU-Bürger

Oratorio de San Felipe Neri
Calle San José 662 64 22 33
Di–Fr 10.30–14, 16.30–20, Sa bis 14, So bis 13 Uhr 3 €

Catedral Nueva
Plaza de la Catedral 956 28 61 54
Mo–Sa 10–19, So 13.30–19 Uhr 5 €

BAEDEKER TIPP

- Machen Sie einen Spaziergang *(paseo)* auf der hübschen Plaza San Francisco (nahe dem *ayuntamiento*) entlang den Orangenbäumen und den traditionellen gelbweißen Häusern.
- lÜber 500 Marionetten sind im **Museo del Títere** zu sehen (Bóvedas de Sta. Elena; Mo. geschl.; Eintritt frei).
- Die **Capilla** (Kapelle) im ehemaligen **Hospital de Mujeres** (Calle Hospital de Mujeres, Mo–Fr 10–13.30 und 17.30–20, im Sommer nur bis 13.30 Uhr; Entritt Capilla 1,50 €) ist ein Meisterwerk des Barock mit einem Gemälde von El Greco. Allerdings müssen Besucher etwas Geduld aufbringen, bis der Küster die Pforten öffnet.
- **Muss nicht sein:** Das Museum der Kathedrale (Plaza de Fray Félix, gleich bei der Kathedrale) kann mit der Eintrittskarte für die Kathedrale besichtigt werden, lohnt aber nur, wenn man sich für Gewänder, Kirchensilber und Reliquien interessiert.

Nach Lust und Laune!

Die Strände von Nerja sind kleiner und ruhiger als die an der Costa del Sol.

13 Nerja

Der Ort liegt 56 Kilometer östlich von Málaga am Meer und ist eine gute Abwechslung zu den üblichen Feriensiedlungen an der Costa. Bekannt ist der **Balcón de Europa**, eine Promenade mit Palmen und Meerblick. Die relativ kleinen Strände auf beiden Seiten sind schnell überfüllt; der schönste und größte Strand ist die Burriana, zu der man östlich vom Balcón über den hübschen Fußweg Paseo de los Carabineros gelangt.

FÜR KINDER
- **Cueva de Nerja** (➤ 65)
- **Naturpark El Torcal** (➤ 66)
- **Tarifa:** Delfin-/Walbeobachtung (➤ 68)
- **Gibraltar:** Seilbahn, Affen, Delfinbeobachtung (➤ 69)

Drei Kilometer östlich von Nerja befindet sich die berühmte **Cueva de Nerja**, ein Kalksteinhöhlensystem. Bei einer Führung sieht man Felsenbilder, die mit Lichteffekten akzentuiert werden.

200 B2 Carmen 1 (im Rathaus)
952 52 15 31; www.nerja.es/turismo

Cueva de Nerja
200 B2 www.cuevadenerja.es
tgl. Juli–Aug. 9–18.30, sonst bis 16 Uhr
10 €

14 Antequera

An historischen Sehenswürdigkeiten hat Antequera von prähistorischen Ganggräbern bis zu maurischen Ruinen und schönen Kirchen viel zu bieten. Aus der Bronzezeit stammen die Megalithgräber, die Dolmen **Menga** und **Viera** beim Camino del Cementerio am nordöstlichen Stadtrand. Ganz oben in der Stadt erhebt sich an der Plaza San Sebastián der **Arco de los Gigantes,** ein Triumphbogen aus dem 16. Jh. mit römischen Skulpturen. Die Plaza wird von der **Iglesia de Santa María**

Bronzezeitliche Menga-Dolmen in Antequera

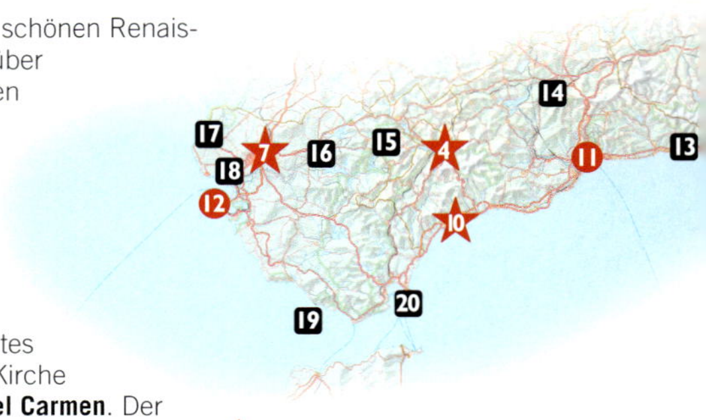

beherrscht, einer schönen Renaissancekirche, darüber wachen die Ruinen der maurischen Alcazaba, heute eine Terrasse mit duftenden Kiefern. Etwas nördlich vom Arco de los Gigantes gelangt man zur Kirche **Nuestra Señora del Carmen**. Der barocke Altaraufsatz mit seinen geschnitzten und gemalten Figuren ist ein wahres Schmuckstück. Etwa 14 Kilometer südlich von Antequera erstreckt sich der Naturpark **El Torcal**, ein beeindruckendes Stück Landschaft mit hohen Kalksteinfelsen und bewaldeten Schluchten. Im **Lobo Park** (Ctra. Antequera–Álora – A. 343 –, km 16, www.lobopark.com, tgl. 10–18 Uhr, 11 €) kann man Wölfe sehen und erleben.

33 km südwestlich von Antequera verläuft zwischen den Örtchen Ardales und Álora der gefährlichste Wanderweg der Welt: *El Caminito del Rey* (der Kleine Königspfad). Der Pfad hat eine Länge von insgesamt 7,7 km; spektakulär ist der 1,5 km lange Luftwanderweg aus Holz, der in 100 m Höhe mit metallischen Verankerungen in der Felswand angebracht ist. Schwindelfrei sollte man schon sein – einige Abschnitte haben einen Glasboden! Der Eintritt für den Besuch des Caminito del Rey muss über www.caminitodelrey.info gebucht werden.

ABSEITS DER TOURISTENWEGE
Wer Zeit hat und Ruhe sucht, fährt in den Parque Natural de los Alcornocales nördlich von Tarifa mit seinen von Korkeichen bestandenen Hügeln und Bergen. Man kann hier schön wandern, und es gibt reizende Dörfer wie zum Beispiel Medina-Sidonia, Alcalá de los Gazules, Jimena de la Frontera …

200 A2

Touristeninformation
Plaza de San Sebastián 7
952 70 25 05; http://turismo.antequera.es

Dolmen Menga und Viera
200 A2 Di–Sa 9–15.30 (teils auch länger), So immer 10–17 Uhr frei

Parque Natural del Torcal
200 A2

15 Parque Natural Sierra de Grazalema

Die Sierra de Grazalema besteht aus mehreren zerklüfteten Kalksteingipfeln, die zwischen Eichen- und den in Spanien seltenen Föhrenwäldern aufragen. Kleine Straßen schlängeln sich durch die Berge und verbinden die Dörfer Grazalema, Zahara de la Sierra und Benaocaz – klassische *pueblos blancos*. Zahara de la Sierra (► 182) wird von einer Burg überragt und bietet eine besonders spektakuläre Aussicht.

Die ganze Sierra steht unter Naturschutz. Man kann die Gegend zu Pferd erkunden, mit dem Fahrrad oder per Kanu, außerdem kann man klettern und paragleiten – alles mit sachkundiger Führung (► 76). Viele Wanderwege sind aber auch ohne Führer begehbar. Informationen hält das Büro in El Bosque bereit. Wer bestimmte Regionen besuchen möchte, zum Beispiel die Garganta Verde, eine Schlucht bei Zahara (► 181), oder

die Brutstätten von Weißkopfgeiern, erhält in dem oben genannten Büro eine Genehmigung.
199 D2

El Bosque Touristeninformation
Federico García Lorca 1
956 70 97 33

Grazalema Touristeninformation
Plaza Asomaderos 3
956 13 20 52

16 Arcos de la Frontera

Der Ort zieht sich vom maurischen Viertel ganz oben auf dem Felsen zur Ebene des Río Guadalete hinunter. Die Gassen in der Altstadt umgeben die beiden Kirchen San Pedro und Santa María de la Asunción. San Pedro ist ein Hort der Ruhe; der spätgotische Innenraum birgt ein feines Hauptaltarretabel aus dem 16. Jh. und zeigt die Heiligen Petrus und Hieronymus. Santa María beherrscht die Plaza del Cabildo. Hinter der herrlichen Renaissancefassade verbirgt sich ein üppiges Inneres mit extravaganten gotischen Stilelementen. Wer von der Plaza seinen Blick über die Ebene schweifen lässt, sollte nach den Turmfalken Ausschau halten, die um die Felsen kreisen. Dann geht es in die Neustadt hinab, zu hübschen Bars und Restaurants.
198 C2 Plaza del Cabildo
956 70 22 64

San Pedro in Arcos de la Frontera steht auf Überresten einer maurischen Festung.

17 Sanlúcar de Barrameda

Die Spezialitäten von Sanlúcar sind Restaurants, in denen hervorragende Meeresfrüchte auf den Tisch kommen, und trockener *manzanilla*-Wein, der ein anderes Aroma hat als der *fino* aus Jerez und zudem von besserer Qualität sein soll. Die Stadt liegt an der Mündung des Río Guadalquivir gegenüber dem Südende des Doñana-Nationalparks (► 160f), in den man von hier per Boot gelangt. Der Markt am Morgen in der Calle Bretones, ein Stück oberhalb der Plaza del Cabildo, ist ein Fest für die Sinne. Weiter bergauf lohnt ein Blick auf das Rathaus, das im Palacio de Orleans y Bourbon aus dem 19. Jh. untergebracht ist. Ein Paradebeispiel für extravaganten neomaurischen Dekor (Mo–Fr 8–14.30, im Sommer auch Sa 10.30 und 13.30 Uhr). Wer mehr über die Stadtgeschichte wissen möchte, bittet in der Touristeninformation um ein kleines Infoblatt. Den *manzanilla*-Wein probiert man am besten in den renommierten *bodegas* **Barbadillo** in der Calle Luis de Eguilaz 11 oder im **La Cigarrera** an der Plaza Madre de Dios beim Markt. Die besten Fischlokale finden sich im Viertel Bajo de Guía am Fluss.
198 C2 Calzada Duquesa Isabel
956 36 61 10; www.sanlucarturismo.com

18 El Puerto de Santa María

Dieser Flusshafen ist der südlichste Punkt des sogenannten Sherrydreiecks und hat sich mit Fisch, Meeresfrüchten und natürlich seinem Sherry einen Namen gemacht. Von hier aus lässt sich die Gegend gut erkunden: Sanlúcar de Barrameda (► 67) ist schnell mit dem Bus erreicht, und nach Jerez de la Fronte-

ra (➤ 53ff) gelangt man nach 15 Minuten Zugfahrt. Von El Puerto de Santa María setzt ein Catamaran zum zehn Kilometer entfernten Cádiz (➤ 63f) über über; die Überfahrt dauert 30 Minuten.
An der Plaza de España steht eine der schönsten Kirchen von El Puerto, die **Iglesia Mayor Prioral**, Paläste aus dem 18. Jh. sind über die ganze Stadt verstreut. Das **Castillo de San Marcos**, eine Festung aus dem 13. Jh., wurde über einer alten Moschee erbaut. In der Hauptstraße, der Calle Luna, einer Fußgängerzone, findet man viele lebhafte Bars, auf der Plaza de Galeres Reales in Richtung Meer tobt

Brunnen in Vejer de la Frontera

abends das pralle Leben. **Sherry-*bodegas*** mit so berühmten Namen wie Osborne, Luis Caballero und Taberna Obregón warten auf Gäste.
198 C2
Plaza del Castillo
956 48 37 15; www.turismoelpuerto.com

Blick auf Tarifa

19 Costa de la Luz (Cádiz)

Die Costa de la Luz – die »Küste des Lichts« – ist viel weniger erschlossen als die Costa del Sol. Schöne Strände gibt es bei **Los Caños de Meca** und **Zahara de los Atunes**, wo man sich am breiten, fast goldenen Sandstrand entspannen kann. Hier an der Atlantikküste ist das Meer zumeist kühler und rauer als das Mittelmeer. Im Inland hat sich **Vejer de la Frontera** sein maurisches Flair bewahrt. Die südlichste Stadt Spaniens ist **Tarifa**, das Paradies der Windsurfer. Von hier ist es nur ein Steinwurf bis zum Rif-Gebirge in Marokko jenseits der Straße von Gibraltar. Man kann von Tarifa aus einen Tagesausflug nach Tanger machen und dort auch länger verweilen. Zudem kann man in Tarifa unter sachkundiger Anleitung wind- und kitesurfen sowie tauchen. Schön sind **Bootsausflüge**, auf denen man Delfine und Wale bestaunt (➤ 76).
198 B2

Vejer de la Frontera Touristeninformation
198 C1
Avenida Los Remedios
956 45 17 36;
www.turismovejer.es

Tarifa Touristeninformation
199 D1
Paseo de la Alameda s/n
956 68 09 93;
www.tarifaweb.com

20 Gibraltar

Gibraltar ist eine der letzten Kolonien Großbritanniens, und so fühlt man sich mitten im mediterranen Spanien plötzlich wirklich wie in England: Hier tummeln sich englische Tagestouristen von der Costa del Sol, um steuerfreie britische Waren einzukaufen. Die **Altstadt** (North Town) beginnt jenseits des Flugplatzes mit dem Casemates Square, östlich überragt von den Resten des Moorish Castle, das im 8. Jh. erbaut und im 14. Jh. von den maurischen Almohaden neu errichtet wurde. Nur wenig nordwestlich vom Kastell liegen der Markt und der bereits im Jahr 1309 angelegte Hafen, der in den letzten Jahren deutlich ausgebaut wurde. Vom Kasemattenplatz führt die Main Street, an der die meisten Hotels, Geschäfte, Pubs und öffentlichen Gebäude liegen, an Post und Börse mit dem rückwärts anschließenden Rathaus vorbei zur Roman Catholic Cathedral, einer ehemaligen Moschee, die 1502 gotisch erneuert wurde. Auf der rechts abzweigenden Bomb House Lane kommt man zum **Gibraltar Museum**, wo es außer allerlei Stadtgeschichtlichem auch ein 30 m² großes Modell der Felsenhalbinsel von 1865 sowie eine sehr gut erhaltene maurische Badeanlage zu betrachten gibt. Am Cathedral Square findet man die 1821 im maurischen Stil errichtete anglikanische Church of England. Am Südende der Main Street steht rechts der Gouverneurspalast (The Convent), hervorgegangen aus einem 1531 erbauten ehemaligen Franziskanerkloster.

Eine spannende Fahrt mit der **Seilbahn** (tgl. 9.30–19.15, im Winter nur bis 17.15 Uhr; 16,50 €) führt hinauf zum Upper Rock, wo man den berühmten Berberaffen einen Besuch abstattet. Weiter geht es zu St. Michael's Cave, wo Musicals und Tanzvorführungen stattfinden, und zu den Upper Galleries, einem in den Fels gegrabenen Labyrinth, das im 18. Jh. der militärischen Verteidigung diente. Informationen zu verschiedenen Touren, aber auch zu Bootsausflügen mit oder ohne Delfinbeobachtung hält die Touristeninformation bereit. Mit dem Auto sollte man ins überfüllte Gibraltar keinesfalls hineinfahren.
199 D1 Duke of Kent House, Cathedral Square 350 20 07 49 50

BERBERAFFEN
Die Affen von Gibraltar sind eine schwanzlose Spezies. Sie stammen ursprünglich aus Marokko. Eine Legende besagt, dass Gibraltar aufhört, unter britischer Hoheit zu stehen, wenn die Affen von dem Felsen verschwinden. »Sicherheitshalber« brachten deshalb im Zweiten Weltkrieg britische Beamte Unmengen von Affen nach Gibraltar.

Der Felsen von Gibraltar: umstrittenes Symbol britischer Präsenz in Spanien

Wohin zum ... Übernachten?

Preise
für ein Doppelzimmer pro Nacht:
€ unter 60 Euro **€€** 60–90 Euro **€€€** 90–140 Euro **€€€€** über 140 Euro

COSTA DEL SOL

Castilla €
Dieses günstige kleine Hostel liegt wunderschön zwischen der Alameda, der Hauptader der Stadt, und dem Hafen. Die in Crème- und Burgunderfarben gehaltenen Zimmer bieten zwar keinen Luxus, sind aber blitzsauber. Einige haben Balkone mit Blick auf die relativ ruhige Seitenstraße. Es gibt eine Tiefgarage, ein echter Segen in der Stadt, und zahlreiche Bars und Restaurants liegen gleich in der Nähe.
199 F2 Calle Córdoba 7, Málaga 952 21 86 35; www.hotelcastillaguerrero.com

Hotel Humaina €€
Das Hotel ist 16 Kilometer von Málaga und der Küste entfernt. Es liegt idyllisch in einem Naturpark und eignet sich perfekt zum Entspannen. Terrakottafliesen sowie ockerfarbene Wände und Balkone in den meisten Zimmern vermitteln andalusisches Flair. Das Essen wird mit Biogemüse aus dem Garten zubereitet.
199 F2 Carretera del Colmenar s/n, Las Montes de Málaga 952 64 10 25; www.hotelhumaina.es

La Fonda €€€
Mitten im Dorf Benalmádena in einer Fußgängerzone hat dieses Hotel eine schöne Dachterrasse mit Aussicht auf das Mittelmeer und einen herrlichen Außenpool. Die *patios* liegen im Schatten von Palmen mit Brunnen, alle Zimmer sind hell und luftig.
199 F2 Calle Santo Domingo 7, Benalmádena Pueblo 952 56 90 47; www.lafondabenalmadena.es

Larios €€€€
Das Hotel liegt perfekt in einer noblen Einkaufsstraße; von hier ist es nicht weit bis zur Kathedrale und zur malerischen Altstadt Málagas. Elegante Ausstattung mit schwarzweißen Fliesen, cremefarbenem Mobiliar und hellem Holz. Auf der Dachterrasse gibt es ein hübsches Restaurant, in dem Sie sich bei einem Glas Wein von einem anstrengenden Tag erholen können.
199 F2 Marqués de Larios 2, Málaga 952 22 22 00; www.room-matehotels.com

RONDA

Alavera de Los Baños €€€
Gleich neben den arabischen Bädern (► 50) befindet sich dieses kleine Hotel unter deutscher Leitung, das dem Film *Carmen* als Kulisse diente. Man hat von hier einen herrlichen Blick auf die Serranía de Ronda und die Stadtmauer; Außerdem gibt es ein Lesezimmer und eine Bibliothek. Bei der Zubereitung der Speisen wird viel Wert auf die Verwendung von Bioprodukten gelegt.
199 E2 Calle Molino de Alarcón 2 952 87 91 43; www.alaveradelosbanos.com

Hotel Reina Victoria €€€
Die Aussicht von den Gärten oben auf dem Fels über dem 150 Meter tiefen Abgrund ist fantastisch. Das Hotel wurde berühmt, als 1912 Rainer Maria Rilke hier einen Erholungsurlaub machte; sein damali-

ges Zimmer ist heute ein kleines Museum. Die Räume sind allesamt gut und bequem ausgestattet.
199 E2 Calle Jeréz 25
952 87 12 40; www.hoteles-catalonia.com

SIERRA DE GRAZALEMA

El Molino del Santo €€€

Eine malerisch restaurierte Mühle an einem Bach: Von den meisten Zimmern hat man einen schönen Blick auf den Grazalema-Park mit Bergen und Kiefern als Kulisse. Sie können zwischen Übernachtung mit Frühstück oder Halbpension wählen. Das Hotel ist bei Wanderfreunden beliebt.
199 D2 Estación de Benaoján, Benaoján, Málaga 952 16 71 51; www.molinodelsanto.com Anfang Nov.–Ende Feb. geschlossen

JEREZ DE LA FRONTERA

Itaca Hotel Jerez €€

Untergebracht ist das Hotel in einem ehemaligen Konvent aus dem 19. Jahrhundert. Die Zimmer sind modern eingerichtet. Gefrühstückt wird in der einstigen Kapelle, die eine Statue aus dem Kloster schmückt. Das Restaurant des Hauses bietet seinen Gästen traditionelle andalusische Küche.
198 C2 Diego Fernández Herrera 1
956 35 04 62; www.itacajerez.com

CÁDIZ

Hostal Bahía €€

Nicht weit von der lebhaften Plaza de San Juan de Dios liegt dieses Hotel in der mit Bäumen gesäumten Fußgängerzone. Es ist recht preisgünstig und hat trotzdem gute Betten, hübsche Bäder, TV, Klimaanlage und kleine Balkone in den meisten Zimmern. Den fehlenden Speisesaal machen die vielen Bars und Restaurants in der Umgebung wett, z. B. die Mesón La Nueva Marina direkt nebenan.
198 C2 Calle Plocia 5, Cádiz
956 25 90 61; http://hostalbahiacadiz.com

Wohin zum ... Essen und Trinken?

Preise
für ein Drei-Gänge-Menü inkl. Wein:
€ unter 15 Euro
€€ 15–40 Euro
€€€ über 40 Euro

COSTA DEL SOL

Antonio Martín €€–€€€

Meeresfrüchte und Fisch stehen auf der Speisekarte in diesem alteingesessenen, familiengeführten Restaurant. Lassen Sie sich auf der Terrasse mit Meerblick zum Beispiel die *gambas a la plancha* (gegrillte Garnelen) oder *boquerones fritos* (frittierte Oliven) schmecken. Die Atmosphäre und das gute Essen machen das Lokal zu einem beliebten Ort – auch bei den Einheimischen selbst.
199 F2
Plaza de la Malagueta, Málaga
951 77 65 02
tgl. 13–16, 20–22.30 Uhr

Bar Logüeno €

Diese traditionelle kleine Tapasbar mit Open-air-Bereich verbirgt sich in einer Seitenstraße der Calle Larios. Die L-förmige Theke ist mit einer Auswahl von mindestens 75 verschiedenen *tapas* gut bestückt, darunter viele Logüeno-Spezialitäten wie sautierte Austernpilze *(setas)* mit Knoblauch, Petersilie und Ziegenkäse. Die Auswahl an Rioja-Weinen ist exzellent und die Bedienung flott, allerdings hat man wenig Ellbogenfreiheit.
199 F2 Calle Marín García s/n, Málaga 952 22 30 48
Mo–Sa 13–16 und 19 Uhr bis spät

La Mesón Salina €€€

Eins der besten Restaurants der Stadt! Hier gibt es hervorragende Fleischgerichte, Fisch ist aber auch zu haben. Probieren sollten Sie auch die Spezialitäten des Hauses: die *boquerones salineros* (Sardellen) und den iberischen Schinken. Der Service lässt nichts zu wünschen übrig. Das Essen macht hier einfach Spaß. Und unbedingt auch einen Blick in die Bodega werfen! Sie bietet rund 300 unterschiedliche Weine – aus über 40 Denominaciones (Rioja, Ribera del Duero etc.).

199 F2 Avenida de Las Salinas 28, Fuengirola 952 47 18 06; www.mesonlasalina.com Mi geschl.

Restaurante Chinitas €€

In diesem uralten Gebäude im andalusischen Stil gibt es deftiges Essen. Ochsenschwanz ist die Spezialität, außerdem *serrano*-Schinken und Kalbslende. Viele Gerichte sind mit dem süßen Wein aus Málaga zubereitet, etwa *solomillo al vino de Málaga*, Filetsteak in Weinsoße.

199 F2 El Moreno Monroy 4, Málaga 952 21 09 72; tgl. 13–16 und 20–24 Uhr

Restaurante El Lido €€€

Das El Lido, rund 3 Kilometer östlich von Estepona gelegen, ist für seine prämierte Küche und seine Eleganz berühmt. Besonders schön: ein Tisch im Garten mit Meerblick. Die Gerichte spiegeln das ganze Spektrum des Mittelmeerraums wider, der Hauptakzent liegt auf Meeresfrüchten und italienischer Küche. Die Ravioli mit Tiefseegarnelen in pikanter Currysoße zum Beispiel sind köstlich. Die beachtliche zehn Seiten dicke Weinkarte fängt mit akzeptablen Preisen an und »steigert« sich dann in doch recht beachtliche Höhen.

199 E2 Las Dunas Beach Hotel and Spa, Boladilla Baja, Carretera de Cádiz, Km 163,5, Estepona 952 79 43 45 Mi–So 12.30–15 und 20–23 Uhr

Restaurante Frutos €€€

Das Restaurant bietet sehr gute Fisch- und Fleischgerichte, es gilt als Klassiker der Region. Die Speisekarte ist sehr lang. Viele Gerichte werden in halben Portionen serviert, so dass man mehr probieren kann. Von Vorteil sind die gute Lage und die zahlreichen Parkmöglichkeiten.

199 F2 Avenida Riviera 80, Torremolinos 952 37 20 21 tgl. 13–17, 20–24 Uhr

Restaurante La Alcazaba €€

Durch die Glasfront blickt man hier über die Küste bis nach Afrika. Die Speisekarte ist typisch spanisch ausgerichtet, mit einem sagenhaften *ajo blanco* (einer auf ganz eigene Art faszinierend wohlschmeckende Suppe aus Knoblauch und Mandeln).

199 F2 Plaza de la Constitución, Mijas 952 59 02 53 Di–So 12–16 und 19–23 Uhr

Restaurante Santiago €€€

Das vor einem halben Jahrhundert gegründete Santiago an der Seepromenade gehört mit seinen Fischgerichten und Meeresfrüchten zu den beliebtesten Lokalen der Stadt. Wählen kann man zwischen recht preiswerten Tapas an der Bar und Gerichten in normalen Portionen, die aber nicht gerade billig sind. Aufmerksamer Service und ausgezeichnete Weinkarte. Obwohl an der Strandpromenade gelegen, gewährt es von innen kaum Blick aufs Meer.

199 E2 Avenida Duque de Ahumada 5, Márbella 952 77 00 78; www.restaurantesantiago.com Di–So 20–23 Uhr

RONDA

Pedro Romero €€

In dem mit vielen Stierkampfdevotionalien (Plakate, Stierköpfe etc.) ausgestatteten Lokal wird sehr gut bodenständig gekocht. Wählen kann man bei den Menüs zwischen 3 verschiedenen Vor-, Haupt- und

Nachspeisen, natürlich ist es auch möglich, à la carte zu essen. Ausgezeichnet sind der *gazpacho*, der gebackene Ziegenkäse und die Rinderfilets. Es gibt eine große Weinauswahl und das Personal ist sehr freundlich.
199 E2 Calle Virgen de la Paz 18 952 87 11 10 ; www.rpedroromero.com Di–So 13.30–15.30, 20.30–22.30 Uhr, So kein Abendessen

DAS SHERRYDREIECK

Bar Juanito €€
In der im Jahr 1943 eröffneten Bar mitten in der Altstadt von Jerez de la Frontera gibt es die besten *tapas* der Stadt in großer Auswahl. Auch das Angebot an *finos* ist riesig. Die Artischocken-Tapas wurden einmal mit dem nationalen Tapas-Preis ausgezeichnet. Das Lokal ist meistens sehr voll, man muss leider etwas warten.
198 C2 Calle de Pescadería Vieja 8-10, Jerez de la Frontera 956 33 48 38; www.bar-juanito.com Mo–Sa 13–16.30, 20–24 Uhr

La Molinera €€
Das Restaurant gehört zum Hotel Mesón de la Molinera, in einer alten Ölmühle am Ufer des Sees Arcos mit prächtigem Blick auf die Altstadt von Arcos de la Frontera. Serviert werden hier typisch andalusische Gerichte mit gutem Preis-Leistungs-Verhältnis. Die kalten Speisen sind mit Essigen aus Jerez de la Frontera verfeinert.
198 C2 Avenida El Sombrero de Tres Picos, Arcos de la Frontera 956 70 80 02 tgl. 13–16, 20–23 Uhr

Las Bóvedas Restaurant €€–€€€
Das exquisite Restaurant (mit Hotel) in einem Barockgebäude liegt in einer Kopfsteinpflastergasse in El Puerto de Santa María. Früher befand sich hier ein Kloster, und Las Bóvedas diente den Nonnen als Wäscherei – wenngleich man sich kaum vorstellen kann, dass unter dem prachtvollen Gewölbe derart Profanes stattfand. Die innovative Küche des einstigen Chefkochs Joaquín Ramírez wurde mehrfach preisgekrönt.
198 C2 Hotel Monasterio San Miguel, Virgen de los Milagros 27, El Puerto de Santa María, Cádiz 956 54 04 40 tgl. 21 Uhr bis nachts

CÁDIZ

Achuri €€€
Im 1957 eröffneten Achuri wird baskische Küche mit andalusischer kombiniert. Köstlich ist das Stockfischgericht *bacalao a la andaluza*. Der Fisch wird hier immer superfrisch serviert. Für viele ist es das beste Restaurant der Stadt.
198 C2 Calle Plocia 15, Cádiz 956 25 36 13, www.atxuri.es tgl. 13–16 und 20 Uhr bis nachts; 24., 25. und 31. Dez. sowie 1. Jan. geschlossen

El Aljibe €€€
Im Erdgeschoss gibt es einfache, aber zum Teil recht leckere Tapas. Im 1. Stock wird eine raffinierte Fleisch- und Fischküche geboten. Beliebt sind die Lamm- und Wolfsbarschgerichte. Nettes Ambiente, auch das Personal ist freundlich.
198 C2 Calle Plocia 25, Cádiz 956 26 66 56 tgl. 13–16 und 20 Uhr bis nachts; 24., 25. und 31. Dez. sowie 1. Jan. geschlossen

El Faro €€–€€€
Das Restaurant im ehemaligen Hafenviertel hat einen guten Ruf. Man kann *tapas* mit Meeresfrüchten an der Bar bestellen, im Restaurant innovativen Genüssen wie mit Krabbenfleisch gefüllter, überbackener Paprika frönen oder einfach das *menú del día* bestellen. Das Restaurant ist dezent mit Kacheln, Marmor und Mahagoni ausgestattet; Bilder aus Cádiz schmücken die Wände.
198 C2 Calle San Félix 15, Cádiz 956 21 10 68 tgl. 13–16, 20–24 Uhr

Wohin zum ... Einkaufen?

MÁLAGA

Die Calle Marqués de Larios ist das Modezentrum von Málaga. Hier lohnen sich die schicke spanische Boutiquenkette **Mango** (Larios 1, Tel. 952 22 31 02) und **ZM Woman** (Nosquera 13, Tel. 952 21 04 33). In den Straßen rund um die Plaza da las Flores, die Plaza de Félix Sáenz, die Calle Puerta del Mar und die Calle Nueva liegt die klassischere Einkaufszone.

Das Haus der Kaufhauskette **El Corte Inglés** (Avenida de Andalucía 4–6) hat hier gigantische Dimensionen erreicht. Empfehlenswert ist die Abteilung mit fremdsprachigen Zeitungen sowie Büchern und Landkarten. Ein riesiges Einkaufszentrum ist auch das **Larios Centro** mit 153 Geschäften(Avenida de la Aurora 25). Im Einkaufszentrum **Plaza Mayor** (Calle Alfonso Ponce de León, www.plazamayor.es) gibt es zahlreiche Modegeschäfte wie C&A, Zara und Mango, man kann sich mit Lebensmitteln eindecken, für das leibliche Wohl sorgen Restaurants, für Unterhaltung diverse Kinos.

RONDA UND SIERRA DE GRAZALEMA

Ronda (➤ 50ff) kann in seiner Hauptstraße, der Calle Espinal, mit einer ganzen Reihe Andenkenläden aufwarten. In einigen erhält man *productos artesanos*, Kunsthandwerksgegenstände aus einheimischer Produktion. Bei **Márquez** (Espinel 13, Tel. 952 87 29 86) findet man vom Schinken über Wein und Honig so ziemlich alles. In der Altstadt gibt es Geschäfte mit solide gefertigten Kunsthandwerkartikeln. In den Bergen der Sierra de Grazalema (➤ 66f) verkauft **Artesanía Textil de Grazalema** (Grazalema, Carretera de Ronda; www.mantasdegrazalema.com) Decken, Ponchos und Schals. Schön stöbern lässt es sich auch in **La Jara Cerámica Artesanal** (Calle Agua 19, Tel. 956 13 20 75) mit hochwertigerem Kunsthandwerk und Geschenken. Auf der Straße von Grazalema nach Zahara de la Sierra macht man halt im **El Vínculo Molino de Aceite Alojamiento Rural** (Tel. 956 12 30 02), wo man edles Olivenöl, Wein und Käse bekommt (➤ 182).

DAS SHERRYDREIECK

In **Jerez de la Frontera** (➤ 53ff) finden sich in der Fußgängerzone rund um die Calle Larga die besten Einkaufsmöglichkeiten: Mode, Kunsthandwerk, Keramik, Lederwaren und Schmuck sind dort erhältlich. In jeder *bodega* erhält man den hauseigenen Sherry; **La Casa del Jerez** (The Sherry Shop, Divina Pastora 1, Tel. 956 33 51 84) hat alle Marken auf Lager. Gegenüber gibt es im Laden der **Andalusischen Hofreitschule**, der *Real Escuela Andaluza del Arte Ecuestre* (➤ 54), alles, was des Reiters Herz begehrt.

La Casa del Mimbre in der Corredera 46 bietet Flechtwaren aus Espartogras. In der **Amaya Cerámica** (Avenida de Blas Infante 16) findet man schöne Keramikwaren.
Die *manzanilla*- und *Sherrybodegas* von **El Puerto de Santa María** (➤ 67) und **Sanlúcar de Barrameda** (➤ 67) verkaufen eigene Produkte. Einige Firmen, die Sherry herstellen, etwa Osborne und Terry, bieten interessante Führungen an.

Meeresfrüchte bekommt man auf dem **Markt**, der jeden Morgen bei der Plaza de San Roque in Sanlúcar stattfindet; in der Ribera del Marisco in Puerto de Santa María bietet der dem Restaurant Romerijo angeschlossene Laden frische Schalentiere.

CÁDIZ UND UMGEBUNG

Unweit der Plaza de las Flores befindet sich der malerische **Morgenmarkt** von **Cádiz** mit seinen bunten Blumenständen. Die Calle Francisco, die Calle Rosario und die Calle Ancha bilden mit ihren Querstraßen die Fußgängerzone mit einer Vielfalt an Läden. Weiter östlich hat sich **Gibraltar** (➤ 69) als steuerfreies Einkaufsparadies einen Namen gemacht. In der Hauptstraße reiht sich Laden an Laden. Andenken aus Andalusien werden hier allerdings nicht verkauft.

COSTA DEL SOL

In allen Ferienorten gibt es viele Läden mit Souvenirs, von Schmuck bis zu Leder; das Warenangebot wie auch die Preise differieren kaum. Wer nach großen Modedesignern wie Versace, Armani, Donna Karan oder Gucci sucht, wird in Marbella (➤ 56f) fündig, etwa in der **Casco Antiguo** (Altstadt) oder **Muelle Ribera** in **Puerto Banús** (➤ 57) ganz in der Nähe. Eine Niederlassung des Kaufhauses **El Corte Inglés** befindet sich u. a. auch in Puerto Banús, dem Jachthafen von Marbella, an der Calle Ramón Areces.

An der Costa macht ein Bummel über die zahlreichen Märkte immer Spaß. Oft verstecken sich zwischen den üblichen kitschigen Andenken schöne Antiquitäten und Kunstobjekte. Ein Tipp ist der **Markt von Puerto Banús**, der am Samstagvormittag an der Centro Plaza unweit der Stierkampfarena abgehalten wird; noch besser ist der **Markt von Fuengirola** am Dienstagvormittag an der Avenida Jesús Santos Rein. Frischen Fisch aus diesem südandalusischen Ort geht als *pescado fresco de Fuengirola* nach ganz Spanien.

Wenn Sie Lust auf den Besuch eines Flomarktes haben, dann verpassen Sie nicht den großen Samstagsflohmarkt am selben Ort.

Wohin zum ... Ausgehen?

In den Großstädten und Ferienorten an der Costa herrscht in den Nachtclubs Partystimmung ohne Ende, hinzu kommen Stierkampf, Flamenco und diverse *fiestas*, dazu viel Wassersport und Abenteuer in den Bergen.

VERANSTALTUNGSHINWEISE

Der *Guía Marbella – Día y Noche* ist ein Touristenmagazin (auch auf Deutsch; www.guiamarbella.com), die Wochenzeitung *Sur* bietet eine gute Veranstaltungsübersicht; beide sind in den Touristeninformationen erhältlich. *The Entertainer* nennt Veranstaltungen und hat eine eigene Golfseite. Einige Publikationen für hier lebende Ausländer bieten nützliche Informationen zu aktuellen Vorführungen und Veranstaltungen.

NACHTLEBEN

An der **Costa del Sol** geht es in der Provinz Málaga am lebhaftesten zu. In Puerto Banús ist die **Sinatra's Bar** (Muelle Ribera 2, Tel. 952 81 09 50) am Meer Treffpunkt von Stars und Sternchen.

Im benachbarten Marbella tobt die heißeste Party im Viertel Puerto Deportivo. Fuengirola steht dem in nichts nach; ein Tipp ist das **Crazy Daisy** (Martínez Catena 37), wo man bis zum Morgengrauen tanzen kann. Beliebt sind auch der große **Kiu Club** (Plaza Solymar, Tel. 952 44 05 18) von Benalmádena Costa und das **Palladium** (Avenida Palma de Mallorca, Tel. 952 38 42 89) in Torremolinos. Wer sein Glück beim Spiel versuchen möchte, geht ins **Casino Marbella** (Hotel H10, Andalucía Plaza, Tel. 952 81 40 00). Eine Mischung aus Kasino und Nachtclub ist das **Casino Torrequebrada** (Avenida del Sol s/n, Tel. 952 577300), wo man sich zuerst an den Spieltischen unterhalten kann, um anschließend an manchen Tagen die große Show im benachbarten Restaurant zu erleben. In beiden Kasinos ist der Pass vorzuzeigen.

Das Nachtleben von **Málaga** konzentriert sich rund um die Plaza de Uncibay mit zahllosen Discos und Musikbars. In **Jerez de la Frontera** findet man ein ähnliches Angebot um die Calle Divina Pastora, in **Cádiz** um die Plaza de España.

FLAMENCO

In Málaga werden im **Teatro Miguel de Cervantes** (Calle Ramos Marín, Tel. 952224109, www.teatrocervantes.com) Flamencoshows angeboten, in Ronda im **Museo Lara** (Calle Armíñán 29, Tel. 952 871263). In Jerez de la Frontera hat der Flamenco eine lange Tradition (➤ 19ff); empfehlenswert sind die Shows im **La Taberna Flamenca** (Calle Angostillo de Santiago 3, Tel. 956323693). In Cádiz geht man ins **La Cava** (Calle Antonio López, Tel. 956211866, www.flamencolacava.com).

THEATER

Exzellente Aufführungen finden im **Teatro Miguel de Cervantes** (Calle Ramos Marín, Tel. 952 224109) in Málaga sowie im **Gran Teatro Falla** (Plaza Fragela, Tel. 956220834) in Cádiz statt. Über aktuelle Spielfilme informieren die Touristeninformationsstellen.

STIERKAMPF

An der gesamten Costa del Sol finden meist am Sonntag *novilladas* mit jungen Stieren und neuen Toreros statt. In Málaga, Ronda und Jerez sind renommierte Stierkämpfer zu sehen; Reservierung empfohlen.

GOLF

Die meisten Golfclubs finden sich an der Costa del Sol, für viele braucht man ein Handicap-Zertifikat und sollte lange im Voraus buchen. Preisgünstig: **Estepona Golf**, Estepona (Arroyo Vaquero, Carretera de Cádiz, Km 150; Tel. 952937605), und **Golf Torrequebrada**, Benalmádena Costa (Carretera de Cádiz, N340, Tel. 952442742).

REITEN

An der Costa del Sol gibt es die **Escuela del Arte Ecuestre** (Calle Río Padrón Alto, www.escuela-ecuestre.com, Estepona, Tel. 952808077). Für einen Ausritt am Strand kontaktieren Sie am besten das **Hurricane Hotel** (Carretera Nacional 340, Km 78, Tarifa, Tel. 956 684919; http://hotelhurricane.com).

ABENTEUER

Para- und Hängegleiten bietet der **Club Escuela de Parapente Abdalajís** (Valle de Abdalajís, Tel. 650 685969). In der Sierra de Grazalema (➤ 66) wirbt **Horizon** (Calle Corrales Terceros 29, Tel. 956 132363; www.horizonaventura.com) u.a. mit Trekking, Klettern, Mountainbike-Touren, Paragleiten.

WASSERSPORT

Tauchen kann man bei **Simply Diving** (Carlota Alessandri 25, Torremolinos, Tel. 600 506526, www.simplydiving.com) oder im **YellowSub Tarifa** (Plaza del Mirador 1, Tarifa, Tel. 956 680680, www.yellowsubtarifa.com). Windsurfen ist im **ION-Club** (Hotel Hurricane, Carretera Cádiz-Málaga, Tel. 956 684919) bei Tarifa möglich. Delfinbeobachtungen organisiert **Dolphin Safari** (Marina Bay Complex, Gibraltar, Tel. 0035020071914; www.dolphinsafari.gi).

Granada und Almería

Kleine Erlebnisse

Sierra de Alhamilla

Doch, es gibt sie, und zwar in dieser Region: die einzige **natürliche Wüste** Europas (➤ 184). Und: In der Sierra de Alhamilla liegen auch Andalusiens Westernstädte.

Cabo de Gata

Nur 350 Meter lang, dunkelsandig und dennoch ein wahrgewordener Traum: die **Playa de Mónsul** (➤ 101), an der das Vulkangestein aus dem Sand herausragt und hinter der sich eine Riesendüne erhebt.

Nicht so touristisch

In der **Calle Alhamar** von Granada findet man alles: von der Designerbar bis zur einfachen Kneipe. Angenehm: Man ist hier weniger auf Touristen ausgerichtet als in der Granadiner Restaurantmeile Navas.

Erste Orientierung

Die Provinzen Granada und Almería im Osten von Andalusien bieten so beeindruckende wie abwechslungsreiche Landschaften. Um Granada herum wechseln sich die mächtigen Berge der Sierra Nevada mit tiefen, bewaldeten Tälern ab; die kargen Hügel und trockenen Ebenen an der Küste von Almería erinnern an den Norden Afrikas.

Diese Vielfalt gilt auch für die Städte der Region. Granadas Schmuckstück ist die Alhambra, eine der herrlichsten Palastanlagen der Welt und das beeindruckendste Zeugnis des maurischen Andalusien. Zu Granada gehört außerdem der Albaicín, der einem Maurendorf in den Hügeln gleicht. Granada wirkt nicht so sonnig und temperamentvoll wie Sevilla, auch nicht so lässig-locker wie Málaga oder Cádiz, denn der maurische Einfluss wurde hier im Zuge der christlichen Reconquista umfassender verdrängt als irgendwo sonst in Andalusien. Die Szenerie von Granada erinnert eher an Nordeuropa. Südöstlich von Granada türmen sich die zerklüfteten Berge der Sierra Nevada zu den höchsten Gipfeln Spaniens auf, ehe sie zu den Ausläufern der Alpujarras hin abfallen, wo Wein und Essen hervorragend sind.

Das Landesinnere der Provinz Almería gibt mit seinen ausgedörrten, verwüsteten Felsformationen und Schluchten eine gute Kulisse für Wildwestfilme ab, während die baumlose Küste fast wie eine Mondlandschaft wirkt. Die Hauptstadt, Almería, übertraf einst Granada als Maurenbastion. Die Feste Alcazaba erinnert noch daran.

Links: Kühles, sprudelndes Nass im Patio de la Acequia in Granadas Generalife

Rechts: Wilde Wüsteneinsamkeit bei Almería

TOP 10

Nicht verpassen!

Nach Lust und Laune!

Eine Manifestation der Mauren ist auch der Alcazaba von Almería.

In vier Tagen

Lassen Sie die Schönheit von Granada auf sich wirken, bevor Sie sich auf den Weg in die dicht bewaldeten Alpujarras machen. Erkunden Sie Almería, das beinahe wüstenartige Hinterland, und anschließend Spaniens sonnenverwöhnteste Küste.

Erster Tag

Vormittags
Frühstücken Sie in einem der quirligen Cafés an der **Plaza Nueva** von 1 **Granada**, und besteigen Sie anschließend den Alhambra-Bus (➤ 88), der vom Südende des Platzes bis zum Eingang der **Alhambra** fährt. Besichtigen Sie die eindrucksvolle Palastanlage (rechts; ➤ 83), und speisen Sie im Parador de San Francisco, dem Hotel im Herzen der Alhambra.

Nachmittags
Besonders schön ist eine Mußestunde in den Gärten des **Generalife** der Alhambra, danach führt der Weg durch schattige Alleen wieder hinunter zur Plaza Nueva. Gehen Sie durch das Granatapfeltor *(Puerta de las Granadas)* hinunter zur Cuesta de Gomérez, und bummeln Sie durch Andenken- oder Intarsienläden.

Zweiter Tag

Vormittags
Spazieren Sie in der Morgensonne durch das arabische Viertel **Albaicín**. An der **Plaza de San Miguel Bajo** (➤ 89) können Sie eine Kaffeepause einlegen. Kehren Sie ins Zentrum zurück, besichtigen Sie die **Capilla Real** (➤ 90f) und die angrenzende **Kathedrale** (➤ 90f).

Nachmittags
In Richtung Süden geht es über die N323 bis zur Abfahrt C333 nach Lanjarón. Fahren Sie weiter bis Órgiva und von dort über die Serpentinenstraße in die 8 **Alpujarras** (➤ 94ff), die Ausläufer der Sierra Nevada.

Zu beiden Seiten der Schlucht **Poqueira** liegen drei hübsche Dörfer – Pampaneira, Bubión und Capileira (➤ 94f).

Dritter Tag

Vormittags
Gleich früh am Morgen geht es Richtung Osten durch die Alpujarras nach **Trevélez** (oben; ➤ 96f), das für seinen *serrano*-Schinken berühmt ist. Genießen Sie einige Scheiben davon in einem der Cafés im Dorf.

Nachmittags
Auf dem Weg weiter nach Osten kommt man an den Dörfern Juviles, Bérchules und Yegen vorbei und gelangt dann in die Stadt 21 **Almería** (➤ 98), die sich zum Übernachten anbietet. Bummeln Sie abends durch das Viertel um die Puerta de Purchena (➤ 100), und probieren Sie einige der leckeren *tapas*.

Vierter Tag

Vormittags
Besuchen Sie die **Alcazaba** (➤ 98f), die maurische Festung von Almería, morgens, wenn es noch nicht so heiß ist. Schlendern Sie über die ruhige **Plaza Vieja** (➤ 100), und essen Sie in der sehr empfehlenswerten Casa Puga (Jovellanos 7) östlich des Platzes zu Mittag.

Nachmittags
Fahren Sie nordwärts in Richtung Granada, und machen Sie in 26 **Mini Hollywood** (➤ 103) halt. Alternativ bietet sich 27 **Guadix** (➤ 103) mit seinem Höhlensystem und dem dazugehörigen Museum an, ehe es dann zurück nach Granada geht.

Granada

Die Alhambra von Granada ist das bedeutendste Erbe des maurisch-arabischen Spanien und eines der beeindruckendsten Bauwerke der Welt. Doch die Stadt hat noch sehr viel mehr zu bieten, etwa den Albaicín, das frühere Maurenviertel, die Capilla Real (Königskapelle) und die Kathedrale sowie einige hervorragende Kirchen und Museen. Jenseits der Hauptstraßen, in denen der Verkehr tost, findet man bunte Plätze und hübsche Fußgängerzonen.

Die heute zum Welterbe der UNESCO zählende einstige maurische Königsresidenz liegt herrlich am Fuß der Sierra Nevada zwischen zwei Bergvorsprüngen, die zur fruchtbaren Vega des Río Genil steil abfallen. Der nördliche der beiden Hügelrücken ist der Albaicín, zugleich der ältere Teil von Granada; ihn trennt die tiefe Schlucht des Río Darro, der in der inneren Stadt unterirdisch verläuft und in den Río Genil mündet, von der Alhambra-Höhe. Zuerst wurde die Stadt von Córdoba aus regiert, dann von Sevilla. 1238 stieg sie zur Hauptstadt der Nasriden auf, einer von Muhammad I. Ibn Yusuf Ibn Nasr gegründeten Dynastie. 1246 wurden die Nasriden Vasallen des christlichen Königreichs Kastilien, was Granada als maurisches Königreich bis ins 15. Jh. überleben ließ.

Über 200 Jahre lang schufen die Nasridensultane die herrlichen Gebäude der Alhambra und ihre wunderschön dekorierten Räume, *patios* und Gärten. Im Jahr 1492 eroberte das christliche Herrscherpaar Ferdinand und Isabella Granada für Spanien zurück; der letzte Nasridensultan, Abur Abd Allah, in Spanien bekannt als Boabdil, wurde vertrieben. Zum Glück bewahrten die Monarchen weitgehend die Schönheit der Alhambra wie des Albaicín.

Arabisches Flair im Gassengewirr von Granada

Touristeninformation

204 B2 Plaza del Carmen 9 958 24 82 80 Real de la Alhambra, Cárcel Baja 3 958 24 71 28 Santa Ana 2 958 57 52 02, www.granadatur.com

Parken

Tiefgaragen gibt es in La Caleta am westlichen Ende der Avenida de la Constitución (in der Nähe des Bahnhofs), in der Calle San Agustín, nördlich der Kathedrale, bei der Gran Vía de Colón sowie unweit der Hauptpost an der Puerta Real. Parkplätze findet man auch bei der Kasse der Alhambra.

Die Alhambra

Von der Palastanlage auf dem Berg aus lässt sich Granada am besten erkunden. Der weitläufige Komplex besteht aus vier Abschnitten mit Gebäuden und Gärten: Die Alcazaba ist die eigentliche Festung, der Nasridenpalast diente einst den Sultanen als Standort für Verwaltung, Rechtsprechung und Diplomatie sowie als private Residenz, der Palacio de Carlos V kam im frühen 16. Jh. hinzu, und der Palacio de Generalife mit seinen Gärten wurde als Sommerpalast sowie zur Erholung genutzt.

Fasziniert bewegen sich die Besucher durch die verwinkelte Anlage der Alhambra.

Der Generalife liegt unmittelbar rechts neben dem Haupteingang zur Alhambra, die Alcazaba sowie die Nasridenpaläste befinden sich nicht weit voneinander ganz im Westen der Anlage. In Anbetracht der Größe und Verschachtelung der Alhambra ist es am sinnvollsten, wenn man die Besichtigung am äußersten westlichen Ende mit der Alcazaba, dem historisch ältesten Teil, beginnt. Von hier geht es über den Nasridenpalast und den Palast von Carlos V zurück zum Generalife, wo man in den Gärten mit ihren kühlenden Brunnen und herrlichen Blumen verweilen kann.

Die Alcazaba

Die Alcazaba ist das Kernstück der maurischen Festung aus dem 13. Jh., von der mächtige Mauern und Türme erhalten blieben. Am westlichen Ende genießt man von der **Torre de la Vela**, dem ehemaligen Glockenturm, einen herrlichen Blick über Granada und den Albaicín sowie über die »Vega« genannte Landschaft. Granadas bedeutendster Dichter, Federico García Lorca, stellte sich die dunstige Vega als eine Bucht im Meer vor und verwirrte einst einen Freund, indem er ihn fragte, ob er die Boote am Fuß der Türme habe dümpeln sehen.

Südlich der Alcazaba liegen die üppigen, duftenden Terrassen des **Jardín de los Ardaves** mit Ulmen und Zypressen, die sich vor der Kulisse der mächtigen Sierra Nevada über die Hänge der Alhambra bis in die Stadt ziehen.

Die »Rote Burg«

Der Name Alhambra leitet sich ab vom arabischen *Kala al-Hamra*, was »Rote Burg« bedeutet, denn ihre Mauern und Türme erstrahlen im Licht der Abendsonne rot. Mit Alhambra ist nicht nur der Palast der Nasriden, sondern die gesamte Anlage mit dem Palast Karls V., der Alcazaba und dem Generalife gemeint.

1 Mexuar Der Mexuar diente der öffentlichen Rechtsprechung und Versammlungen. Karl V. baute ihn zur Kapelle um.
2 Diwan oder Serail Der eigentliche königliche Palast: Hier befindet sich der Patio de los Arrayanes (Myrtenhof) mit einem von Myrten eingefassten Wasserbecken.
3 Harem Im Zentrum liegt der Patio de los Leones (Löwenhof) mit dem Löwenbrunnen.
4 Patio de Mexuar Dieser Hof zeichnet sich durch seine Marmor- und Azulejoverkleidungen in warmen Tönen aus, was besonders im Cuarto Dorado (Goldenes Zimmer) zur Geltung kommt.
5 Torre de Comares und **Sala de Embajadores** Mit 45 Metern ist die Torre de Comares der höchste Turm der Burg. Im Erdgeschoss fanden in der Sala de Embajadores (Saal der Gesandten) die Audienzen statt. Der Thron des Herrschers stand dem Eingang gegenüber.
6 Sala de la Barca Halle aus sieben Arkaden, deren Name entweder von der schiffsförmigen Artesonadodecke oder vom arabischen »*baraka*« (Segen) stammt.
7 Sala de los Reyes Als große Seltenheit erweisen sich drei auf Leder gemalte höfische Szenen, denn der Islam verbietet normalerweise bildliche Darstellungen: u. a. eine Besprechung zwischen zehn prächtig gekleideten Männern (daher der Name Saal der Könige).
8 Tocador de la Reina Das »Ankleidezimmer der Königin« ist einer der anmutigsten Räume des Palasts: Er wurde von Isabella der Katholischen und den Gemahlinnen Karls V. und Philipps II. benutzt.
9 Torre de las Damas Sie ist mehr Zierbau als Festung und eine der ältesten Bauten des Nasridenpalasts, errichtet unter Mohammed III. Anfang des 14. Jh.s.
10 Palast Karls V. Mächtiges Quadrat mit zweistöckigem Rundbau. Im Erdgeschoss das Museo de la Alhambra, darüber das Museo Provincial de Bellas Artes.

Die Sala de los Abencerrajes ist benannt nach dem Geschlecht der Abencerragen, deren führende Köpfe – 36 an der Zahl – hier ermordet worden sein sollen. In seiner Pracht ist der achtstrahlige Stern der Stalaktitenkuppel das Gegenstück zur Kuppel der Sala de las dos Hermanas.

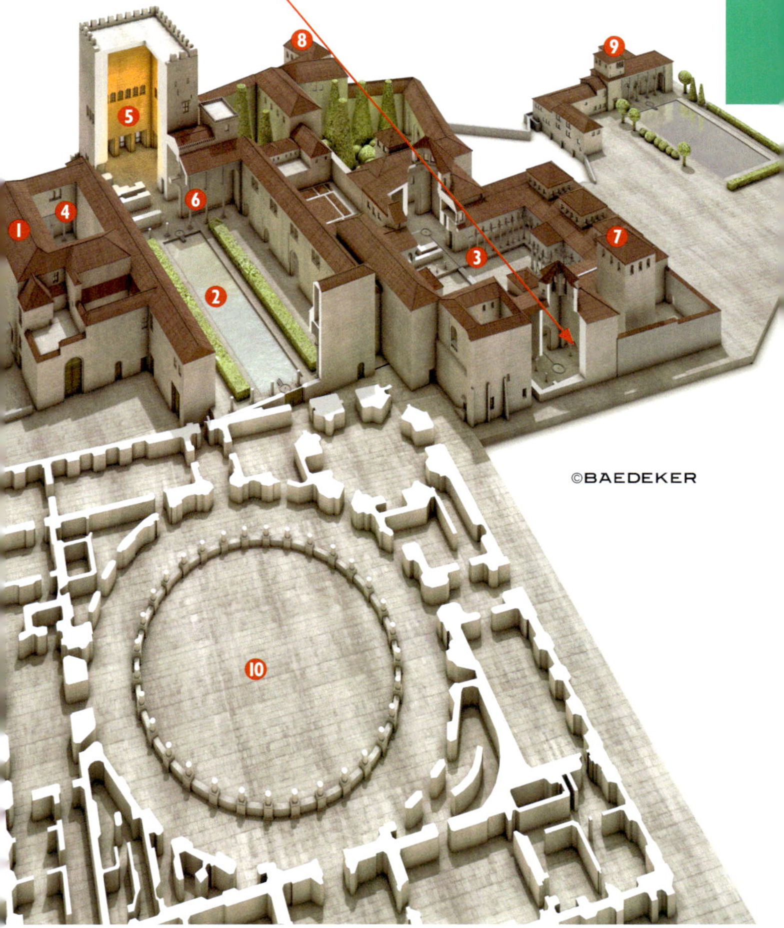

Strenger als die maurische Baukunst: der Palacio de Carlos V

Palacio Real

Der Nasridenpalast ist ein Juwel islamischer Handwerkskunst aus Stein, Holz und Stuck – und die Krönung der Alhambra. Die gesamte Anlage spiegelt in ihrer subtilen Komposition aus Raum, Licht und Wasser die Kunstfertigkeit des islamischen Stils wider. Man betritt den Palast durch ein bescheidenes Tor und gelangt zuerst in den **Mexuar**, den Audienz- und Gerichtssaal. Die öffentlichen Räume des Palasts geben mit herrlichem Stuck und Kacheln einen ersten Vorgeschmack auf das, was kommt. Es folgt der **Serallo** – mehrere Räume, die sich zum **Patio de los Arrayanes** (Myrtenhof) hin öffnen, einem rechteckigen Hof mit einem von Myrten gesäumten Wasserbecken in der Mitte und sanft plätschernden Brunnen. Durch die Arkaden Richtung Norden kommt man in die **Sala de la Barca** (Segenshalle) mit einer schiffsfömigen Decke und dann in den **Salón del Trono**, der auch **Sala de los Embajadores** (Thronsaal oder Gesandtensaal) heißt, da hier der Sultan einst Gesandte empfing. Die mit Kacheln und Stuck geschmückten Wände gehen in eine meisterhaft aus Zedernholz geschnitzte Kuppel über, die das von Sternen erleuchtete Firmament darstellt.

Der nächste Abschnitt des Palasts umfasst die Privatgemächer der Sultane, dort befinden sich auch die Räume des Harems. Das Kernstück bildet der von Marmorsäulen eingefasste **Patio de los Leones** (Löwenhof). In der Mitte steht ein Brunnen mit zwölf Löwenskulpturen. Am Südende des *patio* liegt die **Sala de los Abencerrajes**. Im Zentrum sieht man einen zwölfeckigen Marmorbrunnen, in dem sich die gewaltige Stalaktitenkuppel und der 16-seitige Deckenfries spiegeln. Die dunklen Flecken im Brunnenbecken sollen vom Blut von 16 geköpften Prinzen aus dem Geschlecht der Abencerragen stammen, deren Anführer Zoraya, die Lieblingskonkubine des Sultans Abu al-Hassan, begehrt hatte. Eine prosaischere Erklärung für die Flecken ist wohl einfach der Rost, der sich hier über die Jahre angesammelt hat – allerdings scheint sich die grausige Tat tatsächlich hier abgespielt zu haben.

Am anderen Ende des Löwenhofs liegt eine lange und schmale Halle, die **Sala de los Reyes** (Saal der Könige), wo auf Leder gemalte Deckenbilder Ritterszenen zeigen – vermutlich das Werk späterer christlicher Künstler. Die Halle wurde im Sommer für Darbietungen genutzt, die Alkoven dienten vermutlich als Theaterlogen. Gegenüber der Sala de los Abencerrajes gelangt man in die **Sala de las dos Hermanas** (Saal der zwei Schwestern), deren Name sich auf die beiden großen, in den Boden eingelassenen Marmorplatten bezieht. Der Stuckdekor des größten Stalaktitengewölbes ist wunderschön. Es schließt sich nun die **Sala de los Ajimeces** an (Saal der Bogenfenster), die Privatgemächer der Lieblingsfrau des Sultans; der Erker geht auf die üppigen *patios* hinaus.

Palacio de Carlos V

Von der Sala de los Ajimeces gelangt man durch eine Reihe von Räumen und Gängen ins gleißende Licht der Gärten mit *patios* und maurischen Türmen. Man verlässt die Gärten am **Renaissancepalast von Karl V.**, den der spanische König in die maurische Anlage integrierte, indem er einen Teil des Nasridenpalasts zerstören ließ. In einer anderen Umgebung würde der Palast vermutlich eindrucksvoller wirken. Das Herzstück des Palasts ist ein runder Hof, der durch das Spiel von Licht und Schatten belebt wird. Er wurde früher auch als Stierkampfarena genutzt.

DEM UNTERGANG NAHE

Seit ihren ersten Tagen als Enklave der Mauren wurde die Alhambra immer wieder geplündert. Im 19. Jh. kamen »Kunstliebhaber« aus Nordeuropa, rückten den herrlichen Stuckarbeiten mit dem Hammer zu Leibe und nahmen die Bruchstücke mit nach Hause. Ab 1820 bewohnte der amerikanische Schriftsteller Washington Irving den Nasridenpalast und schrieb dort seine *Geschichten von der Alhambra*. Sie lösten ein so großes Interesse an der Alhambra aus, dass sich die spanischen Behörden schließlich entschlossen, die Palastanlage unter Schutz zu stellen und zu restaurieren.

In den Räumlichkeiten rund um den Hof ist das **Museo de la Alhambra** mit exquisiten Exponaten aus islamischer Zeit untergebracht; am bekanntesten ist der blau und golden verzierte Jarrón de las Gacelas (Gazellenvase oder -zierkrug). Im oberen Stockwerk befindet sich das **Museo de Bellas Artes** (► 92) mit einer Kunstsammlung.

»Erhabenes Gartenparadies«: die schattigen Grünanlagen des Generalife

Der Generalife

Im Osten der Alhambra liegt auf dem Cerro del Sol (Sonnenhügel) der Generalife, ein Areal mit kühlen, plätschernden Brunnen, schimmernden Teichen und Gärten mit Terrassen und Blumenbeeten. Die ersten Grünanlagen wurden bereits im 13. Jh. angelegt, ihr Name soll »erhabenes Gartenparadies« bedeuten. Hier fanden einst Bankette und Theatervorführungen statt. Heute schlendert man durch den **Patio de los Cipreses** mit jahrhundertealten Zypressen und taucht die Hände ins kühle Nass des **Camino de las Cascades.**

205 E2

Alhambrahöhe 958 02 79 71 März bis Okt. tgl. 8.30–20 (Di–Sa 22–23.30 mit Flutlicht); Nov.–Feb. tgl. 8.30–18, (Fr/Sa 20–21.30 Uhr mit Flutlicht)

Restaurants (€€€); Kiosk (€–€€)
Alhambra-Bus alle 5 Min. von der Plaza Isabel la Católica und Plaza Nueva
14 €, Senioren 9 €

ZUGANG ZUR ALHAMBRA

Zurzeit können pro Tag 6000 Personen die Alhambra besuchen. Die Eintrittskarte ist für die gesamte Anlage gültig. Der Nasridenpalast muss innerhalb der nächsten halben Stunde nach der auf dem Ticket vermerkten Uhrzeit besucht werden; die Aufenthaltsdauer ist allerdings unbegrenzt. Eintrittskarten kauft man am Haupteingang der Alhambra (maximal zehn Stück pro Person), mit Warteschlangen ist zu rechnen. Wer relativ spät kommt, kann ggf. den Nasridenpalast nicht mehr besuchen, da alle Zeiten vergeben sind. Aus diesem Grund ist es sinnvoll, die **Besichtigung im Voraus zu buchen**, nämlich über die spanische ServiCaixa, zum Beispiel in einer ihrer vielen Niederlassungen in Spanien. Man kann auch telefonisch einen Tag vorher reservieren (in Spanien Tel. 902 88 80 01, vom Ausland Tel. 0034 958 92 60 31) oder via Internet über www.alhambra-tickts.es – Bezahlung nur mit Visa-, MasterCard oder Eurocard.
Aktuelle Informationen finden Sie im Internet auf der offiziellen Website der Alhambra, www.alhambra-patronato.es.

Der Albaicín

Das alte maurische Viertel von Granada, der Albaicín, zieht sich über die Flanken am Hügel Sacromonte hinauf. Gegenüber, auf der anderen Seite des Darrotals, liegt die Alhambra. Gassen mit Kopfsteinpflaster schlängeln sich dahin, hohe Palmen setzen Akzente zwischen den weiß getünchten, mit bunten Bougainvilleen und Geranien geschmückten Häusern. Dazwischen liegen begrünte Plätze, und immer wieder taucht zwischen den Häusern plötzlich die Alhambra auf. Ein besonders schöner Aussichtspunkt ist der Mirador San Nicolás (➤ 176) am Abend, wenn die Alhambra im Dunkeln vom Flutlicht erhellt wird.

Im Süden wird der Albaicín von der Carrera del Darro begrenzt, einer schmalen, am Río Darro entlangführenden Straße. Von hier führen immer wieder enge, steile Gassen hinauf ins Herz des Albaicín. In der Carrera del Darro besichtigt man zuerst die **Baños Árabes** aus dem 11. Jh.

Man betritt die maurischen Bäder über einen winzigen Hof mit Garten – ein reizender Auftakt für die Besichtigung der Badesäle mit ihren sternförmigen Öffnungen in der Decke. In der Nähe wartet das in einem Renaissancepalast (Casa de Castril) untergebrachte **Museo Arqueológico** (Archäologisches Museum) mit einer hervorragenden Sammlung prähistorischer, phönizischer, römischer und westgotischer Exponate auf. Vom Balkon des mit Arkaden umgebenen *patio* hat man einen schönen Blick auf die Alhambra.

Weitere Sehenswürdigkeiten sind die **Plaza Larga** mit Geschäften und Bars sowie die **Plaza San Miguel el Bajo** westlich des Mirador San Nicolás. Unter Platanen sitzt man hier gemütlich in der Bar Lara oder im El Yunque bei einem Drink und *tapas*. Vom nahe gelegenen **Mirador de Cruz de Quirós** hat man ebenfalls eine schöne Aussicht. Oben auf dem Hügel Sacromonte gibt es im Osten Höhlen, in denen früher *gitanos* lebten. Heute finden dort teure Flamencoshows statt.

Den Albaicín erkundet man entweder gezielt auf einer festen Route (➤ 174ff), oder man lässt sich einfach immer weiter treiben – und überraschen. Bergab geht es immer wieder zurück ins Zentrum von Granada. Allerdings sollte man sich tagsüber vor Taschendieben hüten und nachts das Viertel besser meiden.

Abseits vom Touristenstrom unterwegs in den Gassen des Albaicín

Baños Árabes

205 D3 · Carrera del Darro 31 · 958 22 97 38 · Di–Sa 10–14 Uhr · Bus C1 von der Plaza Nueva zum Albaicín · frei

Museo Arqueológico

205 D3 · Carrera del Darro 43 · 958 57 54 08 · wegen Restaurierung geschlossen · Bus C1 von der Plaza Nueva zum Albaicín · EU-Bürger frei

Capilla Real und Catedral

Im Herzen des modernen Granada, unweit der geschäftigen Gran Vía de Colón, befinden sich zwei wichtige Gebäude: Die Kathedrale und die angrenzende Capilla Real (Königskapelle) entstanden nach dem Ende der Maurenherrschaft.

Die **Capilla Real** an der Südseite der Kathedrale wurde in den Jahren 1505 bis 1521 unter der Leitung von Enrique de Egas in spätgotischem Stil als Grabstätte für die katholischen Monarchen Isabella und Ferdinand erbaut. Eigentlich wollte das Herrscherpaar in Toledo beerdigt werden, doch nach ihrem Sieg über die Mauren beschlossen sie, sich selbst eine Begräbniskapelle neben der Kathedrale zu errichten, welche die Große Moschee von Granada ersetzte. Die Kapelle ist mit eleganten Säulen und Bögen und einem herrlichen Altaraufsatz ausgestattet. Ein schönes schmiedeeisernes Gitter umschließt das reich verzierte Mausoleum der Herrscher, die hier als Marmorstandbilder dargestellt sind. Zur Rechten sieht man ihre Tochter Johanna (die Wahnsinnige) und deren Mann Philipp. Schmale Stufen führen zur Krypta mit den Bleisärgen hinunter. Ob die sterblichen Reste in den Särgen überhaupt von der Königsfamilie stammen, ist ungewiss. Während ihres kurzen Aufenthalts im napoleonischen Krieg verwüsteten französische Soldaten die Kapelle.

Deren Sakristei ist überaus sehenswert. Hier befindet sich neben königlichen Kunstschätzen auch Isabellas persönliche Kollektion italienischer und flämischer Malerei. Dazu gehören Werke von Hans Memling und Rogier van der Weyden.

Aus dem Häusergewirr der Innenstadt erhebt sich die **Kathedrale Santa María de la Encarnación**, die bedeutendste der vier großen Renaissancekirchen Andalusiens. Sie wurde von Enrique de Egas 1523 gotisch begonnen, 1525 von Diego de Siloé plateresk weitergeführt und 1561 unvollendet geweiht. 1563 setzte Juan de Orea die Arbeiten fort, die sich bis 1703 hinschleppten und schließlich abgebrochen wurden, ohne dass die vorgesehenen zwei Türme erstellt waren; auch der begonnene Turm erreichte nicht die geplante Höhe. Die 47 Meter hohe Kuppel im Zentrum verleiht dem Gotteshaus eine herrliche Leichtigkeit. Ringsum erhellen sich immer wieder die beeindruckenden Kapellen, wenn Besucher eine Münze für

Die Capilla Real ist Grana- das schönster gotischer Sakralbau.

Orgel und Decke des Kirchenschiffs in der Kathedrale

die Beleuchtung einwerfen. Es gibt in der Kathedrale schöne Gemälde und Skulpturen, einige von Alonso Cano, einem einheimischen Künstler, der im 17. Jh. die Westfassade der Kirche gestaltete. Südwestlich der Kathedrale liegt ein Viertel mit engen Straßen und hübschen Plätzen, die zu erkunden sich lohnt. Im Osten, jenseits der geschäftigen Calle Reyes Católicos bis zum Plaza del Carmen mit der Touristeninformation in einem gut erhaltenen Gebäude aus dem 14. Jh., befindet sich der Eingang zur **Alcaicería**, einem pseudo-arabischen Suk mit zahlreichen Andenkenläden. Nicht mehr weit ist es dann von hier bis zur Calle Zacatín, einer Fußgängerzone, die direkt zur **Plaza Bib-Rambla** führt, einem riesigen Platz mit bunten Blumenständen sowie vielen Cafés, Bars und Restaurants. Jenseits des Platzes beginnt das Haupteinkaufsviertel von Granada.

KLEINE PAUSE

In der Vía de Colón 13, gleich bei der Grabkapelle und der Kathedrale, lockt das **Vía Colón**, wo man vom Frühstück bis zum Snack alles bekommt. Auf der Theke wacht ein großer Barockengel samt Harfe über das muntere Treiben.

Capilla Real

204 B2 Oficios 3 958 22 92 39 Mo–Sa 10.15–13.30, 16–19.30 (im Winter 15.30–18.30), So 11.00–13.30, 16.00–19.30 (im Winter 15.30–18.30 Uhr), Busse C1 bis C7 4 €

Catedral

204 B3

Gran Vía de Colón 5 958 22 29 59 Mo–Sa 10–18.30, So 15–18 Uhr

Busse C1 bis C7 5 €

Monasterio de la Cartuja

Den Besuch des **Monasterio de la Cartuja** (Kartäuserkloster) am nördlichen Stadtrand sollte man unbedingt einplanen; es gehört zu den schönsten Barockgebäuden Spaniens. Bereits im Jahr 1506 auf Veranlassung des Gran Capitán (eigentl. Gonzalo Fernández de Córdoba y Aguilar, General und Staatsmann im Dienste der Katholischen Könige) gegründet, wurde das Kloster erst 250 Jahre später vollendet. Erhalten blieben Kreuzgang, Refektorium, Kirche und Sakristei. In den überaus verschwenderisch gestalteten Innenräumen hat der (nach dem spätbarocken spanischen Baumeister und Bildhauer José Benito de Churriguera benannte) Churriguerismus einen Höhepunkt erreicht.

Rechte Seite: Maurische Stuckarbeiten in der alten muslimischen Koranschule (Madraza) gegenüber der Capilla Real

Parque de las Ciencias

Wer das Naturwissenschaftliche Museum besucht, lernt Granada von seiner modernen Seite kennen. Besonders Jugendliche sind von der interaktiven Präsentation begeistert, dazu gibt es ein gigantisches Schachspiel und Wasserspiele, ein Planetarium, ein Schmetterlingshaus und ein Pflanzenlabyrinth. Das Museum ist 2 Kilometer von der Stadt entfernt; es verkehren regelmäßig Busse.

Monasterio de la Cartuja
204, bei B5
Calle Real de Cartuja
958 16 19 32
tgl. 10–13, 16–20 (im Winter 15–18 Uhr)
Busse U1, U2, N7 4 €

Parque de las Ciencias
204, bei A1 Avenida de la Ciencia
958 13 19 00 Di–Sa 10–19 Uhr, So und Feiertage 10–15 Uhr; Planetarium: jede Stunde Vorführung Bus S5 Museum: 6,50 €, Planetarium: 2,50 €

BAEDEKER TIPP

- Im Hauptbüro der **Touristeninformation** geht es meistens sehr hektisch zu. Besuchen Sie lieber die Büros Cárcel Baja 3 oder Santa Ana 2.
- Schön ist ein Abendspaziergang durch das **Universitätsviertel** nordwestlich der Kathedrale. In den Straßen drängt sich die Jugend, aus den Gebäuden dringt immer wieder einmal Musik. Hier sollte man auch nach einigen hübschen Kirchen Ausschau halten und auf die bemerkenswerten Barockfassaden achten.
- Das renovierte **Monasterio de San Jerónimo** aus dem 16. Jh. liegt im Univiertel (Rector López Argüeta 9, tgl. 10–13.30 und 16–19.30, im Winter 15–18.30 Uhr) und ist ein Hort der Ruhe. In der Kirche finden sich wunderbare Fresken und ein klassischer Altaraufsatz unter einem Tonnengewölbe, dazu mehrere Nischen mit hervorragenden Skulpturen und Reliefs. Abends kann man die Gesänge der Nonnen hören.
- Der **Bus C3** verbindet die Plaza Isabel la Católica mit der Alhambra. Zwischen 7 und 23 Uhr fährt er im 5-Minuten-Takt. Auch der **Bus C4** verkehrt von der Plaza Isabel la Católica zur Alhambra, allerdings nur alle 60 Minuten. **Bus C1** fährt zwischen 7 und 23 Uhr von der Plaza Nueva zum Albaicín im 10-Minuten-Takt.
- **Muss nicht sein: Museo de Bellas Artes** Wer kein eingefleischter Kunstliebhaber ist, der kann sich den Besuch dieses in den oberen Räumen der Alhambra gelegenen Museums sparen – es gibt zwar einige schöne Gemälde zu sehen – aber nichts davon ist so faszinierend wie die Alhambra selbst.

8 Las Alpujarras

Die südlich von Granada und der Sierra Nevada gelegenen Alpujarras sind eine zwar teils karge, aber reizvolle und klimatisch sehr begünstigte Berglandschaft, die Anfang des 20. Jh.s von Schriftstellern und Wanderern wiederentdeckt wurde.

Busquístar liegt auf 1160 Metern Höhe am Rio Trevélez in den Alpujarras.

Schon im 8. Jh. hatten sich in dieser Region Berber angesiedelt, die im 10. und 11. Jh. eine lukrative Seidenindustrie aufbauten. Nach dem Verlust Granadas 1492 zogen sich sämtliche Mauren in die entlegenen Dörfer zurück, bis sie nach mehreren blutigen Aufständen 1568 endgültig vertrieben wurden. Einige Familien mussten allerdings bleiben, um den christlichen Neusiedlern die ausgeklügelten Bewässerungssysteme und Terrassengärten zu erhalten, in denen Getreide, Oliven, Zitrusfrüchte und Gemüse wuchsen, die bis heute bewirtschaftet werden.

Go west

Von Granada gelangt man durch **Lanjarón** in die westlichen Alpujarras. Hier sprudelt eine der bekanntesten Mineralquellen Spaniens. 18 Kilometer weiter östlich biegt man in dem Marktflecken **Órgiva** Richtung Norden ab und folgt einer Straße, die direkt ins Herz der Poqueiraschlucht führt. Hier sind die Oberen Alpujarras am schönsten.

Die Dörfer von Poqueira

Die Poqueiraschlucht ist ein breites, steiles, bewaldetes Tal, das die Hügel vor dem zweithöchsten Gipfel der Sierra Nevada, dem Pico Veleta (3398 Meter), durchschneidet. Weiter östlich, aber außer Sichtweite, liegt der noch höhere Mulhacén (3481 Meter). Die weißen Häuser von drei Dörfern sind über die Terrassenhänge des Tals verteilt. Das erste Dorf ist **Pampaneira** mit einem Häusergewirr rund um die alte Kirche Santa Cruz am Hauptplatz, der Plaza de la Libertad. Hier befinden sich das Nevadensis, ein hervorragendes Informationszentrum für die Alpujarras und die Sierra Nevada, außerdem viele Bars und Andenkenläden, in denen man Tonwaren, Läufer und Decken aus heimischer Produktion erwerben kann. Kein Wunder, dass der Ort von so vielen Ausflugsbussen angefahren wird!

Oberhalb von Pampaneira liegt **Bubión**, das ruhigste und am wenigsten besuchte Dorf. Bei der Pfarrkirche an der blumengeschmückten Plaza Iglesia gibt die **Casa Tradicional Alpujarreña** umfassenden Einblick in das Leben der Region. Das Museum ist in einem traditionellen Haus untergebracht, das nicht verändert wurde, seit die Bewohner in den 1950er-Jahren fortzogen. Auf dem Weg zum Platz hinunter kommt man an der Taller del Telar (Weberei, ➤ 107) vorbei, wo Wollstoffe noch mit einem Webstuhl hergestellt werden, der einst dem letzten Webermeister von Granada gehörte. Die exquisiten Stoffe weisen schöne Farbtöne auf. Sie stehen wie auch andere Erzeugnisse, etwa Lampenschirme aus Textil, zum Verkauf.

Das am höchsten gelegene Dorf von Poqueira heißt **Capileira**, es ist sehr beliebt und im Sommer dementsprechend überlaufen. Jenseits der Hauptstraße lohnt jedoch ein Streifzug durch die schmalen Gassen, in denen die typischen Häuser der Region mit Flachdächern aus Ästen

Die weiß getünchten steinernen Häuser der Alpujarras (rechts: in Pampaneira) sind ganz typisch für die maurische Architektur.

und Lehm stehen. Am Ortsende kann man auf einigen Pfaden weiter in die bewaldete Schlucht wandern, wo der Fluss Poqueira in würzig duftenden Kiefernwäldern über glatt geschliffene Kiesel sprudelt.

Trevélez und Umgebung

Die Straße östlich der Poqueiraschlucht schlängelt sich an einem Hügelvorsprung dahin und führt dabei durch die weniger häufig besuchten Dörfer **Pitres**, **Pórtugos** und **Busquístar**. Dann biegt sie nach Norden ab und verläuft an den Hängen eines weiteren tiefen Tals entlang nach **Trevélez**. Die Gemeinde – einer der höchstgelegenen Orte Spaniens – ist für ihren *jamón serrano*, den luftgetrockneten Schinken, berühmt. Die einzelnen Viertel, die alle ihren typischen Charakter bewahrt haben, ziehen sich den Hügel hinauf. In der Unterstadt *(barrio bajo)* ist der Hauptplatz nur noch ein gigantischer Parkplatz, an dem Andenkenläden, Cafés, Restaurants und Geschäfte mit *serrano*-Schinken um die Gunst der Kunden buhlen. Eine steile Straße führt hinauf in den *barrio medio* und von dort zur Oberstadt *(barrio alto)*, wo hoch oben die Straßen schmäler und die Autos seltener werden. Östlich von Trevélez führt der Weg durch eine reizvolle Landschaft mit Bächen und Wäldern mit Buchen, Pappeln, Eichen und Kiefern tiefer in die Alpujarras hinein. Die Straße passiert einige maurische

BAEDEKER TIPP

- In den Alpujarras dauert das Autofahren viel länger, als man zunächst glaubt. Die 50 Kilometer lange Strecke über eine Serpentinenstraße kann den ganzen Morgen in Anspruch nehmen. Die Versuchung, anzuhalten und die Aussicht zu genießen, ist einfach zu groß. Aber wer genug Zeit hat, sollte ruhig einmal ein Abenteuer riskieren. Pflanzen und Vögel lassen sich auf **Wanderungen** erkunden. Die meisten Dörfer an den Südhängen der Alpujarras sind durch den mit GR-7 ausgewiesenen Wanderweg miteinander verbunden. Man kann die einzelnen Strecken zwischen den Dörfern zu Fuß zurücklegen und dann mit dem Bus zum Ausgangspunkt zurückkehren. Zudem kann man auch **reiten**, **Rad fahren**, einen **Jeep** mieten und sogar **hängegleiten** – alles mit kundigen Führern. Auskunft erteilt Nevadensis in Pampaneira (➤ Touristeninformation, rechts).
- **Alles über die Alpujarras:** In den 1920er-Jahren lebte der englische Schriftsteller Gerald Brenan im Dorf Yegen. Seine Erfahrungen hielt er in dem Buch *Südlich von Granada* fest, das faszinierende Einblicke in das dortige Leben gibt. 1999 veröffentlichte Chris Stewart, als Schlagzeuger Gründungsmitglied der britischen Art-Rock-Band Genesis, der sich in der Nähe von Órgiva als Landwirt niedergelassen hatte, mit dem Titel *Unter den Zitronenbäumen. Als Optimist in Andalusien* ein Buch über sein Leben in den Alpujarras. 2012 brachte die Historikerin und Bestsellerautorin Brigitte Riebe den Roman *Die Nacht von Granada* über die Vertreibung der Juden und Mauren heraus.
- **Muss nicht sein:** In den Wintersportort Solynieve (Sonne und Schnee) gelangt man von Granada aus. Er liegt in 2100 Metern Höhe in der Sierra Nevada und ist im Sommer schlichtweg langweilig. Dank Massen von künstlichem Schnee sind allerdings auch in der Nachsaison meist noch Abfahrten möglich.

Regionale Spezialität aus Trevélez: luftgetrockneter Schinken

Siedlungen wie **Bérchules** und **Yegen**, urtümliche Dörfer, die sich an Steilfelsen schmiegen und durch ihren gemächlichen Lebensrhythmus bezaubern. Hinter Yegen wird die Landschaft gen Osten dann weniger grün und geht in die trockenen Hügel der Provinz Almería über.

KLEINE PAUSE

In Pampaneira hat das Bar-Restaurant **Alegrías** eine hübsche kleine Terrasse direkt unter dem gut erhaltenen öffentlichen Waschhaus. Über eine Kopfsteinpflastergasse mit Wasserkanal geht es zur Plaza de la Libertad. In der **Casa Diego** gibt es gutes Essen und freundliches Personal.

200 C2

Touristeninformation

Nevadensis, Plaza de la Libertad, Pampaneira 958 76 31 27; www.nevadensis.com Rustic Blue (privat), Bubión 958 76 33 81; www.rusticblue.com

Casa Tradicional Alpujarreña

Plaza Iglesia, Bubión 958 76 30 32 Mo–Fr 11–14 Uhr, Sa/So und Feiertage 11–14 und 17–19 Uhr

21 Almería

Ein altes Sprichwort lautet: »Als Almería noch Almería war, war Granada nichts als ein Bauernhof.« Stolz ragt die ehemalige maurische Festung in fantastischer Lage über die Stadt. Die Mauren nannten sie »al-Mariyya« (sinngemäß: »Spiegel des Meeres«). Unterhalb der Burg liegt die westliche Altstadt mit ihren engen Gassen und verfallenen Gebäuden neben der Neustadt mit ihren geschäftigen Einkaufsstraßen und frisch asphaltierten Boulevards. In Almería liegen maurisches und mittelalterliches Andalusien sowie das moderne Spanien des 21. Jh.s dicht beieinander.

Ganz im Südosten von Andalusien öffnet sich weit der Golf von Almería und lockt mit langen Stränden – und einer modern geprägten Provinzhauptstadt. Deren touristischer Schatz ist die sehr schön restaurierte Alcazaba, die größte maurische Burg Andalusiens.

Vom 8. Jh. an war Almería der Haupthafen von al-Andalus. Durch die Handelsbeziehungen mit Nordafrika und dem östlichen Mittelmeerraum gelangte die Stadt zu Reichtum. 1490 fiel die Stadt an die Christen – der Bruch mit Nordafrika hatte den Niedergang zur Folge, der durch mehrere verheerende Erdbeben im 16. Jh. noch beschleunigt wurde. Doch im 19. Jh. blühte Almería erneut auf. Heute begünstigen die *plasticultura* (Gewächshauskultur) und der zunehmende Tourismus die Entwicklung der wenig spektakulären, aber freundlichen und lebhaften Stadt.

Die Alcazaba

Im 10. Jh. nutzten die Baumeister der Alcazaba das raue Gestein oben auf dem Hügel, und bis heute wirken die restaurierten Mauern und Türme der Festung wie natürliche Erweiterungen der Klippen. Die Auffahrtsstraße zur **Alcazaba** windet sich steil nach oben zur **Puerta de la Justicia** (Gerechtigkeitstor), dem perfekten Beispiel eines maurischen Eingangstors mit doppeltem Hufeisenbogen

Blick vom Cerro de San Cristóbal, dem Gipfel nahe der Alcazaba, auf Almería

und einem versetzten Innentor, das möglichen Angreifern die Orientierung nehmen sollte. Dahinter kommt der **Erste Befestigungsring**, den die Mauren bei Belagerungen als Lager und Zufluchtsstätte für die Bürger nutzten. Inzwischen wurden hier mehrere Gärten angelegt. Weiter geht es hinauf zu einer kühlen Oase mit Bäumen, die auf die hohen Mauern des **Zweiten Befestigungsrings** ihre Schatten werfen. In diesem weitläufigen Areal finden sich die markanten Ruinen von Gemächern, die den ehemaligen Reichtum Almerías im 10. und 11. Jh. widerspiegeln – zuerst unter dem Kalifat Córdobas, dann als unabhängiges Fürstentum und schließlich als Teil des muslimischen Granada. Der **Dritte Befestigungsring** beherbergt die bemerkenswerte innere Festung, welche die christlichen Eroberer nach 1492 an der Stelle des ehemaligen Bergfrieds anlegten. Von hier hat man einen herrlichen Blick übers Meer. Direkt unterhalb erstreckt sich der **Barrio de Chanca**, das alte Fischerviertel von Almería, mit bunt bemalten Fassaden, Flachdachhäusern und Höhlenwohnungen in den Felsen. Hier lebt die ärmere Bevölkerung Almerías.

Weitere Sehenswürdigkeiten

Die **Catedral** ist eine typische Wehrkirche mit vier mächtigen Ecktürmen, turmartiger Apsis und Zinnenkranz. Diego de Siloé erbaute sie nach dem Erdbeben von 1522 zwischen 1524 und 1543 an Stelle der Freitagsmoschee. Weniger wuchtig wirken das Hauptportal und die Puerta de los Perdones, beide von Juan de Orea, mit Doppelsäulen, reichem Figurenschmuck und dem Wappen Karls I. als Abschluss. Herausragendes Kunstwerk im dreischiffigen Kirchenraum ist das aus Nussbaumholz geschnitzte Chorgestühl, ebenfalls von Juan de Orea (1558), dessen Figurenreliefs neben Kirchenmännern und Heiligen u. a. auch einen Arbeiter, Beamte und eine Mohrin zeigen.

Das **Museo Arqueológico** (Archäologisches Museum) zeigt Exponate aus Los Millares, einer bronzezeitlichen Fundstätte, und Objekte der Römer und Mauren. Das im Jahr 2000 eröffnete **Centro de Artes** (Kunstgalerie) liegt nicht weit vom

Zug- und Busbahnhof entfernt und präsentiert traditionelle und zeitgenössische Kunst. Die Innenstadt von Almería wird von der Rambla de Belén, einem breiten Boulevard, der zum Hafen hinunterführt, in ein westliches und ein östliches Viertel geteilt. Hier wachsen Palmen und stehen Brunnen, die mit Wasserkanälen verbunden sind. Im Westen liegt die Hauptstraße der Stadt, der schick renovierte Paseo de Almería mit Läden und Café-Bars. Am nördlichen Ende erhebt sich die **Puerta de Purchena**. Die als Fußgängerzone gestaltete Plaza Manuel Pérez García führt von der Puerta de Purchena im Westen zur attraktiven Einkaufsmeile Calle de las Tiendas.

Brunnen auf Almerías Alcazaba

KLEINE PAUSE

Hervorragenden Schinken, *tapas* und Fischgerichte werden samt exquisitem Sherry in der **Bodega las Botas** in der Calle Fructuosa Pérez 3 serviert, als Tische dienen Sherryfässer.

---

201 E2

Touristeninformation
Parque Nicolás Salmerón s/n
950 17 52 20; www.turismodealmeria.org
Plaza de la Constitución 950 21 05 38

Parken
Tiefgaragen an der Rambla de Belén und beim Kreisverkehr am südlich Ende der Rambla

Alcazaba
Almanzor s/n 950 80 10 08
Di–Sa Mitte Sept.–März 9–18.30, So 10–17 April–Mai 9–20.30, So 9–15.30 Uhr, Juni–Mitte Sept. Mo–Sa 9–15.30, 18.30–22, So 10–17 Uhr
frei für EU-Bürger

Catedral
Plaza de la Catedral
Mo–Fr 10.00–18, Sa 10–14 Uhr 5 €

Museo Arqueológico
Calle de Ronda 91 950 10 04 09
Di 14–20.30, Mi–Sa 9–20.30, So 9–14.30 Uhr
Eintritt frei

Centro de Artes (Museo Almería)
Plaza Barcelona s/n
950 26 96 80
Mo 18–21, Di–Sa 11–14, 18–21, So 11–14 Uhr frei

BAEDEKER TIPP

- Die Sonne kann hier sehr intensiv sein, benutzen Sie Sonnencreme mit hohem Lichtschutzfaktor, und tragen Sie einen Hut, besonders in der Alcazaba.
- Der hübsche **Morgenmarkt** von Almería findet in der Calle Aguilar de Campo statt, wohin man auf halbem Weg vom Paseo de Almería bergab gelangt.
- Auf der von Arkaden umgebenen **Plaza Vieja** (Alter Platz) aus dem 17. Jh. können Sie sich ausruhen. Hohe Palmen umgeben ein weißes Denkmal. Es erinnert an aufständische Bürger, die sich 1824 gegen die Unterdrückung durch König Ferdinand VII. zur Wehr setzten und hingerichtet wurden.
- **Muss nicht sein:** Der Cerro de San Cristobal ist ein öder Hügel nördlich der Alcazaba mit gigantischer Christusstatue auf dem Gipfel. Schauen Sie ihn sich lieber von der Alcazaba aus an, als die steinigen Hänge hinaufzusteigen.

Nach Lust und Laune!

22 Cabo de Gata

Diese Halbinsel auf der Ostseite des Golfs von Almería soll der trockenste und heißeste Ort in ganz Europa sein; eine Landschaft mit langen, einsamen Stränden, Salzpfannen und kargen Vulkanhügeln. An der Südspitze steht am eigentlichen Kap ein einsamer Leuchtturm, von dem aus man eine atemberaubende Sicht auf die zerklüfteten Klippen und die Felsen im Meer hat. Der Reiz des Cabo de Gata liegt in seinen wilden Stränden, der Pflanzen- und Vogelwelt sowie der Abgeschiedenheit der Klippen und Buchten im Nordosten des Kaps. Die Strände am Golf von Almería an der Straße zwischen dem Dorf San Miguel de Cabo de Gata und dem Leuchtturm sind am besten zugänglich. Mittags kann es hier allerdings sehr windig sein. Kurz vor dem Leuchtturm führt eine schmale Straße einige Kilometer Richtung Norden zur äußersten Landspitze, wo neben einem Radiosender der alte maurische Wehrturm Vela Blanca emporragt. Die schönsten Strände der Küste, Playa de Mónsul und Playa de la Media Luna, erreicht man über den Ort San José, das touristische Zentrum des Naturparks.

201 E2 La Gallineta (€€–€€€)
Carretera de San José, El Pozo de los Frailes 950 38 05 01

NATUR PUR

Im **Parque Natural de Cabo de Gata Níjar** stehen Pflanzen und Vögel unter Naturschutz. Zu den Pflanzen, die in diesem wüstenartigen Gebiet gedeihen, zählen die Jujube – ein Gebüsch mit dornigen Blättern und Ästen, die sich wie ein Schirm über dem Boden entfalten, um der Erde darunter die Feuchtigkeit zu bewahren – und die Zwergfächerpalme, die einzige europäische Palmenart. Hinter dem Dorf San Miguel de Cabo de Gata liegen weitläufige Salzfelder, **Las Salinas**, wo man unter anderem Flamingos, Säbelschnäbler, Störche und Silberreiher beobachten kann.
Centro de Información Parque Natural Cabo de Gata: Avenida de San José 27, Níjar, Tel. 950 38 02 99, www.cabodegata-nijar.com; tgl. 10–14, 17.30–20.30, im Winter So nur 10–14 Uhr.
Centro de Visitantes de Las Amoladeras: zwischen Almería und Cabo de Gata, Km 7, Paraje de las Amoladeras

Touristeninformation

Centro de Información Parque Natural Cabo de Gata und Centro de Visitantes de Las Amoladeras (siehe Kasten links)

23 Níjar

Das Dorf Níjar mit seiner Keramikindustrie geht auf die Mauren zurück. Es liegt in den Ausläufern der Sierra de Alhamilla, 30 Kilometer nordöstlich von Almería. Unterhalb des Ortes erstreckt sich die karge Ebene Campo de Níjar mit zahlreichen Treibhäusern. Die Töpfer von Níjar haben sich auf lebhafte, bunte Farben spezialisiert, die aus

ABSEITS DER TOURISTENWEGE
Lohnend ist ein Ausflug nach **Los Millares,** etwa 12 Kilometer nördlich von Almería hinter den Hügeln (✚ 201 E2, Mi–So 10–14 Uhr, Eintritt frei). Fragen Sie immer erst bei einem der Tourismusbüros in Almería oder telefonisch unter 677 90 34 04 nach, ob die Anlage geöffnet ist. In dieser (international) bedeutenden Stätte aus der Vorbronzezeit können Sie Reste von Wänden, Steinhütten und Gräbern in Bienenkorbform (einiges wurde rekonstruiert) sehen. Vom Eingang an der Straße führt ein etwa 1 Kilometer langer Fußweg dorthin, im Sommer kann die Hitze höllisch sein. Nehmen Sie sich eine Kopfbedeckung und Wasser mit.

Mineralien gewonnen werden. Man kann die Artikel in der Hauptstraße, der **Avenida García Lorca**, kaufen, wo sich Kunsthandwerksläden und Töpfereien aneinanderreihen. Die wichtigsten Ateliers und Ausstellungsräume befinden sich jedoch im **Barrio Alfarero**, der am oberen Ende der Avenida García Lorca beginnt. Es werden hier auch bunte Teppiche und Decken verkauft. Unterhalb der Avenida García Lorca liegt in der Altstadt die **Plaza la Glorieta**. Die Kirche Santa María de la Anunciación (16. Jh.) hat eine schöne *mudéjar*-Decke. Hinter der Kirche führt der Weg zur **Plaza del Mercado** mit einem riesigen Baum in der Mitte und einem blau gekachelten Brunnen. Schöne Keramik kann man in La Tienda de los Milagros (► 107) in der Calle Pocico 9 erstehen.

✚ 201 E2 ✉ Plaza Glorieta (Rathaus)
☎ 950 36 00 12; www.nijar.es

24 Mojácar

Mojácar ist in der Provinz Almería der wichtigste Ferienort am Meer und dementsprechend überlaufen. Wer gut zugängliche Strände mit allen modernen Einrichtungen sucht, ist hier genau richtig. Mojácar besteht aus zwei Teilen: Der Küstenort **Mojácar Playa** zieht sich mit herrlichen Stränden an der Hauptstraße entlang. Hier finden sich direkt am Meer viele Hotels, Geschäfte, Cafés und Restaurants, lebhafte Bars und Discos. Nur zwei Kilometer landeinwärts liegt auf einem Hügel **Mojácar Pueblo**, das eigentliche Dorf. Trotz der vielen Touristen, die sich im Sommer auch hier durch die Gassen und Geschäfte drängen, hat sich dieses Dorf seinen Charme bewahrt.

✚ 201 F2 ✉ Plaza del Frontón, Mojácar ☎ 902 57 51 30; www.mojacar.es

Die weißen Häuser von Mojácar Pueblo thronen malerisch auf einem Hügel.

25 Sorbas

40 Kilometer nordöstlich von Almería liegt das Dorf Sorbas, in dem ebenfalls Tonwaren verkauft werden. Im Barrio Alfarero (► 107) kann man Werkstätten und Ausstellungsräume besichtigen. Südlich vom Dorf ist der Weg zu den **Cuevas de Sorbas** (Höhlen) ausgeschildert, die mitten in den Kalksteinhügeln liegen. Sie können an einer zweistündigen Führung durch das Höhlensystem teilnehmen, die zwar ein wenig abenteuerlich ist, aber trotzdem selbst kleinere Kinder nicht überfordert. Helme und Lampen werden gestellt, Schlamm und Lehm hinterlassen allerdings Spuren auf der Kleidung.

201 E2 Plaza de la Constitución 1 (Rathaus) 950 36 47 01; www.sorbas.es

Cuevas de Sorbas
201 F2 950 36 47 04; www.cuevasdesorbas.com; Reservierung empfehlenswert
Mo–Fr 10–14, 16–18, Sa, So 10–14
ab 15 € (je nach Route)

26 Mini Hollywood (Oasys)

Nördlich von Almería liegt die an Arizona erinnernde Landschaft Tabernas, wo berühmte Westernklassiker wie *Die Glorreichen Sieben* gedreht wurden. Die Wildweststädte, die für diese Filme zwischen Bergschluchten und baumlosen Wüsten errichtet wurden, haben als Touristenattraktion überdauert. Die größte und interessanteste heißt Mini Hollywood und liegt – als Teil des »Oasys Theme Park« (Safaripark, Zoo und Wasserpark) – unweit der Carretera Nacional, etwa zehn Kilometer westlich des Dorfes Tabernas. Zu bestimmten Zeiten finden vor dem Office des Sheriffs Cowboyshows mit actionreichen Gefängnisausbrüchen, Schusswechsel und Hinrichtungen statt. Kinder sind immer begeistert, Erwachsenen ist es manchmal zu theatralisch. Angeschlossen ist ein Zoo mit vielen Raubkatzen und Gehegen mit Bisons, Nilpferden, Zebras …

201 E2 902 53 35 32; www.oasysparquetematico.com Juli–Aug. 10–21 Uhr, sonst kürzer (im Winter oft geschlossen)
Restaurant und Café (€–€€)
22,50 € (Hunde nicht gestattet)

27 Guadix

Die lebhafte Bischofsstadt 60 Kilometer östlich von Granada bietet bemerkenswerte Höhlenwohnungen, die in den weichen Tuffstein gegraben wurden. Es handelt sich dabei um komplette Behausungen mit allen Annehmlichkeiten, in den fensterlosen Räumen herrscht eine ausgeglichene Temperatur. Viele Höhlen haben weiß getünchte Anbauten und Gärten. In der **Cueva Museo** (Museumshöhle), die man vom Stadtzentrum aus mit einem Bähnchen erreichen kann, wurden mehrere Räume erhalten und mit traditionellem Mobiliar ausgestattet. Die eigentliche Stadt Guadix wird von einer wunderschönen Barockkathedrale aus rotem Sandstein beherrscht. Gegenüber vom Haupteingang führt ein Torbogen zur Plaza de la Constitución, auch bekannt als Plaza Mayor. Von hier geht es über Kopfsteinpflaster durch enge Gassen hinauf zu den Renaissancegebäuden der Oberstadt.

200 C3 Plaza de la Catedral
670 95 70 25; www.turismoguadix.es

Cueva Museo
Plaza del Padre Poveda
958 66 55 69 Mo–Fr 10–14 und 16–18, Sa 10–14 Uhr 2,50 €

Wohin zum ... Übernachten?

Preise
für ein Doppelzimmer pro Nacht:
€ unter 60 Euro €€ 60–90 Euro €€€ 90–140 Euro €€€€ über 140 Euro

GRANADA

Casa del Aljarife €€€
Diese Pension liegt an einem kleinen Platz im Herzen des Albaicín mit herrlichem Blick auf die Alhambra. Das Haus aus dem 17. Jh. wurde liebevoll restauriert und hat einen hübschen Hof sowie eine Dachterrasse. Die vier Zimmer sind klein, haben aber viel Flair und nutzen den Raum.
205 D3 Placeta de la Cruz Verde 2, Albaicín 958 22 24 25; www.casadelaljarife.com

Hostal Britz €€
Vom Britz kann man die Alhambra zu Fuß erreichen. Das Haus bietet viel für wenig Geld: Die Zimmer sind einfach, aber angenehm, einige haben sogar eine Terrasse und ein schön gefliestes Bad. Aufgrund der Lage an der Plaza Nueva kann es laut werden, dafür hat man schnell die Straßencafés erreicht.
204 C2 Cuesta de Gomérez 1
958 22 36 52

Hotel Los Tilos €€
Das preiswerte Hotel verzichtet auf jeden Schnickschnack, ist aber komfortabel und modern eingerichtet und liegt zentral an einem hübschen Platz, auf dem jeden Tag ein Blumenmarkt stattfindet. Am schönsten ist die Terrasse im vierten Stock, auf der man etwas trinken, lesen oder den Blick auf die Stadt genießen kann.
204 A2 Plaza Bib-Rambla 4
958 26 67 12; http://de.hotellostilos.com

LAS ALPUJARRAS

Hotel Catifalarga €€
Dieses restaurierte alte Gutshaus außerhalb von Capileira ist umgeben von terrassenförmig angelegten Obstgärten. Die rustikalen Zimmer haben hölzerne Fensterläden und Holzbalken, vereinzelt sogar eigene Terrassen. Die Aussicht ist wundervoll, und Aktivitäten können organisiert werden.
200 C2 Carretera de Sierra Nevada, Capileira 958 34 33 57; www.catifalarga.com

Las Terrazas €–€€€
In diesem hoch oben am Berg gelegenen Haus fühlt man sich gleich wie zu Hause. Der hilfsbereite Inhaber hält Mountainbikes für Gäste bereit. Die Zimmer sind schlicht, aber mit gewebten Bettüberwürfen aus der Region und Terrakottaböden ausgestattet. Frühstück ist hier im Preis inbegriffen. Es können auch Apartments gemietet werden.
200 C2 Plaza del Sol 7, Bubión
958 76 30 34; www.terrazasalpujarra.com
Jan. geschlossen

ALMERÍA

Hotel La Perla €–€€
Das älteste Hotel der Stadt ist noch immer ein Familienbetrieb. La Perla wurde gern von den Stars besucht, als die Italo-Western gedreht wurden. Inzwischen aufgestockt, bewahrte es noch immer seinen alten Charme. Bitten Sie um ein Zimmer mit Blick auf die *plaza*. Zur Ausstattung gehört eine Klimaanlage.
201 E2 Plaza del Carmen 7
950 23 88 77; www.hotellaperla.es

Wohin zum ...
Essen und Trinken?

Preise
für ein Drei-Gänge-Menü inkl. Wein und Service:
€ unter 15 Euro **€€** 15–40 Euro **€€€** über 40 Euro

GRANADA

Chikito €
Früher war das Lokal ein Künstlercafé, in dem der Dichter Federico García Lorca einkehrte. Heute ist das 1976 eröffnete Chikito eins der besseren Restaurants von Granada. Hier werden andalusische Gerichte serviert. Es gibt auch Tapas. Am späten Abend ist es fast unmöglich, in der Bar einen Sitzplatz zu bekommen. Besucht wird das Restaurant fast ausschließlich von Einheimischen. Dass der Inhaber des Lokals ein großer Sportfan ist, sieht man an den zahlreichen Fotos von spanischen Sportgrößen an der Wand.
204 D3 Plaza del Campillo Bajo 9
958 22 33 64; www.restaurantechikito.com

Cunini €€–€€€
Dies ist eines der berühmtesten Restaurants der Stadt mit leckeren Fisch- und Meeresfrüchtespezialitäten. Empfehlenswert sind *Caldereta de Arroz, Pescado y Marisco* (Eintopf aus Reis, Fisch und Meeresfrüchten) und *Pescaditos Fritos* (frittierter Fisch). Das Restaurant liegt direkt um die Ecke der Kathedrale und hat eine schöne Terrasse.
204 A2 Calle Pescadería 14
958 25 07 77; www.marisqueriacunini.com
So und Mo abends geschl.

La Gran Taberna €– €€
In dieser typischen *tapas*-Bar im Zentrum stehen die Stühle um Fässer herum, Schinken, Knoblauch und Chilischoten baumeln über der Bar von der Decke. Wer gern in aller Ruhe etwas trinken möchte, ist hier fehl am Platz, besonders wenn ein Fußballspiel übertragen wird. Dafür ist die Atmosphäre stimmig, die *tapas* sind hervorragend. Probieren Sie Forelle mit Hüttenkäse, Roquefort mit Rüben, Ziegenkäse-Kanapees oder traditionellere Sorten.
204 C2 Plaza Nueva 12
958 22 88 46 tgl. 9–15 und 19–24 Uhr

San Nicolás €€€
Wählen Sie einen Tisch am Fenster mit (besonders bei Sonnenuntergang) herrlichem Blick auf die Alhambra. Der Marmor, die blassgrünen Wände und schön gedeckte Tische machen einen eleganten Eindruck. Auf der Karte steht andalusische Nouvelle Cuisine, etwa mit Lavendel und Honig gefüllte Schweinshaxen. Schön sitzt man auf der Terrasse, abends bei romantischem Kerzenlicht.
204 D3 Calle San Nicolás 3, Albaicín
958 27 28 42; www.restaurante sannicolas.com Di–Sa 12–23, So 12–16 Uhr

Via Colon €€
Diese unterhaltsame Café-Bar liegt zwischen der geschäftigen Gran Via de Colón und der ruhigeren Gegend um die Kathedrale von Granada. Vor allem zur Mittagszeit ist hier viel los, aber es gibt auch eine ruhigere Außenterrasse direkt an den Mauern der Kathedrale. Im Inneren verleiht ein von Künstlerhand gestalteter Engel der Bar viel Stil. Serviert werden leckere *tapas* und Spezialitäten wie *Pastel de Puerros* (Lauchtarte) sowie leckere Crêpes.
204 B3 Gran Via de Colón 13
958 22 07 52 tgl. 8–24 Uhr

LAS ALPUJARRAS

El Corral del Castaño €

Das rustikal eingerichtete Restaurant liegt mitten im Ortskern an einem kleinen hübschen Platz. Allein der Eingangsbereich des Lokals ist schon einladend. Geboten wird hier eine große Auswahl an regionaltypischen Gerichten, die sehr gut schmecken. Sowohl der Kellner als auch der Koch sind sehr bemüht, die Gäste zufrieden zu stellen. Das Preis-Leistungs-Verhältnis stimmt. Empfehlenswert ist das 3-gängige Tagesmenü.

200 C2 Plaza Calvario 16, Capileira
958 76 34 14
tgl. 13–16, 20–22.30 Uhr

Restaurante Ibero €€

Der Familienbetrieb nahe der Kirche bietet preisgünstige Hausmannskost, aber auch Gerichte wie Currys, Dhal und Couscous sowie zahlreiche vegetarische Speisen (leckere Gemüse-Omeletts). Im Restaurant herrscht eine locker-lebendige Atmosphäre bei schnellem und effizientem Service. Gute Weinauswahl.

200 C2 Calle Parra 1, Capileira
653 93 50 56

Restaurante Ruta de Las Nieves €€

Das Restaurant wirkt ländlich mit seiner Holzbalkendecke und den traditionellen Möbeln. Von der Terrasse aus hat man einen schönen Blick übers Tal. Neben preiswerten *raciones* wie pikantem Huhn *(pollo en salsa)* oder Schinken und Kroketten *croquetas)* gibt es ein günstiges Tagesmenü mit Forelle, Schinken, den typischen Bratwürsten, Eiern mit Schinken und *patatas pobres* (Bratkartoffeln mit Zwiebeln und Knoblauch) als Beilage.

200 C2 Carretera de la Sierra s/n, Capileira 958 76 31 06
tgl. 13.30–16 und 20.30–22.30 Uhr

ALMERÍA

Casa Puga €€

Die Kneipe im Zentrum von Almería, existiert seit 1870. Beliebt ist sie wegen ihrer Tapas: Die kleinen Fisch- und Fleischgerichte sind legendär – großes Angebot, und auch die Qualität stimmt. So wundert es nicht, dass das Lokal mittags und abends immer gut besucht ist. Man steht gemütlich an der Theke oder man isst im Comedor, im Speisesaal, an einem kleinen Tisch neben den großen Tonfässern mit dem Hauswein.

201 E2 Calle Jovellanos 7
950 23 15 30; www.barcasapuga.es
Mo–Sa 12–16, 20–24 Uhr

Restaurante Valentín €€€

Das Valentín ist eines der bekanntesten Restaurants von Almería und in dieser Straße eine von mehreren guten Adressen. Spezialitäten sind Meeresfrüchte wie *cazuela de rape* (gebackener Seeteufel in einer Soße aus Mandeln und Pinienkernen) und *langosta* (Hummer). Die Atmosphäre ist gemütlich, das Interieur typisch andalusisch mit dunklem Holz, unverputztem Mauerwerk und weißem Anstrich. Wenn Sie einmal etwas zu feiern haben, dann gönnen Sie sich hier das *menu degustación*.

201 E2 Calle Tenor Iribarne 19
950 26 44 75; www.restaurantevalentin.es
Mo und im Sept. geschlossen

Torreluz Mediterranéo €€€

Das Restaurant ist eines der schicksten der Stadt. Zur Innenausstattung gehören Brokatstühle, Glasmalerei und Blattgold, die Bedienung ist diskret und aufmerksam, die Gerichte sind mit frischen Zutaten schmackhaft zubereitet. Spezialitäten: *cochinillo* (Spanferkelbraten) aus dem Holzofen, gegrilltes Fleisch, frischer Fisch.

201 E2 Plaza Flores 1
950 28 14 25 Mo–Sa 13.30–16 und 20.30–24 Uhr

Wohin zum ... Einkaufen?

In den Provinzen Granada und Almería blickt man auf lange Handwerkstraditionen zurück. Diese reichen von Holzarbeiten mit Intarsien aus Granada bis hin zu bunten Töpferwaren aus Níjar oder Textilien und Kleidung aus den Alpujarras.

GRANADA

Das Hauptshoppinggebiet der Stadt liegt zwischen den beiden wichtigsten Durchgangsstraßen, der Calle Reyes Católicos und der Gran Vía de Colón. In der **Reyes Católicos** finden sich mehrere kleine, recht trendige Modegeschäfte. Ein paar Meter von hier entfernt liegt die **Alcaicería**, ein pseudoarabischer Suk, vollgepfropft mit Andenkenläden, die u.a. Messing- und Kupferarbeiten, geprägtes Leder und Töpferwaren. In der Nähe liegt die schmale Fußgängerzone **Zacatín** mit einer guten Auswahl an Bekleidungs- und Souvenirläden. Typische Andenken aus Granada sind die *taraceas* (Holzeinlegearbeiten), die in mehreren Geschäften in der **Cuesta de Gomérez** angeboten werden, einer engen Straße, die steil von der Plaza Nueva zur Alhambra hinaufführt. Eine sehr gute Adresse ist **González Ramos Taller de Taracea** (Cuesta de Gomérez 16, Tel. 958 22 70 62). In dieser Straße ließen sich neben Andenkenläden einige der besten Gitarrenbauer Andalusiens nieder. Artikel aller Art führt das Kaufhaus **El Corte Inglés** zwischen der Carrera de la Virgen und Acero del Darro, der breiten Verlängerung der Calle Reyes Católicos. Zu den besten Lebensmittelläden zählt die breit sortierte **Mantequería Castellano** (Calle Almireceros 6, Tel. 958 22 12 25) gleich bei der Gran Vía de Colón gegenüber der Kathedrale. In der **Calderería Vieja** und **Calderería Nueva** im Herzen des Albaicín findet man eine ganze Reihe von Läden, die arabische Gewürze, Parfüm, Essen und Andenken verkaufen. Lederwaren, zum Beispiel Taschen, Geldbörsen und Untersetzer, finden Sie bei **Eduardo Ferrer Lucena** (Calle del Agua 19, Tel. 958 27 90 56).

LAS ALPUJARRAS

In den Oberen Alpujarras werden in Dorfläden, zum Beispiel in Pampaneira (► 94 f), Souvenirs, Tonwaren und traditionelle *jarapas* (Läufer und Bettüberwürfe) verkauft. In Pampaneira lohnt die **Bodega La Moralea** (Calle Verónica 12, Tel. 958 76 32 25) einen Besuch. In großer Auswahl gibt es dort sowohl einheimische Nahrungsmittel als auch Kunsthandwerkliches. In Bubión (► 95) folgt man der Beschilderung zur **Taller del Telar** (Calle Trinidad, Tel. 958 76 31 71, www.tallerdeltelar.com) mit exquisiten Textilien und Stoffen. Den leckeren luftgetrockneten *serrano*-Schinken ersteht man am besten in Trevélez (► 96).

STADT UND PROVINZ ALMERÍA

Die Haupteinkaufszone von Almería ist die **Calle de las Tiendas** mit vielen kleinen Gassen ringsum. Auf dem **Morgenmarkt** in der Calle Aguilar de Campo beim Paseo de Almería herrscht buntes Treiben. Wer etwas edlere Tonwaren erstehen möchte, der fährt nach Níjar (► 101), wo es auch leuchtend bunte *jarapas* gibt. Man halte hier nach **La Tienda de los Milagros** (Callejón del Artesano 1, Tel. 950 36 03 59) Ausschau, denn das Angebot an Tonwaren ist dort besonders fantasievoll. Schöne Keramik gibt es außerdem in Sorbas (► 103), wo die Ateliers im unteren Stadtviertel eher funktionale Produkte anbieten. Kunstvoll gestaltete Töpferobjekte finden Sie etwa in der **Alfarería Juan Simón** (San Roque 21, Tel. 950364083).

Wohin zum ... Ausgehen?

Die Website www.granadatur.com informiert ausführlich über Veranstaltungen in Granada. Die Tageszeitung der Stadt, *Ideal*, gibt Ausgehtipps in spanischer Sprache.

NACHTLEBEN

Viele Clubs und Musikbars in Granada vor allem zwischen der Calle Martinez de la Rosa und der Calle Pedro Antonio de Alarcon haben sich auf die vielen Studenten eingestellt und sind daher recht günstig. Ein bisschen edler ist die Diskothek **Boom Boom Room** (Carcel Baja 10, Tel. 608666610, http://boom boomroom.es) gleich bei der Gran Vía de Colón in der Nähe der Kathedrale. Das Publikum ist hier trendiger, dementsprechend höher als andernorts sind auch die Preise.

Ebenfalls ein trendiges Szenelokal, aber nicht ganz so teuer ist das **El Camborio** (Camino del Sacromonte). Hier gibt es neben mehreren Tanzflächen auch eine Gartenterrasse mit Blick auf die Alhambra. Vor Mitternacht ist nichts los. Almería bietet rund um die Calle San Pedro mehrere Musikbars, im Sommer werden am Paseo Maritimo am östlichen Ende der Rambla de Belén in Richtung Meer **Discozelte** aufgestellt. Sie sind recht laut und für Jugendliche gedacht, aber die Jugendlichen in Spanien haben kein Problem mit den Älteren, und so kann hier jeder vorbeischauen.

TANZ

Das **Teatro Alhambra** (Calle de Molinos 56, Tel. 958028000) in Granada bringt Flamenco, Ballett und modernen Tanz sowie spanische Stücke auf die Bühne.

In Granada gibt es eine Reihe von Flamencobühnen: **Bar Liberia** (Duquesa 8, Tel. 958270411), **El Curro** (Camino del Sacromonte 85, Tel. 658688969), **Peña la Platería** (Placeta de Toqueros 7, Tel. 958 227712, www.laplateria.org), **Pibe Peña Las Cuevas del Sacromonte** (Camino del Sacromonte 41, Tel. 620182663), **Sala Vimaambi** (Cuesta de San Gregorio 30, Tel. 958227334, www.vimaambi.com).

AKTIVITÄTEN IM FREIEN

In der Sierra Nevada und in den Alpujarras gibt es im Freien viel zu unternehmen.

Die Alpujarras sind zum **Wandern** ideal, und wer geübt sowie gut ausgerüstet ist, kann die Gipfel der Sierra Nevada stürmen. Bücher und Landkarten erhält man im **Nevadensis** (Plaza de la Libertad, Pampaneira, Tel. 958763127), dem hilfreichen Informationsbüro des Parque Natural Sierra Nevada. Wer **reiten** möchte, setzt sich mit **Dallas Love** (Bubión, Tel. 608 453802) oder **Cabalgar Rutas Alternativas** (Bubión, Tel. 958763135, http://ridingandalucia.com) in Verbindung, die vom Ausritt bis zur achttägigen Trekkingtour alles organisieren. Spaß am Abenteuer hat man beim Klettern und Paragleiten, aber auch bei Wanderungen und Ausritten. Informationen bieten Nevadensis (➤ oben) oder **Rustic Blue** (Barrio la Eremita, Bubión, Tel. 958763381, www.rusticblue.com). Freunde des **Wassersports** fahren zum Cabo de Gata (➤ 101), wo **Puerto Deportivo de San José** (San José, Tel. 950380041; www.club nauticodesanjose.com) Informationen für Sie bereithält.

Córdoba und Jaén

Kleine Erlebnisse

Kühler Klassiker Gazpacho

Die kalte Gemüsesuppe schmeckt vorzüglich im **El Churrasco** in **Córdoba** (➤ 135), wo den Gästen weiße Gazpacho serviert wird.

Vía Verde del Aceite

Mit dem Rad passiert man 13 beeindruckende Viadukte auf dem 128 km langen ausgedienten Eisenbahngleis von Jaén nach Puente Genil in der Provinz Córdoba (www.viasverdes.com).

Für Frühaufsteher

Von Montag bis Samstag ist zwischen 8.30 und 9.30 Uhr der Eintritt frei in die Mezquita von **Córdoba** (➤ 115ff). Der frühe Besuch lohnt: Das Morgenlicht schafft hier eine unvergleichliche Atmosphäre!

Erste Orientierung

Kunst oder Natur? Am besten beides wie hier im Norden des Landes. Nirgendwo sonst in Andalusien findet man mehr Renaissancebauten als in Úbeda und Baeza in der Provinz Jaén. Und nirgendwo auf der Welt wachsen mehr Olivenbäume. Die Gebirge im Nordosten sind Wunderkammern der Natur. Córdoba in der gleichnamigen, sich westlich an Jaén anschließenden Provinz, galt im Mittelalter als reichste und größte Stadt des Abendlandes.

Heute erinnern die Mezquita, die älteste Moschee Europas, und die Ruinenstadt von Medina Azahara an den Glanz von damals. Aber in Córdoba gibt es noch mehr zu entdecken: stille Plätze, blumige *patios* und ein Hinterland voll barocker Pracht.

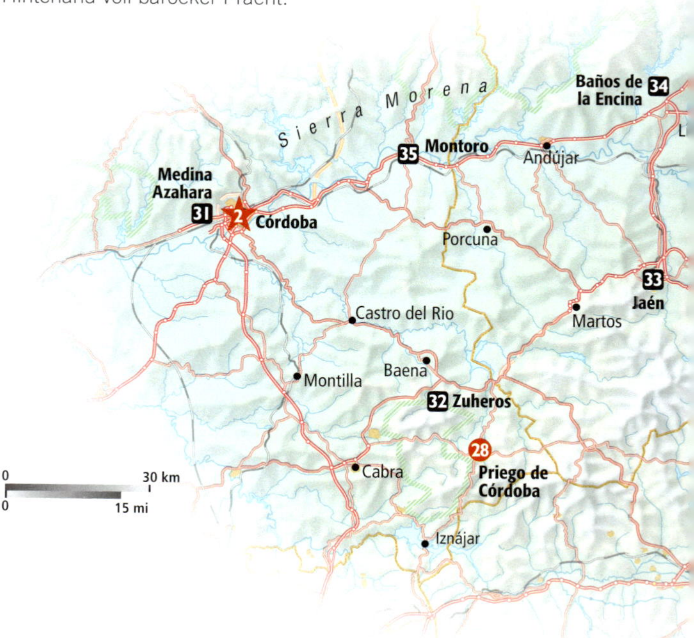

Die Provinz Jaén ist nicht ganz so gut zu erreichen und auch nicht so attraktiv wie die Nachbarprovinz, hat aber auch ihre Schätze vorzuweisen. In der Stadt Jaén erhebt sich eine gewaltige Kathedrale, zudem herrscht hier ein reges kulturelles Leben. Mehr Charme versprühen jedoch

TOP 10

Nicht verpassen!

Lust und Laune!

die rund zehn Kilometer voneinander entfernt liegenden Zwillingsstädte Úbeda und Baeza. Beide entwickelten sich im 16. Jh., dem goldenen Zeitalter Spaniens, und wurden zu Vorbildern für die Renaissancekunst in Spanien und Lateinamerika. Wie die Altstadt von Córdoba stehen auch Úbeda und Baeza auf der Liste des von der UNESCO geschützten Weltkulturerbes. Wer gerne etwas im Freien unternimmt, findet in der schönen Bergwelt der Sierra de Cazorla an der Ostgrenze von Jaén Ruhe und Frieden für erholsame Wanderungen durch die Wälder und kann dabei auch einige der verstreut gelegenen Dörfer erkunden.

Linke Seite: Ein weißes Haus reiht sich in Bedmar ans andere: Dörfer wie dieses setzen auffällige Zäsuren in der gebirgigen Landschaft der Provinz Jaén.

Rechts: der Alcázar von Córdoba

In fünf Tagen

Erkunden Sie das maurische Córdoba, fahren Sie durch das Weinbaugebiet zu den Barockschätzen von Priego de Córdoba. Durch die Olivenhaine der Provinz Jaén geht es weiter zu den Renaissanceorten Baeza und Úbeda und schließlich durch die bergige Sierra de Cazorla zurück nach Córdoba.

Erster Tag

Vormittags

Besichtigen Sie die von schönen Gärten (rechts) umgebene **Mezquita** (➤ 115) von 2 **Córdoba**, bummeln Sie durch die **Judería** (➤ 119), und schauen Sie sich die alte **Synagoge** (➤ 119) an. Mittagessen gibt es im Pepe de la Judería oder im El Rincón de Carmen, beide in der Calle Romero.

Nachmittags

Erkunden Sie den Palast und die Gärten des **Alcázar de los Reyes Cristianos** (➤ 120), und halten Sie eine kurze Siesta. Genehmigen Sie sich anschließend ein paar *tapas*, oder genießen Sie ein opulentes Abendessen, ehe Sie im Tablao Cardenal (➤ 138) gegenüber der Mezquita klassischen Flamencoklängen lauschen.

Zweiter Tag

Vormittags

Spazieren Sie durch die ruhigeren Straßen östlich der Mezquita, oder statten Sie den weniger bekannten Sehenswürdigkeiten von Córdoba einen Besuch ab, zum Beispiel dem **Museo Arqueológico** (➤ 120) oder dem **Palacio Museo de Viana** (➤ 121).

Nachmittags

Richtung Südosten geht es durch das Weinbaugebiet Montilla nach 28 **Priego de Córdoba** (➤ 124), wobei man in dem reizenden Bergdorf 32 **Zuheros** (➤ 130) haltmachen kann. In Priego lässt man im weichen Licht des Spätnachmittags oder frühen Abends die schönen Barockkirchen und Brunnen sowie die hübsche Altstadt, den Barrio de la Villa, auf sich wirken.

Dritter Tag

Vormittags
Fahren Sie über die Panoramastraße nördlich von Priego und über die A316 ostwärts nach 33 **Jaén** (➤ 131), und besichtigen Sie dort die Kathedrale (links) und die Arabischen Bäder. Anschließend geht es dann weiter bis nach 29 **Baeza** (➤ 126).

Nachmittags
Schauen Sie die Renaissancegebäude von Baeza an, und genießen Sie den Abend am Paseo de la Constitución. Übernachten Sie in Baeza.

Vierter Tag

Vormittags
Frühstücken Sie mit den Einheimischen in der Cafetería Mercantil an der Ecke der Plaza de España, und fahren Sie dann 50 Kilometer bis **Cazorla** (➤ 128), am Westrand der Sierra de Cazorla.

Nachmittags
Machen Sie nach dem Essen eine Spazierfahrt mit sehr schönen Ausblicken in den 30 **Parque Natural de Cazorla y Segura** (➤ 128f), oder streifen Sie durch die Kiefernwälder. Übernachtung in Cazorla.

Fünfter Tag

Vormittags
Richtung Westen geht es nach 5 **Úbeda** (➤ 122f), zur von Prachtbauten gesäumten Plaza de Vázquez de Molina. Planen Sie Zeit für das Museo de Alfarería (Keramikmuseum) und, wenn möglich, für die Calle de Valencia (➤ 137) ein, wo Sie besonders schöne Keramikarbeiten bewundern können.

Nachmittags
Fahren Sie nach dem Essen zurück nach 2 **Córdoba**. Unterwegs lohnt ein Besuch des hoch gelegenen Dorfes 34 **Baños de la Encina** mit seiner gewaltigen maurischen Burg.

2 Córdoba

Die nach Sevilla bedeutendste Stadt Andalusiens liegt auf einer zum Guadalquivir sanft abfallenden Ebene am Fuß der Sierra de Córdoba, eines Ausläufers der Sierra Morena. Enge gewundene Gassen, kleine Plätze, weiß getünchte Häuser, zumeist mit den so typischen hübschen *patios* – Córdoba besitzt einen der größten Altstadtkerne aller spanischen Provinzstädte und dazu die fantastische Mezquita.

Die Mezquita überragt Córdoba.

Schon in altiberischer Zeit gab es hier am Knie des Betis (Guadalquivir) eine Siedlung, die dem Karthager Hannibal für seinen Kriegszug über die Alpen Söldner zur Verfügung stellte. Unter den Römern stieg der Colonia Patricia getaufte Ort 152 v. Chr. zur Hauptstadt der Provinz Hispania Ulterior auf. Im 4. Jh. n. Chr. wurde es Bischofssitz und geriet schließlich unter byzantinische Herrschaft, die die heftig wütenden Vandalen beendeten. Im 8. Jh. von den Mauren besetzt, verwandelten die islamischen Herrscher Córdoba innerhalb von 200 Jahren in eine schillernde, mit Bagdad und Damaskus wetteifernde Stadt. 1236 fiel Córdoba an die Christen, die den Ort vernachlässigten und dem Niedergang preisgaben. Erst im 20. Jh. blühte die Stadt als Zentrum für Leichtindustrie, Ackerbau und Tourismus wieder auf.

---

199 E4

Touristeninformation
Plaza del Triunfo (gegenüber Alcázar), Plaza de las Tendillas, am Bahnhof
902 20 17 74; www.turismodecordoba.org

Die Mezquita

Vom maurischen Córdoba hat viel überdauert, das bedeutendste Architekturzeugnis aber ist die Mezquita. An Schönheit und Ausmaßen kann sie mit den großen Moscheen von Mekka und Damaskus, in Kairo und Istanbul konkurrieren. Diese älteste Moschee Europas entstand ursprünglich zwischen dem 8. und 12. Jahrhundert. Bemerkenswert sind der christliche Chor und Hochaltar im Zentrum des Gebäudes, die im 16. Jh. nach der Reconquista hinzugefügt wurden.

Charakteristisch für den maurischen Stil sind die massiven Außenmauern der Mezquita. Dekor spielte in der Außengestaltung kaum eine Rolle – vielmehr kam es beim Bau öffentlicher Gebäude darauf an, dass sie stets auch zu Verteidigungszwecken genutzt werden konnten. So deuten nur die Steinmetzarbeiten an den Torbögen auf die überwältigenden Schätze hin, die einen im Innern erwarten.

Man geht durch die Puerta de Perdón neben der Torre de Alminar in den **Patio de los Naranjos** (Orangenhof), wo die muslimischen Gläubigen einst ihre rituellen Waschungen vornahmen. Am Kiosk an der rückwärtigen Wand des Hofes kauft man Eintrittskarten für die Moschee, in die man durch die bescheidene Puerta de las Palmas direkt gegenüber der Puerta del Perdón gelangt. Innen verzweigen sich ganze Säulenwälder in alle Richtungen. Mehr als 850 Säulen – einige eher schlicht gehalten, andere mehrfarbig prunkend aus Marmor, Jaspis und Onyx – tragen halbrunde und hufeisenförmige Bögen, die abwechselnd aus rotem Ziegel und weißem Stein gefertigt sind. Sie lassen den Raum der Moschee außergewöhnlich tief, zugleich aber intim und geheimnisvoll wirken.

Der berühmte Säulenwald in der Mezquita von Córdoba

Die ehemalige Hauptmoschee …

… des westlichen Islam – eine der größten Moscheen der Welt – und heutige Kathedrale (Mezquita-Catedral) ist die bedeutendste Schöpfung maurisch-religiöser Baukunst in Spanien. Eher schlicht im Äußeren, beeindruckt sie im Inneren mit einem »Wald« von über 850 Säulen aus Jaspis, Onyx, Marmor und Granit, die in Doppelarkaden angeordnet sind und zweifarbige Hufeisenbögen tragen.

Die Mezquita von Córdoba hat eine Fläche von 23 000 m² und bot 25 000 Gläubigen Platz. Hier zum Vergleich die drei derzeit größten Moscheen der Welt: Die Al-Haram-Moschee in Mekka soll nach ihrer Erweiterung rund 456 000 m² groß sein und 1,2 Mio. Gläubigen Platz bieten. Die Scheich-Zayid-Moschee in Abu Dhabi hat 38 976 m² und Platz für 40 000 Gläubige, die Hassan-II.-Moschee in Casablanca 20 000 m² und Platz für 25 000 Gläubige.

1 Maksûra Ursprünglicher Kalifen-Gebetsraum.
2 Kathedrale Bischof Alonso Manrique beschloss 1523 die Errichtung einer großen Kathedrale inmitten des islamischen Gebetsraums. Sie wirkt in ihrer Stilmischung aus Gotik und Renaissance als architektonischer Fremdkörper.
3 Campanario (Glockenturm) Nach dem Bau der Kathedrale um 1599 begann man mit dem Umbau des Minaretts zum Glockenturm. Den Turm krönt ein Standbild des Erzengels Raphael, des Schutzheiligen der Stadt.
4 Mauer Das Bauwerk umgibt eine neun bis 20 Meter hohe Mauer mit turmartigen Strebepfeilern und den klassischen Schmuckelementen des Islam – rot-weiße Hufeisenbögen, florale und geometrische Ziermuster und kufische Schriftbänder.
5 Wasserbecken An großen, nicht sämtlich erhaltenen Wasserbecken wurden die rituellen Waschungen vorgenommen, ehe man die einst zum Hof hin offene Gebetshalle betrat.
6 Muslimischer Gebetsraum Mehr als 850 Säulen tragen die Bögen mit den abwechslend rot-weißen Keilsteinen aus Kalkstein und Ziegeln. In der Mezquita waren weder Wege noch Richtung vorgegeben, jede beliebige Stelle war ihr Mittelpunkt: Für den gläubigen Muslim ist jeder Platz, an dem er seine Gebete verrichtet, Allah gleich nah. Damals drang Tageslicht durch die heute zugemauerten Pforten, und tausende brennende Öllämpchen erhellten den Raum zusätzlich.
7 Mihrâb Nuevo (Neuer Mihrâb) Unübertroffen: die Gebetsnische des Vorbeters. Das Allerheiligste der Moschee weist gen Mekka. Die aus einem einzigen Marmorblock gehauene, die Weltmuschel symbolisierende Kuppel strömt über von floralen und geometrischen Mustern, Koranversen und Mosaiken, die byzantinischen Künstlern zu verdanken sind.
8 Capilla del Cardenal Hier wird der Kirchenschatz aufbewahrt: Größte Kostbarkeiten sind eine silberne Monstranz (1510–1516) und ein Prozessionskreuz von Enrique de Arfe, neun Heiligenstatuen, ein Elfenbeinkruzifix von Alonso Cano sowie arabische Handschriften (9./10. Jh.).
9 Arkaden Unter den Arkaden an der Nordseite trafen sich Studenten und Lehrer, um zu disputieren. Westlich des Glockenturms gaben die Ärzte Auskunft, östlich sprachen die *qadi* Recht.

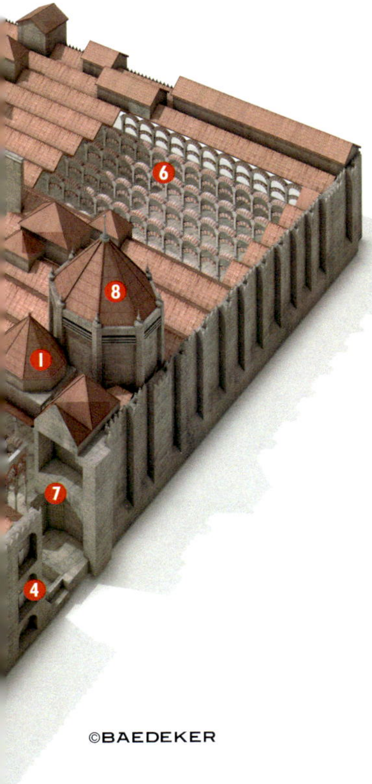

Unter den Mauren fiel zu den Gebetszeiten durch die geöffneten Türen Licht vom Patio de los Naranjos, doch diese Türen bleiben heute stets verschlossen.

Das schönste Beispiel für islamisches Dekor findet sich am Ende des Gebäudes. Wo der breiteste Gang aufhört, liegt die *maksura* – jener Bereich, in dem einst die Kalifen beteten, mit dem *mihrâb*, der nach Mekka ausgerichteten Gebetsnische. Allerdings handelt es sich hier nicht im Wortsinn um eine Nische, sondern um eine separate Kammer, in die man durch einen herrlichen Hufeisenbogen gelangt. Eine Absperrung hält die vielen Besucher in respektvollem Abstand – doch selbst von dort aus wird man überwältigt vom Licht, das sich in den farbigen Mosaiken der Wände und des Daches spiegelt. Die zentrale Kuppel unmittelbar vor dem *mihrâb* wird von Kreuzrippen getragen, die einen Stern bilden – eine damals neue Bauweise, die später von christlichen Baumeistern in ganz Europa kopiert wurde.

Statt Heiligenbildern überziehen florale Muster den *mihrâb* in der Mezquita.

In der Mitte der Mezquita wurden im Jahr 1523 von Córdobas christlichen Herrschern ein offener **Kathedralenchor** und die **Capilla mayor**, eine Kapelle mit Hochaltar, hinzugefügt. König Karl V. zeigte sich »not amused«, als er sah, wie in die Mezquita diese Elemente christlicher Kathedralenarchitektur eingebohrt worden waren: Er hatte den Plan zwar ursprünglich unterstützt, war aber über das Resultat entsetzt und beschuldigte den Bischof von Córdoba, »das einzigartigste Bauwerk der Welt« zerstört zu haben.

Tatsächlich wirken diese Elemente in der Moschee wie ein Fremdkörper, das Gesamtkunstwerk als solches wird davon allerdings nur unwesentlich beeinträchtigt. Chor und Kapelle haben nämlich keine Mauern und werden von den maurischen Säulen, die sie umgeben, kaschiert. Für sich allein betrachtet, sind diese Elemente aus Gotik und Renaissance nicht minder schön – das gilt auch für das herrlich geschnitzte barocke Chorgestühl und die gedrehten Säulen der Mezquita.

Nach dem Abzug der Mauren kamen im Jahr 1258 noch die **Capilla Real** und im 14. Jh. die **Capilla de Villaviciosa** hinzu, in der sich ein *mihrâb* aus dem frühen 9. Jh. befindet. Beide Kapellen sind in schönstem *mudéjar*-Stil (► 12) gehalten.

202/203 D2 Calle Torrijos 10 957 47 05 12
März–Okt. Mo–Sa 10–19, So 8.30–11.30, 15–19 Uhr,
Nov.–Feb. Mo–Sa 10–18, So 8.30–11.30, 15 bis 18 Uhr 8 €
Von Montag bis Samstag ist zwischen 8.30 und 9.30 Uhr der Eintritt frei.
Die Messen finden sonntags um 12 und 13.30 Uhr statt.

Die Judería und der Alcázar

Nördlich der Mezquita beginnt die Judería, das alte jüdische Viertel. Enge Gassen, weiß getünchte Häuser, mit Pflanzen vollgestellte Innenhöfe und lauschige Plätze schaffen eine eigene Atmosphäre.

Rund um die Mezquita sind die Straßen voll von Andenkenläden, doch stößt man immer wieder auf verschwiegene Ecken wie den mit Blumen geschmückten Callejón de las Flores, eine enge Sackgasse, deren Mauern den Glockenturm der Mezquita einrahmen. Im Herzen der Judería liegt an der Plaza Maimónides das **Museo Taurino** (Stierkampfmuseum) mit Stierköpfen und Insignien blutrünstiger Tapferkeit. Links vom Museum gelangt man in der Calle Judíos zur beeindruckenden Statue von Moses Maimónides, dem großen jüdischen Philosophen und Theologen aus dem 12. Jh., der in Córdoba geboren wurde. Etwas weiter steht die kleine, gut erhaltene **Synagoge** aus dem 14. Jh., die einzige, die seit der Vertreibung der Juden im Jahr 1492 in Andalusien erhalten blieb. In der Nähe befindet sich die moderne Rekonstruktion eines **Zoco**, eines arabischen Markts; Kunsthandwerksläden und eine Bar gehen auf einen reizenden *patio* hinaus. Die Calle Judíos führt zur

In Córdobas Judería finden sich zwischen Souvenirläden und Lokalen schöne *patios*.

Alcázar de los Reyes Cristianos
202 C2 Plaza Campo Santo de los Mártires 957 20 17 16
Di–Sa 8.30–15, So 8.30–14.30 Uhr 4,50 €

Museo Taurino
202 C2 Plaza Maimónides 957 20 10 56
Di–Sa 8.30–15, So 8.30–14.30 Uhr 4 €

Capilla Mudéjar de San Bartolomé
203 C3 Averroes 957 21 88 31 Di–So 10.30–13.30 Uhr 1,50 €

Sinagoga (Synagoge)
202 C2 Calle Judíos 20 957 20 29 28 tgl. 9–14.45 Uhr
für EU-Bürger frei, sonst 0,30 €

Puerta de Almodóvar, einem Tor aus dem 14. Jh. in der alten Stadtmauer von Córdoba.

Jenseits der Judería steht am Fluss der **Alcázar de los Reyes Cristianos** (Palastburg der christlichen Könige). Er wurde im späten 13. Jh. von den christlichen Eroberern von al-Andalus errichtet und sollte den maurischen Alcázar ersetzen, der sich neben der Mezquita befand. Er diente jahrhundertelang der Inquisition als Zentrum und wurde im 19. Jh. als Gefängnis genutzt. Heute lassen die herrlichen Gärten mit Brunnen und Wasserbecken die grausige Vergangenheit vergessen. Die verbliebenen Gebäude sind relativ schlicht, doch wurden einige schöne Mosaiken aus der römischen Epoche hier zusammengetragen.

Weitere Sehenswürdigkeiten

Nördlich der Mezquita erstreckt sich ein Viertel mit engen Gassen, das viel weniger besucht ist als die Judería (➤ 119). Dort befindet sich Córdobas **Museo Arqueológico** (Archäologisches Museum) in einem Renaissancegebäude, dem Palacio de los Paéz, an der von Bäumen beschatteten Plaza Jerónimo Páez. Der Palast hat Kassettendecken und elegante Treppenhäuser, ausgestellt sind Exponate aus prähistorischer Zeit sowie aus den Epochen der Römer und der Mauren. Zu den Höhepunkten zählen römische Mosaiken und die edle Bronzefigur eines Hirschs, die in Medina Azahara, den Ausgrabungen einer Palaststadt aus dem 10. Jh. (sechs Kilometer westlich von Córdoba), gefunden wurde (➤ 130). Unweit des Flusses liegt die **Plaza del Potro** (Fohlenplatz) mit der Statue eines sich aufbäumenden Pferdes auf dem Brunnen in der Mitte. Auf dem Platz fand früher der Viehmarkt statt; hier entdeckte der Schriftsteller Luis de Góngora (1561–1627) Vorbilder für seine Protagonisten. Am westlichen Ende des Platzes befindet sich die Posada del Potro, die schon im *Don Quijote* von Cervantes erwähnt wird und heute eine Casa del Flamenco beherbergt. Gegenüber steht das Hos-

Verlässt man das Labyrinth der Gassen in Córdobas jüdischem Viertel, locken gleich weitere Attraktionen wie hier der Alcázar.

pital de la Caridad, in dem das **Museo de Bellas Artes** (Museum der schönen Künste) untergebracht ist. Die verzierten Decken der Räume im Erdgeschoss sind ebenso schön wie einige der Gemälde. Die Sammlung bietet Werke von Zurbarán, Goya und Murillo. Auf der anderen Seite des *patio* in der Mitte widmet sich ein weiteres Museum einem Künstler aus Córdoba, Julio Romero de Torres, der für seine recht kitschigen erotischen Darstellungen bekannt ist.

Im Herzen der Neustadt speien die Brunnen an der **Plaza de las Tendillas** Wasser. Wer in einem Café Platz nimmt, hört die Uhr Flamencoklänge von sich geben. Von hier kann man Richtung Westen die Einkaufsstraße Conde de Gondomar bis zur Fußgängerzone, der Avenida del Gran Capitán, hinunterbummeln.

KLEINE PAUSE

Beginnen Sie den Abend mit einem Sherry in der beliebten Bar **El Caballo Rojo** (Calle Cardenal Herrero 28), die zu den ältesten Lokalen der Stadt zählt.

BAEDEKER TIPP

- Alcázar, Museo Taurino und Museo Julio Romero: **freier Eintritt** Mi–Fr. 8.30 bis 10.30 Uhr (außer an Feiertagen); Kombiticket 8,40 €.
- Die **Öffnungszeiten** der Sehenswürdigkeiten und Museen in Córdoba ändern sich häufig. Checken Sie die Angaben vor der Reise im Internet: **www.turismodecordoba.org** (linke Leiste: Horarios monumentos y museos).
- In der ersten Maiwoche findet in Córdoba die **Fiesta de los Patios** statt. Dann sind die mit Blumen geschmückten Höfe der Privathäuser öffentlich zugänglich; zur Untermalung wird auch Musik, vor allem Flamenco, geboten.
- Der **Palacio Museo de Viana** (Plaza de Don Gome 2; Tel. 957496741; Eintritt: 8 €) aus dem 14. Jh. hat 12 *patios*, jeder mit einem Brunnen, mit Rosen, Jasmin, Bougainvilleen und Geranien. Die Führungen (auf Spanisch) durch die Räume sind oft recht überlaufen.
- In der Bar **Casa Pepe »De la Judería«** (€€; Calle Romero 1) werden *tapas* der etwas edleren Sorte serviert, im Restaurant entsprechend gehobene cordobesische Küche. Plus: Von der Dachterrasse hat man einen schönen Ausblick.
- **Muss nicht sein:** Die **Torre de Calahorra** auf der gegenüberliegenden Seite der Puente Romano sieht zwar recht eindrucksvoll aus. Den Besuch des darin untergebrachten Museums kann man sich allerdings durchaus sparen. Es zeigt das Zusammenleben von Christen, Moslems und Juden in Córdoba des Mittelalters in einem allzu romantischen Bild.

Museo Arqueológico
203 D3 Plaza Jerónimo Páez
957 35 55 17
Di–So 9–15.30 Uhr (im Winter 10–20.30 Uhr) für EU-Bürger frei, sonst 1,50 €

Museo de Bellas Artes
203 E3 Plaza del Potro 1
957 10 36 59
Di–So 9–15.30 Uhr
(im Winter 10–20.30 Uhr)
für EU-Bürger frei, sonst 1,50 €

Museo Julio Romero de Torres
203 E3 Plaza del Potro 1
957 47 03 56 Di–Sa 8.30–15, So 8.30–14.30 Uhr
Eintritt 4,50 €

5 Úbeda

Im Mittelalter war das Wort »Úbeda« gleichbedeutend mit »aus dem Sinn«. Bis heute sagt man in Spanien zu vergesslichen oder verträumten Menschen, dass sie »über die Hügel von Úbeda wandern«. Der Legende zufolge verpasste einst ein junger christlicher Ritter eine entscheidende Schlacht, weil er seine Geliebte, eine schöne Muslimin, besuchte. Als König Ferdinand III. wissen wollte, wo er gewesen war, antwortete der Ritter: »In den Hügeln, Majestät.«

Úbeda wartet mit einem architektonischen Kleinod auf. An der Plaza de Vázquez de Molina im Herzen der Stadt steht ein in Spanien einmaliges Ensemble prächtiger Renaissancegebäude. Der Platz wurde im Mittelalter von den vornehmsten Familien der Stadt angelegt, den Cobos und Molinas, die im 16. Jh. durch die Textilindustrie zu großem Reichtum kamen. Um sich ein steinernes Denkmal zu setzen, stellten beide Familien herausragende Baumeister und Künstler ein, etwa Andrés de Vandelvira und Alfonso Ruiz, die in der ersten Hälfte des 16. Jh.s ein auf Plänen von Diego de Siloé basierendes Meisterwerk der Renaissancearchitektur entwarfen, die einschiffige **Sacra Capilla del Salvador**. Stifter war der in der Krypta beigesetzte Francisco de los Cobos, Sekretär Kaiser Karls I. Die reliefgeschmückte Hauptfassade flankieren zwei niedrige Rundtürme. Im Bogen über dem Eingangsportal sieht man

Wichtigstes Ereignis im kirchlichen Jahreslauf ist die Semana Santa, die Karwoche. Wie hier in Úbeda wird sie vielerorts mit großen Prozessionen begangen.

200 C4

Touristeninformation
Hospital de Santiago, Avda Cristo Rey s/n ☎ 953 75 04 40; www.turismodeubeda.com

Sacra Capilla del Salvador
Plaza Vázquez de Molin tgl. 9.30–14.30, 16.30–19.30, So erst ab 11.30 Uhr 5 €

Museo San Juan de la Cruz
Carmen 13 ☎ 953 75 06 15 Di–So 11–13 und 17–19 Uhr 3,50 €

Prächtig ausgestattet ist die Apsis der Sacra Capilla del Salvador.

allegorische Darstellungen des Glaubens und der Gerechtigkeit sowie die Wappen der Los Cobos und der Molinas; darüber thront der von den Heiligen Petrus und Paulus eingerahmte Christus als Erlöser. Hinter einem prächtigen Chorgitter steht der *retablo*, den einzig eine Christusfigur schmückt: Sie ist der letzte Rest der 1936 im Bürgerkrieg verbrannten Figurengruppe »Verklärung Christi« von Alonso de Berruguete. Prachtvoll gestaltete Vandelvira die Sakristei, in der einiges Kirchensilber aufbewahrt wird. Andere bemerkenswerte Gebäude an der *plaza* sind der **Palacio de las Cadenas** (Kettenpalast), den Vandelvira für Juan Vázquez de Molina mit einer klassizistischen Fassade entwarf. Heute befindet sich hier das Rathaus. Das **Museo de Alfarería** (Keramikmuseum) im Untergeschoss des Palastes zeigt viele Beispiele der grün glasierten Keramik, die auf die Zeit der Mauren zurückgeht und Úbeda bekannt machte. Direkt gegenüber erhebt sich die Kirche **Santa María de las Reales Alcázares**, deren gotischer Kreuzgang auf den Fundamenten der früheren Moschee steht. Ein Stück weiter nördlich liegt der alte Marktplatz, die **Plaza del Primero de Mayo**, wo Stierkämpfe stattfanden und während der Inquisition Ketzer verbrannt wurden. Hier erheben sich auch das alte Rathaus mit seinen eleganten Arkaden und die Kirche **San Pablo** mit einem schönen gotischen Portal und einer Galerie. Schmale Straßen führen durch ein herrliches Tor aus dem 13. Jh. mit doppelten Hufeisenbögen, die Puerta de Losal, nach Norden. Um die Calle de Valencia liegen die Töpferateliers, aus denen die bekannte Úbeda-Keramik stammt (➤ 137).

KLEINE PAUSE

Lassen Sie sich bei einem Kaffee im *parador* (16. Jh.) an der Plaza de Vázquez de Molina (➤ 136) in die Renaissance zurückversetzen.

BAEDEKER TIPP

- Folgen Sie in Úbeda den Schildern mit der Aufschrift *Zona Monumental* zur Plaza de Vázquez de Molina: In der **Calle Real**, der langen, schmalen Straße zwischen dem Hauptplatz, der Plaza de Andalucia und der Plaza de Vázquez de Molina, finden sich Geschäfte, in denen die bekannten **Esparto-Grasarbeiten** verkauft werden.
- Gehen Sie rechts an der Capilla del Salvador vorbei zur **Plaza de Santa Lucía** hinunter. Vom dortigen **Aussichtspunkt** hat man einen schönen Blick über Olivenhaine bis zu den Bergen der Sierra de Cazorla, die im Dunst liegen.

28 Priego de Córdoba

Die ruhige Provinzstadt – ein Zentrum der Textilverarbeitung und Olivenölherstellung – liegt in herrlicher Berglandschaft am Rand des Naturparks Sierra Subbética. Der Seidenproduktion im 17. und 18. Jh. verdankt sie eine Periode des Wohlstands, was den Bau aufwendigst ausgestatteter Barockkirchen und schöner Brunnen ermöglichte. Im maurischen Viertel führen Gassen zwischen weiß getünchten, mit Blumen geschmückten Häusern hindurch.

Die Stadt entstand zur Zeit der Römer und wurde im 13. und 14. Jh. von Mauren und Christen umkämpft. Im Zentrum trifft man sich auf der **Plaza de Andalucía** und der angrenzenden **Plaza de la Constitución** zum morgendlichen Plausch. Das historische Priego erstreckt sich östlich der Plaza de Andalucía. Hier fällt neben anderen schönen Gebäuden das berühmteste Bauwerk der Stadt ins Auge, die **Iglesia de la Asunción**. Höhepunkt des im Äußeren schlichten weißen Gotteshauses ist im Inneren der Sagrario, den man durch das linke Seitenschiff betritt: Diese oktogonale, von Balustraden umlaufene Kapelle stattete Francisco Javier Pedrejas 1772–1784 mit biblischen Szenen in überschwänglichem Stuck aus. Den Pfeilern vorgesetzt sind Apostelfiguren, in der Mitte werden die Kirchenväter dargestellt.

Von der Plaza de Santa Ana an der Kirche führt die Calle Real in den **Barrio de la Villa**, wo an den weißen Hauswänden Körbe mit Geranien und Bougainvilleen hängen. Das Viertel ist für Autos gesperrt, nicht aber für Motorräder. Am östlichen Ende liegt der **Paseo de Adarve**, eine Promenade, von der aus man einen herrlichen Blick auf die Landschaft ringsum hat. Im Nordwesten des Viertels wartet die **Iglesia de San Pedro** mit einem schönen Altargemälde auf.

Die Calle del Río verläuft an der Iglesia del Carmen vorbei zu einer prächtigen Brunnenanlage. Deren älterer Teil, die **Fuenta de la Salud** (Gesundbrunnen) im oberen Teil der Anlage, wurde im 16. Jh. von Francisco del Castillo geschaffen und besteht aus einer manieristischen Vorderfront mit Polsterquadern, in deren Mitte sich ein Tempelchen mit der Virgen de la Salud befindet. Der neuere Brunnen

---

200 B3

Touristeninformation
Plaza de la Constitución 3 ☎ 957 70 06 25; www.turismodepriego.com

Parken
An der Plaza Palenque, am westlichen Ende der Carrera de las Monjas, gibt es einen Parkplatz. Allerdings ist dieser morgens schnell besetzt.

Iglesia de la Asunción
Plaza de Abad Palomino Di–Sa 11–13.30, So 10.30–12 Uhr

im unteren Teil, die weiße **Fuente del Rey** (Königsbrunnen), wurde erst im 19. Jh. fertiggestellt, erinnert in seiner monumentalen Form und den verspielten Details aber seinerseits an einen Barockgarten. Aus den Marmorschlünden von 139 Maskaronen strömt das Wasser ins Hauptbecken, in dessen Mitte der Wagen von Neptun und seiner Gemahlin Amphitrite die Wellen durchpflügt.

Die Fuente del Rey erinnert an einen Barockgarten.

KLEINE PAUSE

Wenn Sie sich am üppigen Barockdekor der Iglesia de la Asunción erfreut haben, sollten Sie im Restaurant Asador La Muralla (➤ 136) einkehren.

BAEDEKER TIPP

- Die Touristeninformation organisiert **Führungen** zu den schönsten Sehenswürdigkeiten der Stadt – eine gute Lösung, wenn man wenig Zeit hat. Reservierung empfohlen.
- Die **Kirchen** von Priego sind in der Regel von 11 bis 13 Uhr geöffnet, außerdem zur Morgenmesse.
- Die **Carnicerías Reales** unweit der Kirche San Pedro, ein Schlachthof und Markt aus dem 16. Jh., sind heute nicht mehr in Betrieb, jedoch architektonisch interessant. Der gepflasterte Hof des alten Markts ist von Arkaden umgeben, von den Sprossenfenstern blickt man über Olivenhaine. Gelegentlich Ausstellungen hiesiger Künstler.

29 Baeza

Umgeben von Oliven-, Getreide- und Weinfeldern entpuppt sich das hoch über dem Tal des Río Guadalquivir gelegene Baeza als architektonische Perle der Renaissance mit fast unverändert intakt gebliebenem, geschlossenem Stadtbild.

Am besten beginnt man seine Entdeckungstour an der **Plaza del Pópulo** mit ihren edlen Renaissancegebäuden. Sie heißt auch Plaza de los Leones, weil steinerne Löwen den verwitterten Brunnen zieren. Von diesem Platz blickt man auf die attraktive Fassade des alten Schlachthofs und den Zwillingsbogen, die maurische Puerta de Jaén sowie den Arco de Villalar aus dem 16. Jahrhundert. Am oberen Ende des Platzes steht die elegante Casa de Pópulo, das ehemalige Gericht, in dem sich heute die Touristeninformation befindet. Links davon gelangt man über einige Treppen, die Escalerillas de la Audiencia, in eine schmale Gasse, die Calle Romanones. Diese führt weiter zur Plaza Santa Cruz und zum **Palacio de Jabalquinto**. Dessen Fassade ist mit rautenförmigen Verzierungen versehen. Im – von doppelstöckigen Arkaden umgebenen, restaurierten – Hof steht ein Brunnen. Über eine Barocktreppe gelangt man ins Obergeschoss.

Dem Palast gegenüber wartet die kleine romanische **Iglesia de Santa Cruz** mit Resten westgotischer Bögen und der Moschee auf, die hier einst stand.

Von der nahe gelegenen Plaza Santa Cruz gelangt man zur ruhigen Plaza de Santa María mit einem Brunnen in der Mitte, der die Form eines Triumphbogens hat. Der Platz wird von der **Catedral de Santa María** beherrscht, deren weitläufiges Schiff aus der Renaissance stammt. Entworfen wurde es von Andrés de Vandelvira, auf den

Von Baeza aus blickt man in die Ebene der Provinz Jaén hinunter.

BAEDEKER TIPP

- Beim **Besuch der Kathedrale** sollte man ausreichend Kleingeld dabei haben. An der Westseite der Kirche befindet sich ein nicht sehr interessantes Gemälde des heiligen Petrus – wirft man jedoch eine Münze ein, gibt das Bild den musikalisch untermalten Blick auf die **silberne Monstranz** frei, die bei Prozessionen verwendet wird.
- **Nicht wundern:** Abends sind in Baeza auffällig viele Polizisten unterwegs. Bei den meisten handelt es sich um junge Leute, die an der Academia de Guardias de la Guardia Civil ihre Ausbildung absolvieren.
- Von der Plaza de Populo gehen Sie durch die Puerta de Jaén, folgen der Straße für 250 Meter und erreichen dann den **Paseo de las Murallas.** Auf dem Weg entlang der Klippe in Richtung Kathedrale haben Sie eine **sehr schöne Aussicht** auf die Umgebung.

auch viele Gebäude in Úbeda (➤ 122 f) zurückgehen. Den Hauptaltar ziert ein reich geschmückter Altaraufsatz, außerdem findet man zahlreiche *rejas* – schmiedeeiserne, die Seitenkapellen abtrennende Gitter. Die Kathedrale steht über den Fundamenten der alten Moschee, von der im gotischen Kreuzgang einige Überreste erhalten sind.

Unterhalb des historischen Viertels ist rund um die Plaza de España und den Paseo de la Constitución viel los. Hier spielen Jugendliche Fußball oder probieren Kunststücke auf ihren Fahrrädern. Arkaden sowie zahlreiche Bars und Cafés säumen den Paseo. Von hier aus bummelt man in Richtung Westen, um in der Calle Benavides einen Blick auf das Rathaus (Fassade aus dem 16. Jh.) zu werfen.

KLEINE PAUSE

Gesellen Sie sich in der Bar **La Góndola** (➤ 136) zu den Einheimischen und probieren Sie *patatas baezanas* (Bratkartoffeln mit Pilzen).

---

200 C4

Touristeninformation
Plaza del Pópulo ☎ 953 77 99 82; http://turismo.baeza.net

Parken
Parkplätze gibt es rund um die Plaza de la Constitución.

Palacio de Jabalquinto
Plaza Santa Cruz Mo–Fr 9–14 Uhr frei

Iglesia de Santa Cruz
Plaza Santa Cruz Mo–So 11–13 Uhr frei

Catedral de Santa María
Plaza de Santa María Mo–Fr 10.30–14, 16–19, Sa 10.30–19, So 10.30–18 Uhr Führung: 4 €

Baezas Altstadt – hier die Plaza de Santa Maria mit dem von Ginés Martínez entworfenen Brunnen vor der Kathedrale – ist sehr gut erhalten.

30 Parque Natural de Cazorla y Segura

Im äußersten Nordosten Andalusiens steigen aus dem hügeligen Getreide- und Olivenland der Provinz Jaén die Sierra de Cazorla und die Sierra de Segura auf über 2000 Meter Höhe auf, getrennt durch den Oberlauf des hier entspringenden Guadalquivir. Hier verläuft die Wasserscheide zwischen Mittelmeer, in das der Río Segura fließt, und Atlantik, den der Guadalquivir sucht.

Wasserfälle gehören zu den Naturschönheiten der Sierra de Cazorla.

Im Parque Natural de Cazorla y Segura ragen zerklüftete Berge über 2000 Meter hoch auf, dazwischen liegen tiefe, felsige Schluchten und dicht bewaldete Täler. Kleine Dörfer ducken sich an die Felsen. Zugang zum Park hat man über die attraktive Stadt **Cazorla** am Westrand der Sierra de Cazorla. Die direkt unterhalb des Peña de los Halcones (Falkenfelsen) gelegene Stadt zieht sich am Fuß des Berges entlang, der am geschäftigen Hauptplatz, der Plaza de la Constitución, anzusteigen beginnt. Von dort führt auch die Calle Dr Muñoz weiter zur Plaza de la Corredera mit Cafés und Geschäften. Gassen winden sich bergauf bis zu einem Aussichtspunkt, dem **Balcón del Pintor Zabaletato**, mit herrlichem Blick auf die Ruinen der Kirche Santa María und die halb verfallene Burg **La Yedra**, die auch »Las Cuatro Esquinas« – vier Ecken – heißt. Unterhalb liegt die Plaza Santa María, ein beliebter Treffpunkt.

Der Naturpark

Die Sierra de Cazorla y Segura bildet zusammen mit einigen kleineren Gebirgen den größten Naturpark Andalusiens. Die Berge sind bewaldet mit immergrünen Eichen und Kiefern sowie Erlen, Ahorn und Wacholder. Insgesamt gibt es über 1200 verschiedene Pflanzenarten. Zur Fauna zählen Rotwild, Füchse, Wildkatzen, Steinböcke und Wildschweine. Von Beobachtungsposten am Straßenrand sieht man man Greifvögel wie Gänsegeier, Steinadler und Wanderfalken. Das gut ausgebaute Straßennetz macht eine Autofahrt durch den Park zum Vergnügen. Rund um Cazorla kann man gut wandern, tiefer in den Bergen gibt es nur noch wenige markierte Wege. Örtliche Veranstalter bieten organisierte Tagestouren an, auch per Pferd, Mountainbike oder mit dem Jeep in entlegenere Gebiete (➤ 138). Diese Aktivitäten kann man in Cazorla buchen.

Der Park beginnt 2 Kilometer östlich von Cazorla beim Dorf Iruela, dessen winzige Burg auf einem Felsen thront.

BAEDEKER TIPP

- Die **besten Landkarten**, um den Parque Natural de Cazorla zu erforschen, sind die Ausgaben Sierra de Cazorla bzw. Sierra de Segura aus der Reihe Editorial Alpinas (Maßstab 1:40000; www.editorialalpina.com). Wanderwege und Strecken für Mountainbiker sind hier beschrieben.
- Wer auf einem unmarkierten Weg durch die Sierra wandert, sollte sich an jeder Abzweigung eine **Notiz** machen, damit er wieder zurückfindet.
- Auf Cazorlas Plaza del Mercado, zwischen Parkplatz und Haupteinkaufsstraße, findet täglich ein **Markt** mit regionalen Produkten und Kunsthandwerk statt.
- Der restaurierte Turm der Burg La Yedra in Cazorla beherbergt ein **Heimatmuseum** (Camino del Castillo, Cazorla, Di–Sa 9–15.30 (im Winter 10 bis 20.30), So 10–17 Uhr; für EU-Bürger frei, sonst 1,50 €).

Fährt man 34 Kilometer in nordöstlicher Richtung durch die Berge, erreicht man das Centro de Interpretación Torre del Vinagre. Hier ist im Sommer immer viel los, aber die Ausstellungen, die das Ökosystem des Parks erläutern, sind hervorragend. In der Nähe befindet sich ein Botanischer Garten mit den Pflanzen der Sierra.

201 D4

Cazorla Touristeninformation
Paseo del Cristo 11 953 96 91 91; www.turismoencazorla.com

Parken
Parkplatz an der Plaza del Mercado, unterhalb der Plaza de la Constitución

Oberhalb von Cazorla erheben sich die Reste der Burg La Yedra.

Nach Lust und Laune!

Die Ruinen von Medina Azahara vermitteln einen Eindruck von der einstigen Pracht.

31 Medina Azahara

Die Ruinen der Palaststadt aus dem 10. Jh. sind rund 7 Kilometer von Córdoba entfernt. Mit dem Bau der Anlage wurde 936 begonnen, in ihrer Blütezeit war sie ein Paradebeispiel für die maurische Baukunst. Hauptattraktion ist der exquisite Raum von Abd al-Rahman III. mit schönen Marmorarbeiten. Am besten erreichen Sie Medina Azahara mit dem Auto. Die Besichtigung beginnt im neuen Forschungszentrum. Vom Parkplatz fährt ein Shuttlebus alle 30 Minuten zum etwas oberhalb gelegenen Ausgrabungsgelände. Ab Córdoba verkehrt von Dienstag bis Freitag einmal täglich ein Sonderbus, am Wochenende zweimal täglich, im Sommer auch zweimal täglich an den Werktagen. Abfahrt: Avenida Alcázar nahe der Mezquita. Tickets gibt es bei den Touristinformationen in Córdoba.

199 E4 · 7 km westlich von Córdoba · www. medinaazahara.org · Mitte Sept. bis März Di–Sa 9–18.30, April–Mitte Juni Di–Sa 9–15.30, Mitte Juni–Mitte Sept. Di–Sa 9–15.30, So immer 9–15.30 Uhr · für EU-Bürger frei

32 Zuheros

Die engen Gassen von Zuheros zu erkunden, macht richtig Spaß. Zum Charme des Ortes gehört die Lage auf einem Berg mitten in der Sierra Subbética unweit von Priego de Córdoba. Auf den Felsen über den Häusern sind die Ruinen einer maurischen Burg zu sehen. An der Plaza de la Paz steht die **Iglesia de la Virgen de los Remedios**. Das **Dorfmuseum** zeigt prähistorische Funde und Exponate aus der Zeit der Römer und der Mauren. Zuheros ist bekannt für Olivenöl und Käse. Die **Cueva del Cerro de los Murciélagos** (Fledermaushöhle) mit beeindruckenden Gesteinsformationen liegt etwa vier Kilometer östlich von Zuheros.

199 F4 · Plaza de la Paz 1 · 957 69 45 45; www.zuheros.es/turismo

Museum von Zuheros
Plaza de la Paz · 957 69 45 45 · tgl. 10–14 und 17–19 Uhr

Cueva del Cerro de los Murciélagos
199 F4 · 957 69 45 45

Touren Mitte April–Mitte Sept. Mo–Fr 12.30 und 17.30 Uhr, Sa, So und an Feiertagen 11, 12.30, 14, 17, 18.30 Uhr (bitte vorab telefonisch bestätigen lassen) 4,60 €

33 Jaén

Die Stadt Jaén lohnt schon wegen ihrer majestätischen Kathedrale, den arabischen Bädern, schönen Museen und der Altstadt einen Besuch. An der Plaza de Santa María wurde die **Kathedrale** von 1540 an in über 250 Jahren errichtet. Die gewaltige Westfassade präsentiert sich als Komposition aus eleganten korinthischen Säulen und Figurenschmuck und wird an beiden Seiten von hohen Türmen flankiert. Innen beeindruckt die Kirche mit einem Wald aus korinthischen Säulen; der Chor besticht durch exquisite Schnitzarbeiten. In der Kathedrale befindet sich das Santo Rastro, das »heilige Gesicht« – ein Schweißtuch, mit dem die heilige Veronika Jesus auf dem Weg zur Kreuzigung die Stirn gewischt haben soll. Es wird jeden Freitag ausgestellt.

Die restaurierten **Baños Árabes** liegen unter dem Palacio de Villadompardo (mit einem Museum für Kunst, Kunsthandwerk und Brauchtum). Das Mauerwerk ist durch sternförmige Oberlichter unterbrochen und wird von typisch maurischen Säulen und Hufeisenbögen getragen. Durch einen Glasfußboden blickt man auf Überreste aus der Römerzeit.

Das **Museo de Jaén** zeigt Artefakte aus der Zeit der Phönizier, Römer und Mauren; in einem Seitenanbau sind zudem Steinskulpturen aus dem 5. Jh. v. Chr. zu sehen. In den Vierteln **La Magdalena** und **San Juan** an den nordöstlichen Hängen des mit Büschen bewachsenen Stadtbergs Santa Catalina blieb im Gassengewirr Jaéns maurischer Charakter besonders gut erhalten. Und über allem wachen die Ruinen der maurischen Burg.

200 B3 Oficina de turismo, Calle de la Maestra 8 953 31 32 81; www.turjaen.org

Die imposante Fassade mit den Doppeltürmen der Kathedrale von Jaén überragt die Stadt.

Catedral
Plaza de Santa María
Mo–Fr 10–14, 16–20, Sa 10–14, 16–18.30, So 10–12, 16–18.30 Uhr 5 €

Baños Árabes
Plaza de Santa Luisa de Marillac
953 24 80 68
Di–Sa 9–22, So 9–15 Uhr frei für EU-Bürger

Museo de Jaén
Paseo de la Estación 29
953 10 13 66 Di–Sa 9–15.30 (im Winter 9–20.30), So 9–15.30 Uhr
frei für EU-Bürger

35 Montoro

Der Ort liegt in einer Schleife des Río Guadalquivir, der hier von einer hübschen Brücke aus dem 15. Jh. überspannt wird. Die Ocker- und Weißtöne der Häuser harmonieren gut mit dem rötlichen Farbton des Hügels, auf dem Montoro liegt. Überragt werden die terrassenförmig zum Fluss abfallenden Häuser vom barocken Turm der Sankt-Bartholomäus-Kirche. Über die lange Hauptstraße (Calle Corredera) gelangt man zur Plaza de España mit dem dreistöckigen Turm der Kirche San Bartolomé. Gegenüber steht der alte Herzogspalast, heute das Rathaus. Im Norden des Platzes führt eine enge Gasse in ein noch älteres Viertel mit der Kirche Santa María de la Mota, heute ein Museum für Mineralien und Archäologie.

200 A4 **Corredera 19**
957 16 00 89

Santa María de la Mota
Plaza de Santa María
Sa, So 10.30–14 Uhr

34 Baños de la Encina

Dieser Ort wartet mit einer der schönsten, hoch auf dem Berg thronenden Burgen Spaniens auf. Die 14 Türme und der gewaltige Bergfried der maurischen Festung beherrschen das winzige Dorf darunter. In den Jahren 967 bis 986 bauten die Kalifen von Córdoba die Festung zur Verteidigung gegen kriegerische Clans aus der Sierra Morena und der Sierra de Cazorla (➤ 128). Wer die Burg besichtigen möchte, bittet in der Touristeninformation oder im Rathaus an der Plaza de la Constitución um den Schlüssel. Innen wartet nichts als weite Leere, doch kann man den Bergfried, die Torre del Homenaje, erklimmen und einen herrlichen Panoramablick genießen. Aber Achtung: Das Treppenhaus ist nicht beleuchtet, im Dunkeln können plötzlich Tauben auffliegen. Die schmale, ungesicherte Brustwehr läuft um die inneren Mauern; man sollte sie besser meiden.

200 B4 **Avenida José Luis Messía 2**
953 61 33 38; www.bdelaencina.com

ABSEITS DER TOURISTENWEGE

Rund 20 Kilometer südlich von Priego de Córdoba liegt ein großer Stausee, der **Embalse de Iznájar**, auf dem man segeln kann. Nordöstlich von Jaén gelangt man über ungezählte Haarnadelkurven in das hoch auf einem Berg gelegene Dorf **Segura de la Sierra** mit einer maurischen Burg, arabischen Bädern, einer Renaissancekirche und einem Fischbrunnen.

Panoramablick auf das Dorf Baños de la Encina

Wohin zum ...
Übernachten?

Preise
für ein Doppelzimmer pro Nacht:
€ unter 60 Euro €€ 60–90 Euro €€€ 90–140 Euro €€€€ über 140 Euro

CÓRDOBA

Hotel Exe Conquistador €€€
Das Hotel befindet sich direkt gegenüber der Mezquita, die man vom Speisesaal und einigen Zimmer aus sieht. Die klimatisierten Zimmer sind relativ groß. Das Restaurant serviert internationale Gerichte, aber auch typisch andalusische Speisen. An warmen Tagen gibt es das Frühstück, Mittag- und Abendessen im hübschen Innenhof, wo man ansonsten auch nur ein Getränk zu sich nehmen kann.
203 D3 Magistral González Francés 15–17 957 48 11 02; www.eurostarsconquistador.com

Hotel y Hostal Maestre €–€€
Vom Preis einmal abgesehen, besteht kein großer Unterschied zwischen dem Hotel und dem *hostal*, die einen Häuserblock vom Fluss entfernt in einer ruhigen Seitenstraße liegen. Von den Zimmern blickt man auf einen lichten, von Arkaden gesäumten Innenhof. Die Möbel im kastilischen Stil und die edlen Gemälde verleihen dem Ganzen einen eleganten Hauch. Die Zimmer im *hostal* sind kleiner, der *patio* mit Blumenkübeln, Pflanzen und Kanarienvogelkäfig am Eingang ist typisch für Córdoba.
203 E3 Calle Romero Barros 4 und 6 957 47 24 10; www.hotelmaestre.com

Hotel Mezquita €€
Das Haus (16. Jh.) gehörte einst Julio Romero de Torres, dem bekannten Maler aus Córdoba. Gemälde und Antiquitäten verleihen dem Hotel heute noch nostalgisches Flair. Die Originalsäulen und das Originalmauerwerk blieben erhalten, dazu ein reizender *patio*, in dem im Sommer das Essen serviert wird. Die Zimmer bieten allen Komfort und sind mit geschnitzten Möbeln und Satinvorhängen ausgestattet. Die Lage gegenüber vom Haupteingang der Mezquita ist ideal.
203 D3 Plaza Santa Catalina 1, 957 47 55 85; www.hotelmezquita.com

Los Omeyas €€–€€€
Mitten im Gassengewirr des früheren Judenviertels von Córdoba spiegelt dieses frisch renovierte Hotel mit Bögen im Stil der Mezquita mit weißem Marmor und Gitterwerk das maurische Erbe der Stadt wider. Über den *patio* in der Mitte gelangt man zu den komfortabel und geschmackvoll eingerichteten Zimmern mit Klimaanlage. Vom obersten Stockwerk blickt man auf den Turm der Mezquita. Das Frühstück ist im Preis nicht enthalten. Manchmal sind Gruppen hier untergebracht.
203 D3 Calle Encarnación 17 957 49 22 67; www.hotel-losomeyas.com

Parador de Córdoba €€€€
Auf den Ruinen von Al-Rusafa, dem ehemaligen Sommerpalast von Abd al-Rahman I., erhebt sich das nüchtern-moderne Gebäude des Paradors von Córdoba. Vom Hotel hat man einen wunderschönen Blick auf die Sierra und die Stadt. Zum Entspannen laden der Swimmingpool und der Garten Los

Naranjos rund um den Parador ein. Die Palmen des Garten sind die ältesten Europas. Kulinarisch kann man sich im eleganten Restaurant verwöhnen lassen.

202 C3 Avenida de la Arruzafa 37
957 27 59 00; www.hotellola.es

PRIEGO DE CÓRDOBA

Hostal Rafi €

Als eines der wenigen kleinen *hostals* liegt das Rafi mitten im Zentrum mit Geschäften und Barockkirchen ringsum. Die Zimmer sind nichts Besonderes, die Bäder dafür geräumig und modern. Von der Lobby gelangt man in die angrenzende Bar, die meist brechend voll von Einheimischen ist. Sie alle schätzen die gute Auswahl an *tapas* und kleinen Gerichten.

200 B3 Isabel La Católica 4
957 54 07 49; www.hostalrafi.es

JAÉN

Parador Castillo de Santa Catalina €€€€

Dieser *parador* zählt zu den imposantesten in ganz Spanien. Er liegt hoch oben auf dem Cerro de Santa Catalina zwischen den Türmen einer mittelalterlichen maurischen Burg. Die Zimmer sind mit luxuriösen Himmelbetten ausgestattet und haben Balkone mit herrlicher Aussicht. Die Räumlichkeiten sind allesamt prunkvoll mit hohen Decken und maurischem Dekor. Das Restaurant, in dem Gerichte aus Jaén serviert werden, ist ebenfalls empfehlenswert.

200 B3
El Castillo de Santa Catalina
953 23 00 00; www.parador.es

BAEZA

Hotel Fuentenueva €€

Vom historischen Haus (1812) sind nur noch die Steinmauern erhalten, das Ambiente wurde neu und extravagant gestaltet – mit lachsfarbenen Wänden, Marmorböden, modernen Möbeln und sprudelnden Brunnen. Vom japanischen Dachgarten mit Pool genießt man einen herrlichen Blick auf das Zentrum von Baeza.

200 C4 Carmen 15
953 74 31 00; www.fuentenueva.com

ÚBEDA

María de Molina €€

Das Hotel liegt am historischen Hauptplatz und ist in einem Palast aus dem 16. Jh. untergebracht, in dem ein *patio* mit Säulen, Wandteppiche und ein Steinbrunnen an alte Zeiten erinnern. Rattanmöbel, ockerfarbene Wände, Palmen und andere Pflanzen verschönern den Aufenthalt in der Lobby und im Restaurant. Die Zimmer sind solide mit dunklen Holzmöbeln und begehbaren Schränken ausgestattet; schöner Blick vom Balkon auf die Plaza.

200 C4
Plaza del Ayuntamiento s/n
953 79 53 56; www.mariademolina.es

Nueve Leyendas €–€€

Sympathisches Altstadthotel mit Bibliothek, Lounge und geschmackvollen Zimmern (besonders schön ist das Zimmer Nr. 203).

200 C4
Plaza López de Almagro 3
953 79 22 97;
www.hotelnueveleyendas.com

Parador de Úbeda €€€€

Der Parador im Renaissancepalast aus dem 16. Jh. befindet sich mitten im historischen Zentrum am schönen Renaissanceplatz Vázquez de Molina. Hinter der Hauptfassade des Hotels entdeckt man einen wunderschönen Innenhof. Einige Gästezimmer bieten einen Ausblick auf den herrlichen Platz vor dem Hotel. Regionale Spezialitäten genießt man im Hotelrestaurant. Nach dem Abendessen lädt die hoteleigene Bar zu einem Drink ein.

200 C4 Plaza de Vázquez Molina
953 74 02 00

Wohin zum ...
Essen und Trinken?

Preise
für ein Drei-Gänge-Menü inkl. Wein und Service:
€ unter 15 Euro €€ 15–40 Euro €€€ über 40 Euro

CÓRDOBA

Almudaina €€€
Eine der besten Adressen in Córdoba, in historischem Gebäude mit sieben Räumen und herrlichem *patio* gegenüber vom Alcázar. Gespeist wird in dem mit Glas überdachten Innenhof. Serviert werden hervorragende regionale Gerichte. Preislich nicht sehr günstig, aber auf alle Fälle lohnenswert.
202 C2 Campo Santos de los Mártires 1
957 47 43 42; www.restaurantealmudaina.com So. abends geschlossen

El Blasón €€€
Bevor man die beiden Esssäle erreicht, bleibt man schon im Patio hängen, wo es herrliche Tapas gibt. Herrlich schmecken die *Gambas a la andaluza*. Netter Service.
202 C3 Calle de José Zorrilla 11
957 48 06 25;
www.restauranteburlaero.com
tgl. 11–16.30 und 19.30–23 Uhr

El Caballo Rojo €€€
Typisch andalusisches Restaurant in der Nähe der Mezquita. Die regionalen Gerichte kann man auch als *tapas* genießen. Zu den Highlights des Lokals zählt der üppig bestückte Nachtischwagen, den man nicht auslassen sollte.
202 C3 Calle del Cardenal Herrero 28
957 47 53 75 tgl. 11–16.30, 19.30–23 Uhr

El Churrasco €€€
Dieses hervorragende Restaurant im Herzen der Judería hat sich auf Fleischgerichte wie seinen Namensgeber *Churrasco* (Grillfleisch in einer würzigen Soße) und Fisch spezialisiert. Wenn Sie Appetit auf *tapas* haben, können Sie in der angrenzenden Bar *media racíon* von *Berenjenas Crujientes con Salmorejo* (knusprig frittierte Auberginenstreifen mit dickem Gazpacho) bestellen. Charmanter Innenhof, verschiedene Speiseräume mit unverputztem Mauerwerk und Kunst.
202 C3 Calle Romero 16
957 29 08 19; www.elchurrasco.es
im Aug. geschlossen

El Rincón de Carmen €€–€€€
Das Lokal eignet sich für ein romantisches Abendessen zu zweit. Es liegt mitten im ehemaligen Judenviertel in einem Gebäude aus dem 18. Jh. und hat auch einen nach Jasmin duftenden *patio*. Auf der umfangreichen Speisekarte stehen Reisgerichte im Mittelpunkt.
202 C3 Romero 4
957 29 10 55
tgl. 12–16 und 20–23.30 Uhr

Taberna Plateros €–€€
Dieses Lokal wurde schon im 19. Jh. eröffnet. Über die große Gaststube mit *patio* gelangt man in weitere Räumlichkeiten und in die traditionelle Bar. Die Wände sind mit Fotos von Manolete, dem Torero aus Córdoba, geschmückt, den *patio* zieren Kacheln und Mauersteine. Auf den Tisch kommt solide Hausmannskost und die Auswahl an *tapas* ist groß.
203 D3 San Francisco 6
957 47 00 42; www.tabernaplateros.com
Di–Sa 8–16 und 19.30–24 Uhr

PRIEGO DE CÓRDOBA

Balcón del Adarve €€€
Unten kann man Tapas genießen, im oberen Stockwerk werden gute Fleisch- und Fischgerichte serviert. Herrlich ist der Blick von der Terrasse auf die umgebende Landschaft. Aufmerksamer Service, prima Preis-Leistungs-Verhältnis.
200 B3 Calle Abad Palomino 7
957 70 18 56;
www.restaurante-elaljibe.com
tgl. 12.30–24 Uhr, Karwoche und Mitte Sept. *(feria)* geschlossen

BAEZA

Casa Juanito €€–€€€
Die Eigentümer setzen gern traditionelle Rezepte aus der Region auf die Speisekarte, die Gerichte sind ungewöhnlich und lecker. Kaltgepresstes Olivenöl aus der hauseigenen Presse ist eine Standardzutat. Zu den Spezialitäten zählen Rebhuhnsalat, Rinderfilet mit Tomaten und Paprika oder *alcachofas Luisa*, Artischockenherzen mit Tomaten und Knoblauch.
200 C4 Av. Alcalde Puche Pardo
953 74 00 40;
www.juanitobaeza.com
Di–Sa 13.30–15 und 20.30–23.30 Uhr; 24. und 31. Dez. geschlossen

La Méson Góndola €€
Alte Männer bevölkern die Bar, einheimische Familien belagern die Tische im Restaurant. Im Winter knistert hinter der Bar ein gemütliches Feuer, die niedrige Balkendecke und die Kombination von Ziegeln und Kacheln machen Bar wie Restaurant zu einem gastlichen Ort. Probieren Sie als Vorspeise die *patatas baezanas*, die Spezialität des Hauses: knusprige Bratkartoffeln mit Pilzen, Petersilie und Knoblauch.
200 C4 Portales Carbonería 13
953 74 29 84; www.asadorlagondola.com
tgl. 20–24 Uhr

CAZORLA

Mesón Don Chema €
Das Lokal liegt etwas versteckt, ist aber sehr populär. Prima Tapas, nettes Personal.
201 D4 Escaleras del Mercado 2
953 71 05 29 Di geschlossen

Taberna Quinito €
Hier gibt es leckere Tapas, die man bei schönem Wetter auch auf der Terrasse genießen kann.
201 D4 Plaza Sta. María 7
953 72 15 07 Di geschlossen

ÚBEDA

Restaurante El Marqués €€
Zu diesem Hotel in der Innenstadt gehört ein hervorragendes, elegant in warmen Ocker- und Cremetönen gehaltenes, subtil beleuchtetes und modern möbliertes Restaurant. Hier kann man wunderbar einen Kaffee trinken, ein leichtes Mittagessen einnehmen oder sich auch ein *menú del día* mit drei Gängen gönnen. Regionalküche mit einem Touch Nouvelle Cuisine.
200 C4 Hotel María Molina, Plaza del Ayuntamiento s/n 953 75 72 55
tgl. 12–16 und 20–24 Uhr

Parador Restaurante Nacional del Condestable Dávalos €€–€€€
Das stilvoll renovierte Restaurant genießt einen hervorragenden Ruf und ist für seine Zutaten (frisch vom Markt) sowie für Rezepte bekannt, die seit Generationen tradiert werden. Die Atmosphäre in dem Palast aus dem 16. Jh. entspricht der guten Küche; der Service ist formvollendet und aufmerksam. Man sollte einen Blick in den Weinkeller werfen, wo unter den originalen Steingewölben schlichte Holztische und gigantische Weinfässer stehen.
200 C4 Plaza de Vázquez de Molina,
953 75 03 45
tgl. 12–16 und 19–24 Uhr

Wohin zum ... Einkaufen?

Die alteingesessenen Leder- und Silberwerkstätten in Córdoba produzieren schöne Waren. Südlich der Stadt liegt rund um Priego de Córdoba ein Gebiet, das für Wein und Olivenöl bester Qualität bekannt ist. In Úbeda in der Provinz Jaén findet man die schönste Keramik.

PROVINZ CÓRDOBA

In der Stadt Córdoba geht man am besten in dem Viertel zwischen der Plaza de las Tendillas (➤121) und der autofreien Avenida del Gran Capitán zum Einkaufen, besonders in der Conde de Gondomar, welche die beiden Straßen verbindet. Hier gibt es schicke Modegeschäfte wie **Pampling Córdoba** (Calle Conde de Gondomar 5, Tel. 857800766). Das Kaufhaus **El Corte Inglés** befindet sich in Córdoba an der Kreuzung der Avenida del Gran Capitán und der Avenida Ronda de los Tejares. Rund um die Mezquita (➤115f) findet man viele Mitbringsel und Postkarten. Wer die berühmten Lederarbeiten erstehen möchte, geht besser in bekannte Ateliers wie **Meryan** (Calleja de las Flores 2/Encarnación 12, Tel. 957 475902), wo neben maurisch verzierten Lederwaren auch anderes Kunsthandwerk angeboten wird. Im **Zoco**, dem Kunsthandwerkermarkt, (Calle de los Judíos s/n, Tel. 957 204033, http://artesaniadecordoba.com), gibt es Keramik, Glas, Textilien, Leder und filigranen Silberarbeiten in großer Auswahl. Ein überaus amüsanter **Markt** wird in der Plaza de la Corredera abgehalten. Hier werden jeden Tag Kleidung, Kunsthandwerk und Kuriositäten aller Art feilgeboten; samstags ist besonders viel los. Wenn man Richtung Süden nach Priego de Córdoba fährt, gelangt man ins Oliven- und Weinbaugebiet Montilla. Wie die sherryähnlichen Weine, denen kein weiterer Alkohol zugesetzt wird, heißt auch der wichtigste Weinort der Region: Moriles. Priego de Córdoba ist auch eine Hochburg der Olivenölproduktion: Rund 80 Prozent des spanischen Olivenöls werden in Andalusien hergestellt.

PROVINZ JAÉN

Die wunderschöne Keramik von **Úbeda** (➤122f) ist an ihrer dunkelgrünen Glasierung zu erkennen. Die Calle de Valencia ist das Keramikviertel der Stadt, wo es so schöne Werkstätten gibt wie die einstige Alfarería Paco Tito ist heute ein Museum: **Museo de Alfarería Paco Tito** (Calle Valencia 22, Tel. 953 751496) oder in der Nähe **Cerámica Alameda** (Cno. El Cementerio). In der Calle Real, der alten Hauptstraße von Úbeda, finden sich ein oder zwei Geschäfte, die bis heute Flechtwaren aus Esparto-Gras verkaufen, eine Handwerkskunst, die in dieser Gegend eine lange Tradition hat. Versuchen Sie Ihr Glück im **Acuario** (Calle Real 61, Tel. 953 754014), wo es auch gute Keramikkacheln gibt. Ein weiteres Geschäft für hochwertige Keramik und andere Kunsthandwerksartikel ist **Alfarería Góngora** (Cuesta de la Merced 32, Tel. 953 754605), gleich bei der Plaza Váquez de Molina.

In der Sierra de Cazorla unternimmt man in **Cazorla** einen Streifzug auf dem quirligen **Markt**, der jeden Tag an der Plaza del Mercado abgehalten wird, und schaut sich die Läden in der Calle Dr Muñoz an, wo Produkte der Region zum Verkauf stehen. Wer ein Mitbringsel aus der Sierra sucht, der findet im **Centro de Interpretación** in Torre del Vinagre (Tel. 953713017) eine recht gute Auswahl.

Wohin zum ... Ausgehen?

Fragen Sie in Córdoba nach der Zeitung *Welcome & Olé!*. Es gibt auch einen Extraführer durch die *tapas*-Bars der Stadt. Die spanische Tageszeitung heißt einfach *Córdoba*. Es gibt auch einen Extraführer durch die *tapas*-Bars der Stadt. Die spanische Tageszeitung heißt einfach *Córdoba*. Viele Informationen über Szenelokale bieten die jungen Stadtführer von *Cicerones de Córdoba*. Man findet sie am Alcázar, an der Puerta de Almodóvar, der Plaza de las Tendillas und am Palacio de Viana.

NACHTLEBEN

Tanz- und Musikbars findet man an der Calle Cruz Conde nördlich der Plaza de las Tendillas.

FLAMENCO

In der Stadt Córdoba kann man klassischen Flamenco im **Tablao flamenco Cardenal** (Calle Buen Pastor 2, Tel. 691217922, www.tablaocardenal.es) erleben, nur fünf Minuten Fußmarsch von der Mezquita entfernt. Untergebracht ist der Tablao in der Casa Palacio del Conde de Torres Cabrera, einem Herrenhaus aus dem 18. Jahrhundert mit wunderschönen Innenhöfen (Aufführungen Mo–Do um 21, Fr, Sa um 21.30 Uhr). Eine gute Alternative ist **La Bulería** (Calle Pedro López 3, Tel. 957483889). Zu den wenigen Flamenco-Tempeln Spaniens zählt **El Tablao de Bodegas Campos** (Calle Lineros 32, Tel. 636 747471). Die Aufführung beginnt hier um 20.30 Uhr, danach gibt es ein Abendessen. Es empfiehlt sich zu reservieren.

THEATER

Córdoba besitzt ein schönes Theater, das **Gran Teatro** (Avenida del Gran Capitán 3, Tel. 957480237, www.teatrocordoba.org), in dem auch Konzerte, Tanzdarbietungen und Schauspiele stattfinden. Das Theater und die Touristeninformation halten Monatsprogramme bereit.

STIERKAMPF

In der Arena von Córdoba (Avenida Gran Vía Parque, Tel. 957231369) finden den ganzen Sommer über Stierkämpfe statt. Die Touristeninformation hat die genauen Daten. Wo in den Provinzstädten und auf dem Land *corridas* abgehalten werden, wissen auch die jeweiligen Touristeninformationen.

FREIZEIT UND SPORT

Das **Hammam Baños Árabes** (Calle Corregidor Luís de la Cerda, Córdoba, Tel. 957484746, www.hammamalandalus.com) ist ein im maurischen Stil erbautes traditionelles Dampfbad mit Massagen. In der *tetería* (Teezimmer) können Sie sich anschließend entspannen.

Wer das Abenteuer unter freiem Himmel liebt, kommt im bergigen **Parque Natural de Cazorla y Segura** (➤ 128f) auf seine Kosten. Man kann allein losgehen, aber auf der Website www.turismoencazorla.com/ocioymultiaventura.php (auf Spanisch) erfährt man, welche Unternehmungen in diesem Parque Natural möglich sind: Jeepfahrten in abgelegenere Gebiete und Exkursionen per Pferd oder Mountainbike, Rafting, Kayak- und Kanufahren, Bergsteigen, Gleitschirmfliegen und geführte Wanderungen.

Ein ähnliches Programm bietet **Aventura Cazorlaa** (Calle Ximinez 17, Tel. 953 710073, www.aventuracazorla.com).

Sevilla und Huelva

Kleine Erlebnisse

Flamencotanz lernen

Warum nicht einen Sprachkurs durch einen Flamencokurs ergänzen? In Sevilla (➤ 144) bieten **Tanzschulen** solche Kurse auch für Touristen an (u. a. www.tallerflamenco.com).

Radtour durch Sevilla

Strampelnd Sevilla (➤ 144) erkunden! Die Radwege der Stadt sind über 140 km lang, und es gibt fünf schöne Routen (www.visita sevilla.es/es/sevilla-en-bici).

Durch den Parque Nacional Coto de Doñana

Dreieinhalb Stunden dauert sie: die spannende Schiffstour durch den Nationalpark (➤ 160) auf der *Real Fernando* ab **Sanlúcar de Barrameda** (www.visitasdonana.com).

Erste Orientierung

In keiner Stadt sind die typischen Merkmale Andalusiens so ausgeprägt vorhanden wie im spontanen, optimistischen Sevilla. Orangenbäume und üppig blühende Parks prägen das Bild; aus den Bars dringt Flamencomusik, und in ruhigen Straßen hört man das Geklapper von Pferdekutschen. Moderne Gebäude bilden mit Palästen aus der Maurenzeit, erhabenen Kirchen und mittelalterlichen Gassen eine gelungene Architektursynthese. Und nicht zuletzt laden hier einige der besten *tapas*-Bars Spaniens zum Verweilen ein.

Blick auf die Reales Alcázares von Sevilla, ein Kleinod der *mudéjar*-Architektur in der Hauptstadt Andalusiens

Sevilla ist zudem einer der heißesten Orte des europäischen Festlands. Kein Wunder also, dass die Stadt erst erwacht, wenn man anderswo schon ins Bett geht – die Nächte Sevillas, wenn man von Bar zu Bar zieht, haben es in sich. In der Provinz rund um die andalusische Hauptstadt kann man weniger bekannte, aber nicht minder faszinierende Orte wie die alte Römerstadt Itálica, das von einem Mauerring umgebene Carmona mit maurischen Straßen und einer römischen Nekropole sowie das historische Écija besichtigen. Etwas weiter entfernt liegt die Provinz Huelva. Die gleichnamige Stadt selbst ist vorrangig ein Industriehafen und bietet keine großartigen Monumente, doch im Norden der Provinz liegen die friedlichen Hügel der Sierra Morena, die Huelva mit der Nachbarprovinz Sevilla teilt. Hier besucht man die in den Bergen gelegene Stadt Aracena mit der Gruta de las Maravillas, einem Kalksteinhöhlensystem, dann schlängelt sich die Straße weiter zu heiteren Dörfern mitten in Korkeichenwäldern, wo man sich die Beine vertreten kann und frische Bergluft atmet. Die Küste ganz im Süden der Provinz Huelva heißt Costa de la Luz. Sie zählt zu den längsten und abgeschiedensten in ganz Andalusien. Dahinter erstrecken sich das Delta des Río Guadalquivir und der Parque Nacional Coto de Doñana mit weitläufigen Feuchtgebieten, Sand, Dünen und Steppen, in denen viele wilde Tiere leben.

TOP 10

Nicht verpassen!

Nach Lust und Laune!

Gut geschützt: Wildpferde im Parque Nacional de Doñana

In vier Tagen

Besichtigen Sie das zauberhafte Sevilla, und fahren Sie anschließend in die alte Stadt Carmona sowie zu den imposanten Kalksteinhöhlen von Aracena. Erkunden Sie dann Spaniens wichtigstes Feuchtgebiet, den Parque Nacional Coto de Doñana.

Erster Tag

Vormittags

Besuchen Sie in aller Frühe die **Kathedrale** von 3 **Sevilla** und den **Giralda-Turm** (➤ 145), bummeln Sie dann durch die Straßen des **Barrio de Santa Cruz** (➤ 152).

Nachmittags

Am besten legen Sie nach dem Besuch der **Reales Alcázares** (➤ 150) im schattigen **Parque de María Luisa** (➤ 155) erst mal eine Pause ein, bevor Sie sich dann über die **Plaza de España** (➤ 156) auf den Rückweg machen. Genehmigen Sie sich dann im **Barrio de Santa Cruz** einige *tapas*, später vielleicht noch ein leichtes Abendessen in einem der Restaurants des Viertels (Abb. oben; ➤ 168ff), oder mischen Sie sich unter die Einheimischen in den geschäftigen Einkaufsstraßen **Sierpes** und **Tetuán** (➤ 170f).

Zweiter Tag

Vormittags

Begeben Sie sich zum **Museo de Bellas Artes** (➤ 152), um einige der schönsten Gemälde Spaniens bewundern zu können. Lohnend ist auch ein Besuch in der **Casa de Pilatos** (➤ 155), wo man den *mudéjar*-Stil zu sehen bekommt.

Nachmittags

Fahren Sie über die A4 in Richtung Córdoba, und übernachten Sie in 6 **Carmona**. Schön ist der Besuch der **Necrópolis Romana** (➤ 159), danach erkundet man die engen Gassen der von einer Mauer umgebenen alten Stadt und die Kirche **Santa María la Mayor.**

Dritter Tag

Vormittags
Die Fahrt führt nun in Richtung Sevilla, dann über die N630 nach Norden, wo in 38 **Itálica** (➤ 164) die Ruinen einer römischen Stadt warten. Weiter geht es nach Norden durch die Hügel der Sierra Morena bis nach 36 **Aracena** (➤ 162f).

Nachmittags
Besuchen Sie zunächst die berühmten Höhlen von Aracena, die 36 **Gruta de las Maravillas** (➤ 162f), und erklimmen Sie dann in aller Ruhe den Hügel mit der maurischen Burg und der Kirche.

Vierter Tag

Vormittags
Früh am Morgen geht es nun in Richtung Süden zur 40 **Costa de la Luz** (➤ 166), wo Sie ein bis zwei Stunden baden können. Alternativ bietet sich eine Wanderung entlang der **Playa Cuesta de Maneli** (➤ 166) durch Sanddünen mit aromatisch duftenden Bäumen und Gebüsch an. Am besten nehmen Sie sich ein Picknick mit, denn hier gibt es weit und breit keine Cafés oder Bars.

Nachmittags
Fahren Sie zum Centro de Recepción del Acebuche, dem Hauptzugang zum 9 **Parque Nacional de Doñana** (➤ 161). Wer hier keine Zeit für eine längere, im Voraus gebuchte Tour durch das Gebiet (➤ 172) hat, der sollte doch zumindest die Vogelreservate in Zentrumsnähe oder **Las Rocínas** (➤ 160) besuchen.

3 Sevilla

Auf beiden Seiten des Río Guadalquivir gelegen, besticht Sevilla durch Lebendigkeit und Eleganz. Die bühnengleiche Kulisse eignet sich hervorragend für das überschäumendste Fest Spaniens, die Feria de Abril. Aber auch zu anderen Zeiten genießen die *sevillanos* das Leben – in Bars und Luxusrestaurants ebenso wie in schicken Einkaufsstraßen.

»Herkules erbaute mich, Julius Caesar umgab mich mit Mauern, und der heilige König nahm mich ein«, verkündet eine Inschrift an der Puerta de Jerez. Ob Herkules wirklich auf seinem Weg an den Atlantik bei Cádiz, wo er die Rinder des Geryones stehlen sollte, Sevilla gründete, ist nicht gewiss. Tatsächlich existierte aber, als die Römer um das Jahr 206 v. Chr. hierherkamen und die Karthager vertrieben, eine Siedlung namens Hispalis, die für Caesar als Colonia Iulia Romula sowohl Hafenstadt als auch wichtiger Posten gegen seinen Rivalen Pompeius war, zu dem Córdoba hielt.

Im Jahr 712 beendeten die Mauren die westgotische Herrschaft. Sie nannten die Stadt Ichbilîja, kümmerten sich aber wenig um ihre Eroberung.

Unter den Christen erlebte Sevilla im 16. Jh. einen Aufschwung als Spaniens wichtigster Auslaufhafen nach Amerika. Im 17. Jh. folgte mit der Versandung des Guadalquivir der Niedergang. 1929 fand hier die Iberoamerikanische Ausstellung statt, von der viele schöne öffentliche Gebäude erhalten blieben.

Im Herzen der Stadt bilden drei Gebäude ein – als UNESCO-Welterbe geschütztes – Ensemble: In der Admiralitätshalle des Alcázar bereitete man die Übersee-Expeditionen vor, in der Kathedrale findet man das Grab des Christoph Kolumbus, und das Archivo General de Indias birgt wichtige Urkunden zur Kolonialgeschichte.

Sevilla ist voller Charme und Lebenslust.

Touristeninformation

198 C3 Avenida de las Delicias 9 954 23 44 65; www.visitasevilla.es

Parken

Außerhalb des Zentrums parkt man am besten in der Nähe des Bahnhofs Santa Justa, in der Calle Luis de Morales, gleich bei der Avenida de Luis Montoro, der Zufahrtstraße von der Costa del Sol, Málaga und Granada. Mehrere Metro-Stationen in den Vororten haben günstige Parkplätze.

Kathedrale und Giralda

Die Kathedrale von Sevilla, Santa María de la Sede, ist die größte gotische Kirche der Welt, ein architektonisches Kleinod mit herausragenden Skulpturen, Gemälden und Kunsthandwerksarbeiten.

Nachdem Ferdinand III. 1248 Sevilla den Mauren abgenommen hatte, wurde die Moschee der Stadt für christliche Gottesdienste genutzt, bis Anfang des 15. Jh.s Pläne für eine Kathedrale entstanden. Der größte Teil der Moschee wurde zerstört; innerhalb von 100 Jahren entstand das Hauptschiff der Kathedrale.

Die Giralda überragt die Fialen und Pfeiler der Kathedrale.

Die Giralda

Blickfang der Kathedrale ist die 1184 bis 1196 von den maurischen Almohaden errichtete **Giralda**: Von den *sevillanos* wird der 97 Meter hohe Turm als Wahrzeichen der Stadt verehrt – seine Besteigung überlassen sie lieber den Touristen. Im 16. Jh. bauten die Spanier das einstige Minarett zum Glockenturm um; ganz oben thront eine Wetterfahne *(giraldillo)* in Form einer Statue. Diese symbolisiert den Glauben, von ihr hat der Turm seinen Namen. Berühmt ist er wegen der maurischen Strukturelemente – einem Meisterwerk filigraner Steinmetzkunst mit geometrischem Maßwerk, das mit den wechselnden Lichtverhältnissen seine Wirkung verändert. Der Turm wurde mit 35 Rampen anstelle von Treppen versehen – so konnten die Wächter auf ihren Pferden zum Dienst reiten.

Der Eingang zur Giralda befindet sich links in der Nordostecke der Kathedrale, unweit der Puerta de la Concepción. Hat man den Turm bestiegen, bietet sich durch die vergitterten Fenster eine etwas eingeschränkte Sicht auf die angrenzende Kathedrale mit ihren Dächern, auf unzählige Spitztürme und die fast horizontalen Strebepfeiler. Turm-

BAEDEKER TIPP

Eine **Fahrt mit dem Pferdewagen** durch Sevilla ist zwar teuer, bei Touristen aber dennoch sehr beliebt. Sie können die gut gepflegten Kutschen mit den gelben Rädern an der Plaza Virgen de los Reyes neben der Kathedrale besteigen. Die einstündige Rundfahrt kostet für vier Personen ca. 50 €.

falken fliegen umher, und man kann die Schwimmbecken auf den Dachterrassen von Sevilla zählen.

Kolumbusgrab in der Kathedrale: Vier (die vier Königreiche León, Kastilien, …

Die Kathedrale

Auf das Areal der riesigen gotischen Kathedrale, die in den Jahren 1402 bis 1506 anstelle der maurischen Hauptmoschee erbaut wurde, gelangt man durch die **Puerta del Perdón**, das Gnadentor. Dahinter liegt der **Patio de los Naranjos** (Orangenhof), in dem einst die rituellen Waschungen der Gläubigen vor dem Betreten der damaligen Moschee vorgenommen wurden. Über dem Hof erhebt sich die Fassade der **Puerta de la Concepción** (Empfängnistor), durch die man das Innere der Kathedrale betritt. Hier sollte man zunächst einmal die gigantischen Dimensionen des Baus auf sich wirken lassen. Im Zentrum des Haupt-

schiffs befindet sich die **Capilla Mayor,** der Altarraum mit dem **Coro** (Chor) rechts. Der vergoldete und bemalte Altaraufsatz ist das Prunkstück der Kathedrale; er besteht aus 45 geschnitzten Tafeln mit Szenen aus dem Leben Jesu Christi – über 1000 biblische Gestalten sind dargestellt. Im Zentrum dieses Ehrfurcht gebietenden Meisterwerks der Gotik steht eine Statue der Virgen de la Sede. Das Chorgestühl umfasst 117 geschnitzte Sitze.

Hinter der Capilla Mayor säumen Kapellen die Ostwand der Kathedrale, darunter auch die **Capilla Real**, die Königliche Grabkapelle mit einem imposanten Altarstück aus Stein. Geht man nun in Richtung Süden, gelangt man zur **Sacristía Mayor**, einem im 16. Jh. errichteten Prachtbau von Diego de Riaño und Diego de Siloé mit schöner Kuppeldecke. In der 1529 erbauten **Sacristía de los Cálices** neben der Sacristía Mayor sind vor allem zahlreiche Gemälde bemerkenswert. Dazu gehören Goyas »Heilige Justa und Rufina«, eine »Pietà« von Morales, von Valdés Leal eine Darstellung der »Heiligen Drei Könige« und von Murillo die »Heilige Familie«. Von großem Können zeugt auch das berühmte Kruzifix von Martínez Montañés.

An die Sacristía de los Cálices schließt sich das **Kolumbusgrab** an: Ob darin wirklich die Gebeine des Seefahrers ruhen, war lange fraglich, denn der Leichnam hat eine wahre Odyssee erlebt. Nach Kolumbus' Tod 1506 wurde er bei Sevilla bestattet, doch 1596 nach Santo Domingo auf Haiti überführt und von dort nach Havanna auf Kuba, wo 1892 das von Arturo Mélida geschaffene Grabdenkmal in der Kathedrale errichtet wurde. Als Kuba im Spanisch-Amerikanischen Krieg von 1898 »verloren ging«, schaffte man das Grabmal an seinen heutigen Platz. Ein im Jahr 2006 von spanischen Wissenschaftlern durchgeführter DNA-Abgleich der Überreste aus dem Sarkophag mit solchen von Familienmitgliedern bestätigte schließlich, dass es sich tatsächlich um Kolumbus' Gebeine handelt.

... Navarra und Aragón symbolisierende) Herolde tragen den steinernen Sarkophag.

KLEINE PAUSE

Gut schmeckt ein Bier in der **Cervecería Giralda** (Calle Mateos Gago 1), von der aus man einen hervorragenden Blick auf die Kathedrale hat.

Kathedrale Santa María de la Sede und Giralda
206 B2 · Plaza Virgen de los Reyes · 954 21 49 71
Mo 11–15.30, Di–Sa 11–17 (Hochsommer bis 16), So 14.30–18 Uhr · C1, C2, C3, C4 · 8 €

BAEDEKER TIPP

Vor dem Eingang der Kathedrale bilden sich in der Regel zu jeder Tageszeit lange Schlangen – besonders schlimm wird es jedoch, wenn am späteren Vormittag die Bustouristen eintreffen. Also besser **ganz früh oder am Nachmittag** kommen. Letzter Einlass ist eine Stunde vor Schließung.

Catedral de Santa María de la Sede

Das Minarett, die Giralda, ein in den Jahren 1184 bis 1196 erbautes Meisterwerk der almohadischen Architektur, wurde zum Glockenturm der neuen christlichen Kathedrale umfunktioniert.

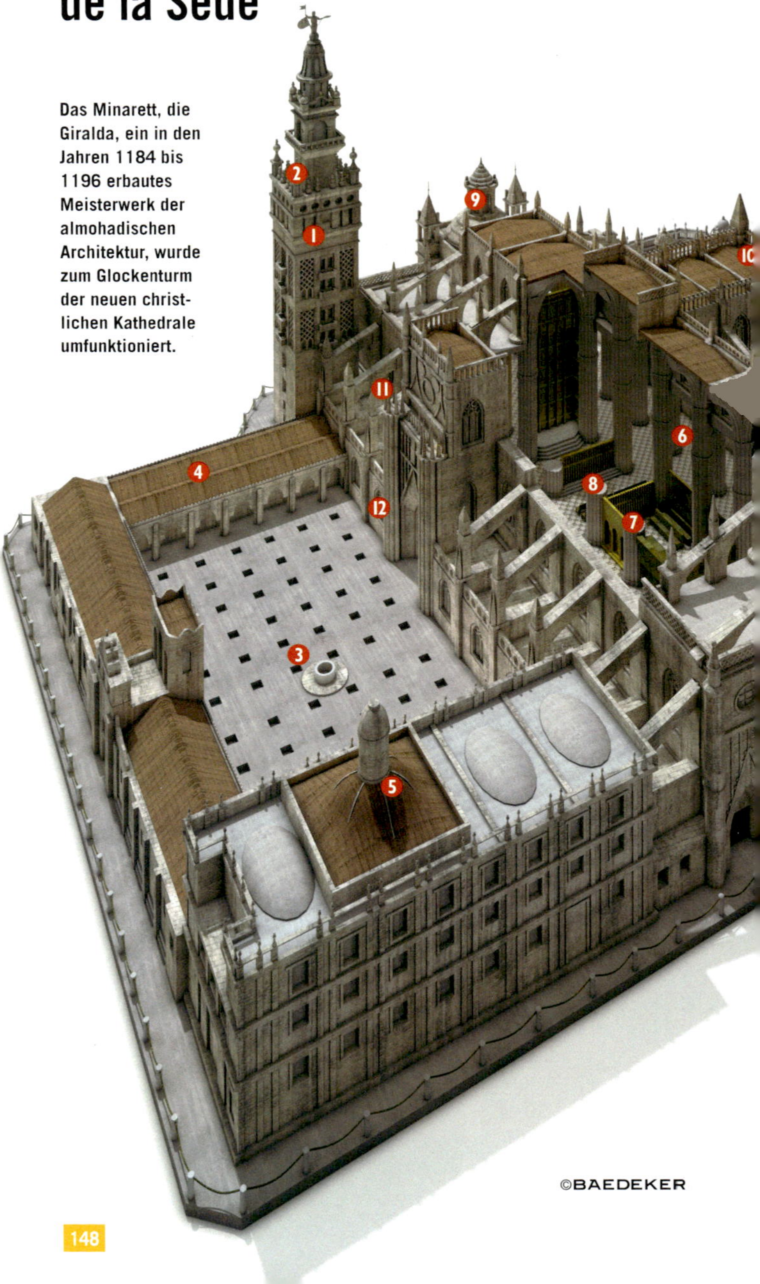

Die Kathedrale sollte auf Wunsch des Domkapitels so groß sein, dass »sie uns [die Domherren] für verrückt erklären«. Das ist gelungen: Mit 115 Metern Länge, 74 Metern Breite und einer Höhe von 40 Metern in der Vierung ist sie die größte gotische Kirche der Welt geworden.

❶ **Giralda** Der Turm wurde als Minarett der Hauptmoschee errichtet.
❷ **Galerie** Die Aussichtsgalerie liegt 70 Meter hoch.
❸ **Brunnen** Der achteckige Brunnen ist der Rest der muslimischen *midhâ*, des Brunnens für religiöse Waschungen.
❹ **Bibliothek** Die im 13. Jh. gegründete Bibliothek des Domkapitels besitzt u. a. Handschriften von Kolumbus und die Bibel Alfons' des Weisen.
❺ **Sagrario** Dieser Barockbau birgt einen Retablo mit einer »Kreuzabnahme« von Pedro Roldán.
❻ **Kirchenschiff** »Im Mittelschiff könnte Notre-Dame von Paris erhobenen Hauptes spazieren gehen« (Théophile Gautier).
❼ **Chor** Den Chor schließt ein Gitter ab; das Chorgestühl ist gotisch. Die Capilla de la Concepción Chica an der Südwand bewahrt die »La Cieguecita« (Die Blinde) genannte Holzplastik der Jungfrau Maria.
❽ **Capilla Mayor** Dominierend ist hier der Retablo, mit 23 Metern Höhe und 20 Metern Breite das größte Altarbild der Welt.
❾ **Capilla Real** Vor dem Retablo mit dem Bildnis der »Virgen de los Reyes« (13. Jh.) ruhen in einem 1729 gefertigten Silberschrein die Gebeine Ferdinands III. des Heiligen, links davon Ferdinands Sohn Alfons X. der Weise, rechts Ferdinands Gemahlin Beatrix von Schwaben.
❿ **Sacristía Mayor** Sie birgt wertvollste Kunstgegenstände, darunter die Schlüssel von Sevilla (1248), ein Reliquiar Alfons´ X. in Form eines Triptychons (»Tablas Alfonsinas«), eine Kreuzreliquie der heiligen Helene, den Bronzekandelaber »Tenebrario« von Bartolomé Morel und das Gemälde »Kreuzabnahme« von Pedro de Campana.
⓫ **Capilla de San Antonio** Darin befinden sich u. a. die Gemälde »Taufe Christi« und »Das Christkind erscheint dem heiligen Antonius von Padua« von Murillo.
⓬ **Capilla de Santiago** Hier sind u. a. ein Jakobusbild von Juan de Roelas und ein Bild von Valdés Leal (»Heiliger Laurentius«) zu sehen.

Reales Alcázares

Der unmittelbar gegenüber der Kathedrale gelegene Alcázar war ursprünglich die Burg der maurischen Herrscher, die vom 9. Jh. an daran bauten.

Der Grundriss des Palastes lässt das klassische Schema islamischer Architektur mit zentralen Innenhöfen erkennen, von denen nach allen Seiten unterschiedliche Hallen und Räumlichkeiten abgehen. Bemalter Stuck und *azulejos* (➤ 12), Kacheln fügen sich hier zu wunderbaren geometrischen Mustern zusammen. Die herrlichen Gärten sind besonders einladend.

Mit dem Bau des Reales Alcázares wurde Anfang des 8. Jh.s begonnen – auf den Ruinen einer römisch-westgotischen Festung. Das Innere des Gebäudes stammt fast

völlig aus dem späten Mittelalter. Nach der Einnahme Sevillas durch Ferdinand III. zogen die christlichen Könige hier ein. Pedro I., genannt der Grausame, (reg. 1350 bis 1369) beschloss, seiner Geliebten María de Padilla eine königliche Behausung zu bauen. Dazu ließ er maurische Baumeister und Handwerker aus dem mit ihm verbündeten Granada und aus Toledo kommen, die den heute nach ihm benannten Palastteil erstellten und damit eines der schönsten Zeugnisse mudejarer Baukunst in Spanien schufen. Die Katholischen Könige veränderten einige Räume, unter Karl V. wurde ein weiterer Anbau errichtet.

Man betritt den von hohen Mauern umgebenen Alcázar von der Plaza del Triunfo durch die Puerta del León und gelangt in den mit …

Besichtigung der Reales Alcázares

Nur jeweils einige hundert Personen können im 30-Minuten-Takt die Kontrolle passieren; mit Warteschlangen ist zu rechnen. Hinter dem Eingang liegt der **Patio del León** (Löwenhof), dahinter der größere **Patio de la Montería** (Jagdhof). Rechts davon erstreckt sich der **Salón del Almirante**

BAEDEKER TIPP

Am Kartenschalter gibt es offizielle Führer durch die Reales Alcázares. Sie können auch **Audio-Guides in verschiedenen Sprachen** ausleihen, über die man das Wichtigste zu den einzelnen Sehenswürdigkeiten erfährt.

Die Gärten des Alcázar vereinigen auf wunderbare Weise die Gartenbaukunst des Islam mit der der Renaissance.

(Admiralssalon), den Isabella von Kastilien 1503 zur Planung der Reisen nach Amerika nutzte. Am schönsten ist die **Sala de Audiencias** (Audienzsaal) mit einer Artesonado-Decke, einem beeindruckenden Modell des Schiffes von Kolumbus, der *Santa María*, und dem herrlichen Altarstück *Madonna der Seefahrer* aus dem 16. Jh., das u. a. Kolumbus und Amerigo Vespucci zeigt.

Im eigentlichen Palast Pedros I. besticht der zentrale Hof, der **Patio de las Doncellas** (Damenhof) mit üppigen Fächerbögen, Steingitterwerk und einem Fries aus *azulejos*. In der Mitte lässt ein Brunnen schlanke Wassersäulen aufsteigen. Der Hof ist von reich dekorierten Räumen umgeben, die schmale Durchgänge miteinander verbinden. Im Zentrum befindet sich der **Patio de las Muñecas** (Puppenhof). Der zweistöckig angelegte **Salón de los Embajadores** (Gesandtensaal) ist der älteste und schönste Saal im Alcázar. Er wird von einer prächtigen Stalaktitenkuppel (1420) aus Zedernholz abgeschlossen.

... Orangen und Blumen bepflanzten Patio del León, dessen Mauergeviert teilweise noch aus almohadischer Zeit stammt.

Eine Treppe in der Ecke des Patio de las Doncellas führt in die düsteren **Salones de Carlos V**, die Privatgemächer Karls V. aus dem 17. Jahrhundert. Nicht weit vom Estanque del Mercurio (Merkurbecken) gelangt man an einer Cafeteria vorbei zum Apeadero mit einer Sammlung von Kutschen und weiter zum Ausgang.

206 C2 Patio de Banderas ☎ 954 50 23 24
tgl. 9.30–19, Winter bis 17 Uhr Café C1, C2, C3, C4
9,50 €, Kinder unter 16 Jahren frei

Barrio de Santa Cruz

Bei der Kathedrale und den Reales Alcázares gibt es viele schmale Gassen – eine willkommene Abwechslung zu den verkehrsreichen Hauptstraßen. Das Gleiche gilt für die *plazas* des Barrio de Santa Cruz. Im mittelalterlichen Sevilla war dies die *aljama*, das Judenviertel. Im Schicksalsjahr 1492 wurde hier nach einem Pogrom viel zerstört, dennoch blieb manches erhalten – und überdauerte sogar die Modernisierungsmaßnahmen zu Beginn des 20. Jahrhunderts. So kann noch heute, wer hier durch die Straßen streift, immer wieder durch schmiedeeiserne Gitter einen Blick auf einen hübschen *patio* werfen.

Eine kleine Oase der Ruhe ist auch die **Plaza de Santa Cruz**. Das Kreuz in der Mitte symbolisiert die Iglesia de Santa Cruz, eine Kirche, die von den Truppen Napoleons zerstört wurde. Ebenfalls reizvoll ist die Plaza Doña Elvira mit dem Brunnen. Das **Hospital de los Venerables Sacerdotes** an der Plaza de los Venerables, einst ein Hospiz für pensionierte Priester, dient heute als Sitz der Focus-Abengoa-Stiftung und als Veranstaltungsort von Ausstellungen und Konzerten. Der *patio* des Gebäudes ist hübsch. Am Ostrand des Viertels liegen die angenehm schattigen **Jardines de Murillo** (Murillo-Gärten); überall gibt es Bars und Cafés.

Rechte Seite: Bar im Barrio de Santa Cruz

Museo de Bellas Artes

Eine der herausragendsten Kunstgalerien Spaniens ist im ehemaligen **Convento de la Merced Calzada** untergebracht,

Die Taverne El Rinconcillo (Zum stillen Winkel) ist in einem 1670 errichteten Haus untergebracht.

Hospital de los Venerables Sacerdotes
206 C2 Plaza de los Venerables 8
954 56 26 96 10–14 und 16–20 Uhr (Führungen) 5,50 €

Museo de Bellas Artes
206 A3 Plaza del Museo
955 54 29 31 Di–Sa 10–20.30 (im Hochsommer tgl. 10–17), So. 10–17 Uhr C1, C2, C3, C4 frei für EU-Bürger, sonst 1,50 €

BAEDEKER TIPP

- **Mit dem Bus durch Sevilla:** Sevirama (Paseo de Colón, Tel. 954 56 06 93, https://sevilla.busturistico.com/de, 18 €) bietet Stadtrundfahrten in offenen Panoramabussen. Sie starten von 10 Uhr an alle 30 – im Sommer alle 20–30 Minuten nördlich des Torre del Oro (▶ 157) und fahren an verschiedenen Sehenswürdigkeiten vorbei zur Plaza de España (▶ 156), durch Triana (▶ 157) und zur Isla Mágica (▶ 157). Über Kopfhörer werden die Highlights in der gewünschten Sprache erläutert. Mit dem Tagesticket können Sie jederzeit zu- und aussteigen.
- **Mit dem Boot durch Sevilla:** Zwischen 11 und 22 Uhr (Winter 19 Uhr) starten alle 30 Minuten Boote zu einstündigen Rundfahrten. Die Touren beginnen an der Torre del Oro (▶ 157), wo sich auch der Kartenschalter befindet (Cruceros Turísticos Torre del Oro, Tel. 954 56 16 92, http://crucerosensevilla.com).

das sich in nordwestlicher Richtung unweit der Kathedrale erhebt. Mit seinem *patio* und den Galerien ist das Gebäude schon für sich sehenswert, die Besucher kommen aber in erster Linie, um Meisterwerke der spanischen Malerei vom frühen Mittelalter bis zum 20. Jh. zu sehen.

Die Dauerausstellung verteilt sich auf 14 Räume. Höhepunkt ist in **Saal V** die frühere Klosterkapelle. Man kommt seitlich herein und sieht sich sogleich der »Apotheose des heiligen Thomas von Aquin« gegenüber, einem Meisterwerk von Francisco de Zurbarán aus dem 17. Jh. Wendet man sich nach rechts, überblickt man den Saal in seiner ganzen Pracht. Selbst die Kuppel der Kapelle ist noch mit restaurierten Gemälden bestückt. An der Wand der früheren Apsis wird das Werk des in Sevilla geborenen Malers Bartolomé Esteban Murillo gefeiert, darunter »Die unbefleckte Empfängnis« und »Die Heiligen Rufina und Justa«. In einer kleinen Nische rechts hängt Murillos Muttergottes mit Kind, das als »La Virgen de la Servilleta« bekannt ist, da der Maler das Gemälde auf eine Serviette skizziert haben soll. In Saal VII finden sich noch mehr Murillos, Saal X ist Zurbarán gewidmet. Ausgestellt werden ferner Werke von Goya, Velázquez, El Greco und von Murillos Zeitgenossen Juan de Valdés de Leal sowie von Bildhauern wie Pedro Millán, der im 15. Jh. in Sevilla geboren wurde. Seine »Grablegung« hängt in Saal I.

Die **Säle XII** und **XIV** zeigen Kunst aus dem 19. und 20. Jh. In Saal XII beschwört das doch etwas kitschig geratene Gemälde von Gonzalo Bilbao die Welt der Carmen in der Tabakfabrik (► 15) herauf, auch eine »Sommernacht in Sevilla« des impressionistischen, in der andalusischen Hauptstadt geborenen Malers ist hier zu sehen. Weitere

Der zentrale Innenhof der Casa de Pilatos präsentiert sich als zweistöckiges Geviert von Arkaden, deren Rundbogen mit mudejaren Mustern verziert sind. Die Mitte des Hofs nimmt ein Delfinbrunnen mit Januskopf ein.

Höhepunkte sind »Bulerías« von José García Ramos und sein Porträt eines trinkenden Mannes mit dem Titel »Hasta Verte Cristo Mío«.

Casa de Pilatos

Rund 500 Meter östlich von der Kirche San Salvador steht an der gleichnamigen Plaza die Casa de Pilatos. Dieser heute den Herzögen von Medinaceli gehörende Palast vereint Elemente des *mudejar*, der Gotik und der Renaissance auf eine so gelungene Art und Weise, dass er fast auf eine Stufe mit dem Alcázar zu stellen ist. Mit seinem Bau begann man 1492, um das Jahr 1520 war er vollendet. Da der Bauherr im Jahr zuvor nach Palästina gereist war, meint der Volksmund zu wissen, dass Gebäude eine Nachahmung des Hauses von Pontius Pilatus in Jerusalem sei. Angelegt ist das Haus um einen einzigartigen *patio*, den man durch ein triumphbogenartiges Portal aus Carrara-Marmor betritt, eine Arbeit des Genueser Künstlers d'Aprile von 1532. Ab 1950 wurde das Haus in seiner alten Pracht wiederhergestellt. Bei einer Führung kann man die herrlich ausgestatteten Räume kennenlernen.

Plaza de España und Parque de María Luisa

Von all den Plätzen und Parks in Sevilla sind die Plaza de España und der Parque de María Luisa am schönsten. Beide entstanden 1929 als Vorzeigeobjekte für die Iberoamerikanische Ausstellung. Im **Parque de María Luisa** kann man im Schatten der Bäume die Hitze gut ertragen. Die Grünanlage ist eine Oase aus bunten Gärten mit Geranien und Bougainvilleen, Bäumen, Brücken und Pavillons. Im Osten liegen an der hübschen Plaza de América das **Museo**

Die halbmondförmig angelegte Plaza de España

Arqueológico (Archäologisches Museum) mit einer Sammlung prähistorischer bis maurischer Altertümer sowie das **Museo de Artes y Costumbres Populares** (Volkskundemuseum), das Kunsthandwerk und Trachten aus dem 18. und 19. Jh. präsentiert. Beide entstanden ebenfalls im Rahmen der Ausstellung vom Jahr 1929. Im Norden des Parque de María Luisa erstreckt sich jenseits der Avenida de Isabel la Católica die **Plaza de España**, ein riesiger halbmondförmiger Platz mit geschwungenen Treppen, die zu Ziegelgebäuden mit Arkaden hinaufführen. Unten zeigen bunte Kachelmosaiken historische Szenen und die Wappen der spanischen Provinzen. Vor dem Halbrund des Platzes spannen sich dekorative Brücken über einen künstlichen See, auf dem man mit dem Ruderboot fahren kann.

Plaza de San Francisco und Calle Sierpes

Im Norden der Kathedrale und am Ende der betriebsamen Avenida de la Constitución liegen zwei aneinander angrenzende Plätze. Die **Plaza Nueva** ist architektonisch nicht besonders reizvoll, dafür ist hier abends viel Trubel. Nicht weniger umtriebig zu geht es auf der **Plaza de San Francisco**, wo schon seit dem 16. Jh. das urbane Herz der Stadt schlägt. Zwischen dem Ayuntamiento (Rathaus, 16. Jh.) mit seiner schönen Renaissancefassade und den mit Balkonen versehenen Gebäuden aus dem 19. Jh. gegenüber werden oft politische Kundgebungen und andere Veranstaltungen abgehalten. Von hier bummelt man durch die **Calle Sierpes**, die wichtigste Einkaufsstraße der Stadt. In den Seitenstraßen drängen sich die Menschen zwischen *tapas*-Bars und Barockkirchen. Am Ende der Sierpes gelangt man zur **Campaña** mit einem farbenfrohen Markt, auf dem vor allem Kunsthandwerk feilgeboten wird. In der Confitería La Campaña, gönnt man sich gerne noch einen der leckeren Kuchen.

Torre del Oro, Plaza de Toros da la Maestranza und Triana

Sevilla liegt wunderschön am Guadalquivir; beide Flussufer sind es wert, erkundet zu werden. Auf der Ostseite grenzt

BAEDEKER TIPP

- Von den Außenbezirken gelangt man mit den **Buslinien 10 bis 43 ins Zentrum** von Sevilla. Busfahrpläne halten die Touristeninformationen (► 144) oder das Büro von Transportes Urbanos de Sevilla (TUSSAM; www.tussam.es) in der Avenida de Andalucía 11 bereit.
- Wer am Nachmittag der Hitze entkommen möchte, der ist im **Museo de Bellas Artes** (► 152f) gut aufgehoben, das über Mittag nicht schließt.
- Die **Capilla de San José** steht in einer schmalen Seitenstraße der Calle Sierpes (links von der Plaza de San Francisco) unweit der Calle Jovellanos im Herzen des Einkaufsviertels. Ihr spätbarocker Altar zählt zu den schönsten in Andalusien.
- Die Expo 92 fand in Sevilla auf der **Isla de La Cartuja** statt, die von den beiden Armen des Río Guadalquivir umschlossen wird. Im Kartäuserkloster, auf das sich der Name der Insel bezieht, befindet sich ein Ausstellungszentrum für zeitgenössische Kunst (CAAC, Tel. 955 03 70 70, Di–Sa 11–21, So 10–15.30 Uhr, 3 €). Auf der Ostseite der Insel liegt der riesige Vergnügungspark **Isla Mágica** (Mai–Sept. tgl. 11–19 bzw. 24 Uhr; www.islamagica.es, Eintritt 20 €).

an die Altstadt die **Torre del Oro**, ein maurischer Turm aus dem 12. Jh., in dem heute ein kleines Schifffahrtsmuseum untergebracht ist. Weiter nördlich erreicht man am Paseo de Cristóbal Colón die riesige barocke Stierkampfarena von Sevilla, **La Maestranza** (► 172) – angeblich die schönste der Welt. Ein Stückchen weiter südlich kann man den Guadalquivir über den Puente de Isabel II überqueren und gelangt so ins Viertel **Triana**, Heimat der *gitanos*, des Flamenco und der Keramikproduktion.

La Maestranza, Sevillas riesige Stierkampfarena

Casa de Pilatos

206 C3 · Plaza de Pilatos 1 · 954 22 52 98 · Mai–Sept. 9–19, Okt–April 9–18 Uhr · C1, C2, C3, C4 (zur Plaza San Agustín) · 6 €

Plaza de España und Parque de María Luisa

206 C1 · Avenida de Isabel la Católica · Bus C1, C2, C3, C4 · frei

Museo Arqueológico

206 südl. C1 · Plaza de América · 955 12 06 32 · Mitte Sept.–Mitte Juni Di–Sa 10–20.30, Mitte Juni–Mitte Sept. Di–Sa 9–15.30, So immer 10–17 Uhr · frei für EU-Bürger

Museo de Artes y Costumbres Populares

206 südl. C1 · Plaza de América · 954 71 23 98 · Di–Sa 9–20.30, So und Feiertage 9–14.30 Uhr · frei

6 Carmona

Auf einem kahlen Hügelrücken inmitten der Vega de Corbones, einem der fruchtbarsten Landstriche Andalusiens, thront das Städtchen Carmona. Sein Kern gehört zu den schönsten der kleineren Städte Andalusiens, übertroffen nur noch von Baeza und Úbeda. Mit seinem ausgedehnten römischen Gräberfeld besitzt Carmona ein Kulturdenkmal ersten Ranges.

Die **Necrópolis Romana** umfasst annähernd 1000 Gräber aus dem 2. vorchristlichen bis zum 4. nachchristlichen Jahrhundert, von denen etwa 250 freigelegt wurden. Führungen werden angeboten, aber man findet sich auch gut allein zurecht. Ein Museum informiert über die Bestattungstechniken der Römer.

Carmona selbst betritt man durch ein beeindruckendes römisches Tor, die **Puerta de Sevilla**. Auf die Befestigungsmauern und die Zinnen des Tores gelangt man durch das Büro der Touristeninformation. Jenseits der lebhaften Plaza Blas Infante steht außerhalb der Stadtmauer die **Iglesia de San Pedro** aus dem 15. Jh.; ihr Turm ist der Giralda in Sevilla nachempfunden. An der Ecke des von Palmen gesäumten Hauptplatzes von Carmona, der Plaza de San Fernando, steht die **Casa de Cabildo**, das alte Rathaus. Östlich der *plaza* gelangt man über die Calle Martín López de Córdoba zur gotischen **Iglesia de Santa María Mayor**. Halten Sie im Inneren nach der Säule mit dem eingravierten westgotischen Kalender Ausschau. Am östlichen Stadtrand befindet sich die restaurierte **Puerta de Córdoba**.

Carmona im Abendlicht, mit dem hoch aufragenden Turm der Iglesia San Bartolomé

KLEINE PAUSE

Selbst wenn Sie nicht im exklusiven **Parador Nacional**, dem Hotel im renovierten Alcázar del Rey de Pedro, wohnen, sollten Sie sich hier etwas zu trinken genehmigen. Die Überreste dieser maurischen Festung erheben sich hoch über der Stadt, das Hotel ist eines der schönsten in ganz Spanien. Wer es sich leisten kann, bleibt zum Essen.

BAEDEKER TIPP

- In der **Necrópolis Romana** sollte man sich vor der Sonne schützen.
- Jeden Morgen findet in einem arkadenverzierten *patio* aus dem 17. Jh. südlich der Plaza de San Fernando ein **Markt** statt.
- Das *ayuntamiento* (Rathaus) von Carmona befindet sich in einem **herrlichen Renaissancegebäude**. Im *patio* stellt ein römisches Mosaik ein **Medusenhaupt** dar (Mo–Fr 8–15 Uhr, Eintritt frei).

Touristeninformation

199 D3 Alcázar de la Puerta de Sevilla 954 19 09 55; www.turismo.carmona.org

Parken

Einige Parkplätze gibt es in der Puerta de Sevilla und rund um die Plaza de San Fernando.

Necrópolis Romana

Avenida de Jorge Bonsor 9
600 14 36 32
Di–So 9–18.30, im Hochsommer bis 15.30 Uhr frei

Iglesia de San Pedro

Calle San Pedro Öffnungszeiten in der Touristeninformation nachfragen 1 €

Iglesia de Santa Maria Mayor

Calle Martín López de Córdoba
Di–Sa 9.30–14, 17–19, So 10–13, 18–19.30 Uhr
inkl. Museum 3 €

9 Parque Nacional de Doñana

Der wildromantische Parque Nacional de Doñana ist das größte Naturschutzgebiet Spaniens und eines der bedeutendsten Feuchtgebiete der Welt. Er dient als Refugium für heimische Vögel, Zugvögel und eine Vielzahl von Säugetieren wie den spanischen Luchs, Wildschweine und Otter.

Der Park umfasst mehr als 500 km² Land rund um das Delta des Río Guadalquivir, der ihn im Osten begrenzt. Nach Süden reicht er bis zur Mündung des Flusses gegenüber von Sanlúcar de Barrameda, im Westen bis zum Atlantik und im Norden bis zur A 483 von Matalascañas nach El Rocío. Diese Landschaft war von jeher kaum besiedelt – zu feindlich war das Klima des Marschlandes *(marismas)*, in dem bis Mitte des 20. Jh.s noch die Malaria grassierte. Deshalb wurde das Gebiet fast ausschließlich als Jagdgrund (span. *coto* = Revier) genutzt und blieb ansonsten weitgehend unberührt.

Einer der ersten, die hier zu jagen pflegten, war Alfons X. im 13. Jh. Ihm folgten die Herzöge von Medina Sidonia nach, denen das Land überlassen wurde. Der 7. Herzog dieses Geschlechts, Alfonso Pérez de Guzmán, Kommandeur der 1588 vernichteten spanischen Armada, errichtete 1595 seiner Gattin Doña Ana inmitten des heutigen Nationalparkgeländes einen Palast, der heute Forschungszentrum ist. Aus dem Namen »Coto de Doña

Im Parque Nacional Coto de Doñana leben auch viele Hirsche.

BAEDEKER TIPP

- Alle **Besucherzentren** der Doñana sind während der Wallfahrtswoche nach El Rocío (► 166) geschlossen. Am besten hält man sich Ende Mai bis Anfang Juni ganz von hier fern.
- Am Centro de Recepción del Acebuche, der Hauptinformation, kann man sich ein **Fernglas** leihen.
- Auf der Jeeptour vom Centro de Recepción de Acebuche kann es bis Mittag sehr heiß werden. Auf der **Abendtour** sind die Aussichten besser, größere Tiere zu erspähen, seltene Vögel sieht man dann allerdings nicht.
- Von Las Rocinas kommt man zum hübschen Jagdhaus **Palacio del Acebrón**, wo eine Ausstellung Einblicke in das Leben in den Feuchtgebieten gibt. Hier befindet sich auch ein Naturlehrpfad.

Zahllose Zugvögel überwintern hier, legen auf ihrem Weg nach Afrika eine Pause ein und gesellen sich zu den hier lebenden Arten.

Ana« wurde im Lauf der Zeit »Coto de Doñana«. 1897 verkauften die Herzöge das Gebiet an den Sherrybaron William Garvey. Um diese Zeit machten die Briten Abel Chapman und Walter Buck erstmals auf die Schätze des Coto aufmerksam. Doch erst in den 1960er-Jahren setzten sich Naturschützer für die Schaffung eines Nationalparks ein, der schließlich im Jahr 1969 als »Parque Nacional de Doñana« mit einer Fläche von 370 Quadratkilometern eröffnet wurde; 1978 erfolgte die Erweiterung auf 500 Quadratkilometer mit weiteren, nicht direkt zum Park zählenden 265 Quadratkilometern Schutzfläche in der Umgebung. Seit 1994 ist der Park ein **Biosphärenreservat der UNESCO**. Rund 300 000 Vögel – aus nicht weniger als 300 verschiedenen Arten – ziehen jedes Jahr im Oktober aus dem kalten Nordeuropa in die *marismas* und dann im März wieder nach Norden. Vögel kann man im Nationalpark deshalb am besten im Winter beobachten. Doch auch im Sommer sind die Chancen gut, Flamingos, Störche, Wiedehopfe und verschiedene Greifvögel wie Adler, Geier und Falken zu erspähen.

Mehrere Besucherzentren regeln den Zugang zur Doñana. Das **Centro de Recepción del Acebuche** (► unten) ist das eigentliche Besucherzentrum mit Ausstellungen, audiovisionellen Medien, Souvenirs, Café. Hier werden Touren in Allradfahrzeugen (etwa 80 Kilometer, 3–4 Stunden) vermittelt. Reservierung erforderlich.

KLEINE PAUSE

Coto de Doñana eignet sich hervorragend für ein Picknick, besorgen Sie sich frisches Brot, Manchego-Käse, *serrano*-Schinken und eine Flasche Rioja.

---

198 B2

Besucherzentren

Centro de Recepción del Acebuche (bei A483, 5 km nördl. von Matalascañas
959 43 04 32; www.donanavisitas.es
tgl. Sommer 8.30–21, Winter 8–19 Uhr Führung: 30 €
Centro Recepción Las Rocinas (bei A483, im südlichen Vorortbereich von El Rocío 959 43 95 69 tgl. Sommer 10–15, 16–18, Winter 9–19 Uhr

36 Aracena & Gruta de las Maravillas

Hauptattraktion dieses lebendigen Marktfleckens sind die beeindruckenden Tropfsteinhöhlen unterhalb des Hügels, auf dem Aracena steht. Der Ort selbst hat hübsche Straßen mit Kopfsteinpflaster und wird von den Ruinen einer mittelalterlichen Burg sowie einer Kirche aus dem 13. Jh. überragt.

Aracena liegt im Norden der Provinz Huelva mitten in der Sierra de Aracena, einem Gebiet mit sanft geschwungenen Hügeln, auf denen Korkeichen und Eukalyptusbäume stehen. Dabei handelt es sich um die Ausläufer der Sierra Morena. Die **Gruta de las Maravillas** (Wunderhöhle) zieht viele Touristen in die Stadt. 1,2 Kilometer des Höhlensystems stehen zur Besichtigung offen; Galerien und Durchgänge zeigen bizarr geformte Stalaktiten und Stalagmiten und führen zu mehreren kleineren Seen. Beleuchtung und musikalische Untermalung verleihen der Szenerie zusätzliche Dramatik. Die Führungen finden auf Spanisch statt, aber die Gesteinsformationen erklären sich auch mehr oder weniger selbst. In jedem Fall lohnt es sich, auch die eigene Fantasie anregen zu lassen. Zu den Höhepunkten der Besichtigung zählt die **Sala de los Culos** (Saal der Hintern), wo die Kalziumkarbonatablagerungen wohlgerundeten menschlichen Hinterteilen ähneln.

In Aracena können Sie durch Kopfsteinpflastergassen und über den Hauptplatz, die Plaza Marqués de Aracena,

Die Gruta de las Maravillas soll ein Schäfer im 19. Jh. entdeckt haben, als er nach verloren gegangenen Schafen suchte.

KÖSTLICHER SCHINKEN: TEUER UND GUT

Aracena in der Sierra Morena ist das Zentrum des **Jamón Ibérico** – des edelsten, aber auch teuersten Schinkens der Welt. Mehrere Läden der Stadt bieten diese traditionell luftgetrocknete Köstlichkeit an, die sie aber auch in einer der Bars in der Unterstadt probieren können. Hauptproduktionsort ist Jabugo (Tour ► 188). Grundsätzlich unterscheidet man den vom weißen Hausschwein stammenden Jamón Serrano vom Jamón Ibérico. Letzterer wird ausschließlich vom typischerweise dunklen Weideschwein gewonnen, einer uralten endemischen Rasse der Iberischen Halbinsel, deren Aufzucht und Haltung in ihrem natürlichen Umfeld viel teurer ist als beim Hausschwein.

bummeln, wo in der Regel immer viel los ist. Ganz oben auf dem Hügel liegt hinter einem Tor aus dem 16. Jh. die Ruine einer maurischen Burg, daneben steht eine beeindruckende mittelalterliche Kirche, Nuestra Señora de los Dolores, mit reich verziertem Turm.

Man kann eine Besichtigungstour in der Kutsche oder mit dem Auto unternehmen; viel schöner ist es jedoch, zu Fuß durch die steil ansteigende Altstadt zu streifen und sich die hübsche **Plaza Alta** anzusehen. Sie liegt recht verlassen da, seit rund um die Plaza Marqués de Aracena das moderne Aracena entstand. Im einstigen Rathaus an der Plaza Alta befindet sich das Informationszentrum für den nahe gelegenen Naturpark.

---

198 B4

Touristeninformation

Calle Pozo de la Nieve, Plaza San Pedro (auch Eintrittskarten zur Gruta de las Maravillas) 663 93 78 76; www.aracena.es

Parken

Am Eingang der Stadt von der N 433 her befindet sich an der Plaza de San Pedro ein Parkplatz; bezahlt wird beim Wächter.

Gruta de las Maravillas

bei der Plaza San Pedro

959 12 82 06/12 83 55

tgl. 10.30–13.30 und 15– 18 Uhr; Führungen Mo–Fr stündlich, Sa/So halbstündlich; Eintrittskarten im Touristenzentrum gegenüber vom Zugang zu den Höhlen; beschränkte Besucherzahlen (35 Personen pro Tour) und Wartezeiten bis zu zwei Stunden 12,50 €

BAEDEKER TIPP

- In der Gruta de las Maravillas ist es **kühl**, nehmen Sie deshalb unbedingt einen Pullover mit.
- Wer kein Spanisch kann, sollte sich bei den Führungen hinten halten und einfach die Umgebung auf sich wirken lassen. Aber **Achtung**, die Beleuchtung der einzelnen Abschnitte geht automatisch aus.
- Auf halbem Weg durch die Tropfsteinhöhlen ist oft ein **Fotoapparat** mit Blitz installiert; die Bilder kann man nach der Führung kaufen. Wer kein Foto möchte, hält sich die Hand vors Gesicht.
- **Muss nicht sein:** Dem Kartenverkauf der Gruta de las Maravillas ist ein kleines **geologisches Museum** angeschlossen, das aber eher etwas für Spezialisten ist.

Nach Lust und Laune!

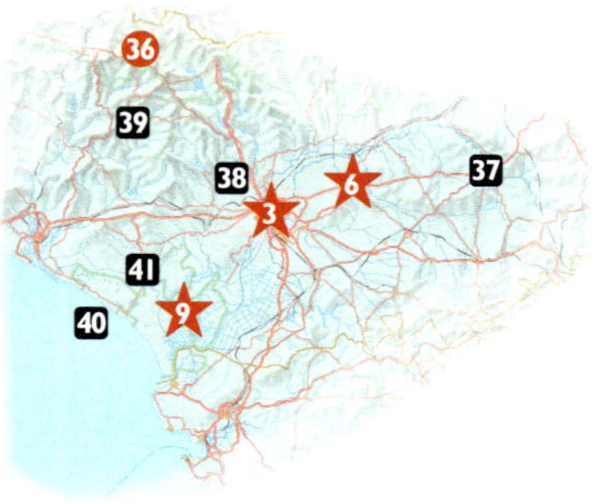

37 Écija

Elf Kirchen mit barocken Glockentürmen, deren bunte Kacheln in der Sonne glänzen, verleihen Écija eine extravagante Skyline. Der Hauptplatz, die Plaza Mayor oder Plaza de España, ist von Arkaden umgeben und mit Palmen bewachsen. Zu den bemerkenswerten Profanbauten zählen der **Palacio de Peñaflor**, dessen elegant geschwungene Fassade Balkone und farbenprächtige Fresken zieren; innen finden sich Stuck und Marmor. Der **Palacio de Benamejí** hat einen schönen *patio* und beherbergt das kleine **Museo Histórico Municipal**, in dem man alles über die Stadtgeschichte erfährt.

199 E4
Elvira 1 ☎ 955 90 29 33; www.turismoecija.com

Palacio de Peñaflor
Calle Castellar derzeit geschlossen frei

Museo Histórico Municipal
Palacio de Benamejí, Plaza de la Constitución 1 Juni–Sept. Di–Fr 10–14.30, Sa 10–14 und 20–22, So und Feiertage 10–15 Uhr; Okt.–Mai Di–Fr 10–13.30, 16.30–18.30, Sa 10–14 und 17.30–20, So und Feiertage 10–15 Uhr frei

38 Itálica

Die Überreste der einst bedeutenden Stadt des Römischen Reiches liegen 9 Kilometer nördlich von Sevilla. Itálica wurde 205 v. Chr. am Río Guadalquivir als Hafen und Verwaltungszentrum der römischen Provinz Hispanien gegründet. Hier kamen die Kaiser Hadrian und Trajan zur Welt. Mit der Zeit veränderte der Fluss jedoch seinen Lauf, und so verlor Itálica seine Bedeutung als Handelsstadt. Kunstschätze, Mosaike und wunderschöne Steinmetzarbeiten wurden zerstört. Der Großteil des Amphitheaters hat überdauert, die Fundamente der Villen und Straßen wurden zusammen mit Mosaiken freigelegt, darunter ein herrliches Neptunmotiv.

198 C3 Avenida de Extramadura 2, Santiponce ☎ 955 12 38 47 Di–Sa Mitte Sept. bis März 9–17.30, April–Mitte Juni 9–19.30, Mitte Juni–Mitte Sept. 9–15.30, So immer 9–15.30 Uhr frei für EU-Bürger

Ciudad de las Torres, Stadt der Türme, wird Écija auch genannt

Beeindruckend: die Ruinen von Itálica, der ersten römischen Stadt in Spanien

39 Río Tinto

Jahrtausende des Bergbaus haben riesige Wunden in die Landschaft am Río Tinto gerissen. Dass hier seit der Zeit der Phönizier und Römer Eisen, Kupfer und Silber abgebaut wurden, verraten die bunten Flecken auf der Erde – in Rostrot, Smaragdgrün und Ocker. Im späten 19. Jh. wurden die Minen an britische und deutsche Banken verkauft, die den Abbau in großem Stil kommerziell betrieben. Heute werden die Minen wieder von den Spaniern ausgebeutet, wobei die Produktion allerdings zurückgegangen ist. Das Dorf Minas de Río Tinto ist nicht besonders schön, doch erzählt das **Museo Minero** (Bergbaumuseum) die Geschichte anhand von hervorragenden Exponaten aus Geologie, Archäologie und Sozialgeschichte. Man kann an einer Führung teilnehmen und sich die Erdarbeiten und eine 330 Meter tiefe, offene Grube ansehen. Oder man fährt mit dem Zug, dessen restaurierte Waggons 100 Jahre alt sind, durchs Bergbaugebiet.

198 B4

Museo Minero
✉ Parque Minero de Riotinto, Plaza Ernest Lluch
☎ 959 59 00 25; http://parquemineroderiotinto.es
🕓 tgl. 10.30–15, 16–19, im Hochsommer bis 20 Uhr 🖐 Museum: 5 €, Führung: 5–14 €, Zugfahrt: 11 €, Kombiticket: 18 €

40 Costa de la Luz (Huelva)

Fährt man vom Mündungsgebiet des Río Tinto und Río Odiel ein paar Kilometer Richtung Südosten, gelangt man hinter Fabriken und Raffinerien an die weitgehend unbewohnte Küste und zu einem fast goldenen Sandstrand, der sich über 25 Kilometer von Mazagón bis Matalascañas erstreckt. Den von Sanddünen und Kiefernwäldern gesäumten Strand erreicht man nur von wenigen Punkten an der Küstenstraße aus, hinter der sich der Parque Nacional Coto de Doñana (➤ 160) erstreckt. Am bequemsten gelangt man bei Mazagón und Matalascañas zum Strand. In beiden Ferienorten geht es im Sommer recht hoch her, außerdem liegt **Mazagón** manchen zu nah an der Flussmündung. Ein paar Kilometer weiter südostwärts steht der **Parador de Mazagón**, oberhalb eines beliebten Strandabschnittes befindet sich ein Parkplatz. Etwa 8 Kilometer weiter kann man von einem anderen Parkplatz aus auf einem befestigten Weg zwei Kilometer durch die von Kiefern und Wacholder bestandenen Dünen bis zur abgelegenen **Playa Cuesta de Maneli** wandern. In **Matalascañas** säumen Hotelburgen den Strand.
✚ 198 B2

TIPPS FÜR KIDS
- **Gruta de las Maravillas**, das Höhlensystem bei Aracena (P162f)
- Zugfahrten zu den **Minas de Río Tinto** (➤ 165)
- **Reserva Natural El Castillo de las Guardas** (über die A66 von Sevilla-Aracena zur A 476 nach Río Tinto, Tel. 955 95 25 68, tgl. 10.30–17 Uhr, Eintritt 24,50 €). Sie können im eigenen Auto durch das Reservat fahren und dabei Elefanten, Kamele, Giraffen, Antilopen, Zebras und viele andere exotische Tiere beobachten. Außerdem gibt es ein Schlangenhaus.

41 El Rocío

Wer zum ersten Mal nach El Rocío am westlichen Rand des Nationalparks Doñana kommt, der glaubt sich dort fast in eine Wildweststadt versetzt. Die leeren, breiten Straßen und Plätze sind nicht geteert, die zweistöckigen Holzgebäude mit Veranden tragen ein Übriges zu diesem Eindruck bei.

Der Ort ist das Ziel der Romería del Rocío (➤ 24), einer ungewöhnlichen Wallfahrt, bei der jedes Jahr an Pfingsten über eine Millionen *romeros* (Pilger) aus ganz Spanien und zum Teil sogar aus dem Ausland auf die nur noch rund 800 Einwohner El Rocíos treffen, um in der riesigen, weiß getünchten Kirche Nuestra Señora del Rocío der heiligen Jungfrau von Rocio, zu huldigen, die oft auch als *Blanca Paloma* (Weiße Taube) bezeichnet wird. Die meisten Gebäude in El Rocío sind im Besitz von *hermandades*, Bruderschaften, die auch im Laufe des Jahres oft kleinere Feierlichkeiten veranstalten.
✚ 198 B3

Wohin zum ... Übernachten?

Preise
für ein Doppelzimmer pro Nacht:
€ unter 60 Euro **€€** 60–90 Euro **€€€** 90–140 Euro **€€€€** über 140 Euro

SEVILLA UND UMGEBUNG

Hostería del Laurel €€

Die Lage dieses Hotels mit seinen 21 Zimmern ist unschlagbar: Es befindet sich an einem kleinen, mit Bäumen gesäumten Platz im Herzen des Barrio de Santa Cruz. Besser bekannt sind die *bodega*, die schon in Zorillas Theaterstück *Don Juan Tenorio* vorkommt, und das Restaurant. Die Zimmer liegen auf zwei Stockwerken, sie sind frisch renoviert, einfach eingerichtet und blitzsauber.

206 C2 Plaza de los Venerables 5
954 22 02 95

Hotel Londres €

Dieses einfache, aber gemütliche Hotel liegt in der Nähe des Museo de Bellas Artes und des Haupteinkaufsviertels. In der Umgebung gibt es zahlreiche Cafés und Restaurants, und die Kathedrale ist zu Fuß in 10 Minuten erreichbar. Die Zimmer sind altmodisch, aber zweckmäßig, und einige haben Balkon. Schauen Sie nach der Gedenktafel für Manuel Machado (Dichterkollege und Bruder des berühmteren Antonio) gleich gegenüber vom Hoteleingang.

206 A4 San Pedro Mártir 1, El Arenal 954 21 28 96; www.londreshotel.com

Hotel Alfonso XIII €€€€

Luxus zu entsprechenden Preisen: Das fünfstöckige Rokokogebäude wurde 1929 zur Expo im Neo-*mudéjar*- und andalusischen Stil erbaut. Selbst wenn man sich hier keine Übernachtung leisten kann, sollte man sich im *patio* mit vielen Pflanzen, antiken Möbeln, handbemalten Kacheln, Kristallleuchtern und Unmengen Marmor und Mahagoni zumindest einen Sherry gönnen. Die Zimmer sind nicht weniger opulent ausgestattet.

206 B1 San Fernando 2
954 91 70 00;
www.hotel-alfonsoxiii-sevilla.com

La Cartuja de Cazalla €€

Rund 80 Kilometer nordöstlich von Sevilla macht das Hotel auch als Zentrum für moderne Kunst mit einer Galerie und originalen Kunstwerken in allen Räumen von sich reden. Das herrliche Gebäude ist ein restauriertes Kartäuserkloster aus dem 15. Jh., das wunderschön in einem Park liegt. Vogelgezwitscher ersetzt den Fernseher. Hier sind Sie genau richtig, wenn Sie Ruhe und Erholung außerhalb der Stadt suchen.

206 A3 Carretera Cazalla–Constantina A455, Km 3, Cazalla de la Sierra, Sevilla
684 30 27 18; www.cartujadecazalla.com
24.–26. Dez. geschl.

Las Casas de la Judería €€€€

In einer Gasse am Rande des Barrio de Santa Cruz und doch nicht weit von den Geschäften liegt dieses schöne Hotel. Die passend im Barockstil eingerichteten Zimmer gruppieren sich um drei Höfe, die einst zu einem Palast gehörten.

206 C2 Calle Santa María la Blanca 5 954 41 51 50;
www.casasypalacios.com

CARMONA

El Comercio €

Diese Pension ist Teil der alten Stadtmauer an der Puerta de Sevilla. Im *patio* kann man sich abseits vom Lärm der Stadt gut erholen, moderne aber einfachste Ausstattung mit bequemen Betten; freundliches Personal.

199 D3 Calle Torre del Oro 56
954 14 00 18

Parador de Carmona €€€€

Von hier blickt man über die Ebene des Río Corbones. Die Gemeinschaftsräume gruppieren sich um einen zentralen *patio* im maurischen Stil, die Zimmer sind groß und luxuriös möbliert. Sie gehen entweder auf den Innenhof oder zum Tal hinaus. Wer hier kein Zimmer hat, trinkt etwas an der Bar oder isst im exzellenten Restaurant (➤ 170).

199 D3 Alcázar s/n
954 14 10 10; www.parador.es

ARACENA

Finca Valbono €€€

Diese Unterkunft inmitten der sanften Hügel eines Naturparks eignet sich besonders für Familien. Man kann zwischen Häuschen mit Selbstversorgung oder einem Hotelzimmer wählen. Es gibt einen Pool, Wander- und Reitwege. Das Restaurant hat sich auf Fleischgerichte spezialisiert, es gibt auch einige einfache Gerichte für Kinder.

198 B4 Carretera de Carboneras, Km 1
959 12 77 11; www.fincavalbono.com

Los Castaños €€

Das elegante Hotel liegt nur wenige Gehminuten von den Höhlen entfernt und ist von vielen Geschäften, Restaurants und Bars umgeben. Die Zimmer sind modern und geräumig mit Balkon. Den schönsten Blick hat man vom Speisesaal, der auf die Sierra de Aracena hinausgeht.

198 B4 Avenida Huelva 5
959 12 63 00; www.loscastanoshotel.com

Wohin zum ... Essen und Trinken?

Preise
für ein Drei-Gänge-Menü inkl. Wein:
€ unter 12 Euro
€€ 12–25 Euro
€€€ über 25 Euro

SEVILLA

Casa Robles €€

Unweit der Calle Sierpes hat sich dieses beliebte Restaurant auf Meeresfrüchte spezialisiert, jeden Tag kommen über ein Dutzend verschiedene Schalentiere auf den Tisch. Juan Robles zaubert die Gerichte in der Küche seines Familienbetriebs, der bereits im Jahr 1954 gegründet wurde. Es gibt drei kleinere Gaststuben sowie eine gern und viel frequentierte *tapas*-Bar, die alle gängigen Sorten auf Lager hat, dazu schmackhaft belegte Brote – *emparedores* – und lecker zubereitete *revueltos* (Rühreier).

206 B2 Calle Álvarez Quintero 58
954 21 31 50; www.casa-robles.com
tgl. 13–16.30 und 20–1 Uhr

El Corral del Agua €€

Dieses Restaurant liegt an einem der schönsten Standorte im Herzen des Barrio de Santa Cruz. Es befindet sich in einem ehemaligen Palast aus dem 18. Jh. und hat einen hübschen Innenhof mit leuchtenden roten Geranien. Die traditionellen Gerichte sind immer gut. Auf der Speisekarte stehen zum Beispiel Tintenfisch in Knoblauch und glasiertes Honiglamm.

206 C23 Callejón del Agua 6
954 22 48 41; www.corraldelagua.es
So und Jan.–Feb. geschl.

Habanita €€
In einer Seitenstraße im betriebsamen Viertel Alfalfa verbirgt sich in Gehweite vom Zentrum eines der wenigen vegetarischen Lokale von Sevilla. Die moderaten Preise locken Studenten und Touristen an; die Speisekarte ist reichhaltig mit den Schwerpunkten kubanische und mediterrane Küche. Ein paar Gerichte sind wirklich exotisch, wie Yukka mit Knoblauch, dicke schwarze Bohnen oder *tamales*, gefüllte Teigtaschen. Zu streng geht es dann aber doch nicht zu: Die Nachspeisen sind zuckersüß, und es gibt alkoholische Getränke.

206 C3
Calle Golfo 3
606 71 64 56 (Handy); www.habanita.es
Mo–Sa 12–16.30 und 20.30 Uhr bis spät

Patio San Eloy €
In dieser berühmten Bar gibt es genügend Kacheln für einen Mini-Alcázar; die *azulejos*-Treppen dienen als zusätzliche Sitzplätze. Das Lokal ist beliebt bei Studenten, Geschäftsleuten und ein Treffpunkt nach dem Einkaufsbummel. Neben einer großen Auswahl an *tapas* stehen dick belegte Sandwiches und *tortillas* (Omeletts) auf der Karte. Probieren Sie den eisgekühlten *fino* aus dem Fass.

206 B3 San Eloy 9
954 50 10 70 tgl. 11.30–23.30 Uhr

Pizzería San Marco €€
Dieses ungewöhnliche italienische Lokal ist in einem echten muslimischen Badehaus untergebracht und hat ein ganz besonderes Flair. Die Speisekarte bietet eine gute Auswahl an Pizzen und Pasta, meist ist es hier brechend voll. Während man auf seinen Platz wartet, nimmt man in der zugehörigen Harry's Bar einen Drink – sie ist nicht ganz so berühmt wie die in Venedig, aber nett.

206 C2 Calle Mesón del Moro 6
954 21 43 90; www.sanmarco.es
Di–So 13.30–16.30 und 20.30–0.30 Uhr

Restaurant La Cueva €€
In diesem Restaurant speisen Sie im bepflanzten *patio* im Freien. Ockerfarbene Wände, gepflasterter Boden und Säulen runden das Bild ab, innen ist das Restaurant mit Stierkampfaccessoires ausgestattet. Die Preise sind moderat, auch das *menú del día*; die Küche bietet solide andalusische Kost mit einigen guten Fischgerichten und einer überdurchschnittlichen Paella.

206 C2 Rodrigo Caro 18
954 21 31 43 Di–Sa 12.30–15.30 und 19.30–23.30 Uhr

Taberna del Alabardero €€€
Das edle Restaurant in einem prächtigen Stadtpalast unweit der Stierkamparena, La Maestranza, ist eine gastronomische Referenz der Stadt. Marktfrische Saisonküche wird in herrschaftlichen, mit Kacheln geschmückten Interieur serviert. Günstig und gut ist das Tagesmenü.

206 B3 Zaragoza 20
954 50 27 21; www.tabernadelalabardero.es
tgl. 13.30–16.30 und 20.30–24 Uhr; Aug. geschlossen

CARMONA

Molino de la Romera €€–€€€
Diese Mühle aus dem 15. Jh. wirkt mit gepflastertem Boden, Bögen und einem *patio* wie zu alten Zeiten. In der Bar, wo immer viele Studenten sitzen, gehen die Getränke und *tapas* flott über den Tresen; im Restaurant bietet die typisch andalusische Speisekarte *gazpacho*, Salate und Suppen, *tortilla*, gebratenen Fisch, Grillfleisch und vielfältige Gerichte mit Meeresfrüchten. Am Wochenende ist auch noch das Restaurant *mesón* in einem kirchenartigen Raum mit eigener Bar und Kaminfeuer geöffnet.

199 D3 Sor Ángela de la Cruz 8
954 14 20 00;
www.molinodelaromera.com
Bar: Mo–Fr 13–23, Restaurant: Mo–Fr 19.30–23 Uhr; 24. und 31. Dez geschlossen

Restaurante Parador de Carmona €€€

Die ehemalige Maurenfestung hat ein herrliches Ambiente, der Speisesaal mit Gewölbedecke, Lüster und Panoramablick eignet sich für besondere Gelegenheiten. Die Speisekarte ist exquisit, mit Schwerpunkt auf Wildgerichten, vor allem Rebhuhn und Reh; der Wein ist exzellent.

199 D3
Calle Alcázar s/n
954 14 10 10; www.parador.es
tgl. 13.30–16 und 20.30–23 Uhr, Juli und 24. Dez. geschlossen

ARACENA

Montecruz €€

Von der oberen Gaststube, die am Wochenende von spanischen Familien bevölkert ist, bietet sich ein atemberaubender Blick auf die Burg. Die Ausstattung ist gehoben mit bunten Kacheln, blauen und gelben Malereien und Kiefernmöbeln. Im Sommer kann man draußen auf der Terrasse essen. Als Vorspeise nimmt man *migas*, gebratene Brotwürfel, mit Sardinen, Spinat und Kichererbsen, die es als *tapas* oder als *ración* gibt.

198 B4
Plaza de San Pedro
959 12 60 13; www.restaurantemontecruz.com
tgl. 10–16, 19–23.30 Uhr

Restaurante Casas €€

In diesem typischen Restaurant der Sierra Nevada ist an den Wänden nicht mehr viel Platz: Hier hängen zahllose Spiegel, Teller, religiöse Bilder, Töpfe und Pfannen unter der heimeligen Balkendecke. Auf den Tisch kommen der berühmte Schinken und Schweinefleischgerichte – alles in Form bester Hausmannskost.

198 B4
Calle del Pozo de la Nieve
959 12 80 44; www.restaurantecasas.es
tgl. 12–17 Uhr

Wohin zum … Einkaufen?

Sevilla steht für schicke Mode. Auch an edlen Geschenkboutiquen und Juwelieren sowie Keramik und traditionellem Kunsthandwerk mangelt es nicht. Huelva kann mit Sevilla in Sachen Einkaufen sicher nicht mithalten, dafür gibt es hier den besten luftgetrockneten Schinken und andere Leckerbissen, von denen man nur träumen kann.

STADT SEVILLA

Die Haupteinkaufszone von Sevilla liegt zwischen der geschäftigen Plaza Nueva (➤ 156) und der angrenzenden Plaza de San Francisco (➤ 156) sowie weiter nördlich der Plaza del Duque de la Victoria. Das Zentrum umfasst die Fußgängerzone der **Calle Sierpes** (➤ 156), die zusammen mit den Nachbarstraßen Velázquez, Tertuán, Méndez Nuñez und den sie verbindenden Gassen ein breites Spektrum an Geschäften aufweist. Hier gibt es Kleidung, Schuhe, Lederwaren, Kinderbekleidung und Keramik. Den letzten Schrei in Sachen Mode ersteht man bei **Max Mara** (u. a. Plaza Nueva 3, Tel. 954 21 48 25) oder bei **Zara** (Plaza del Duque de la Victoria, Tel. 954 21 48 75). **Purificacion García** ist bekannt für ihre minimalistischen Designs (Plaza Nueva 8). Von den Textilunternehmen Mango, Blanco, Massimo Dutti, Pull & Bear gibt es mehrere Filialen.

Wer etwas typisch Spanisches möchte, findet in der Calle Sierpes mehrere Geschäfte, die sich Flamencotüchern, Schals und Schuhen verschrieben haben, darunter **Molina** (Calle Sierpes 11, Tel. 954 22 92 54) und **María Rosa** (Calle Cuna 13, Tel. 954 22 24 87). Abseits der Calle Sierpes und östlich der Kathedrale kann man bei **Artesanía Textil** (García de Vinuesa, Tel. 954215088) Platzdeckchen oder typisch andalusische Tischdecken erstehen. Wirklich schicke Hüte kauft man bei perfekter Beratung in der **Sombrería Maquedano** (Calle Sierpes 40, Tel. 954564771).

Schmuck bester Qualität findet man in der **Joyería Abrines** (Calle Asunción 1, Tel. 954274244) und in der **Casa Ruiz** (O'Donnell 14, Tel. 954222137, und Calle Sierpes 68, Tel. 954227780). Am nördlichen Ende der Calle Sierpes befindet sich eine Zweigstelle des Kaufhauses **El Corte Inglés** (Plaza del Duque de la Victoria). Völlig anders präsentiert sich der **Szenemarkt** mit Schmuck und Bekleidung, der jeden Donnerstag, Freitag und Samstag an der Plaza del Duque de la Victoria abgehalten wird. Wer wissen möchte, was Sevillaner bei der Feria de Abril (➤ 24) begeistert, wirft einen Blick ins **Arcab** (Paseo de Cristóbal Colón 8, Tel. 954561421), wo sich alles ums Reiten dreht.

Im **La Campaña** (Tel. 954 223570) am Nordende der Calle Sierpes bekommt man eine große Auswahl an leckeren Kuchen und Torten. **Horno San Buenaventura** (Avenida de la Constitución/Calle Vinuesa, Tel. 954221819) direkt gegenüber der Kathedrale wartet in seinem Café-Restaurant mit Süßigkeiten, Eis, Torten und Kuchen auf, dass einem schon beim Anblick das Wasser im Mund zusammenläuft. Gut geeignet zum Einkaufen ist zudem die Calle Hernando Colón, die vom Haupteingang der Kathedrale bis zur Plaza de San Francisco verläuft und an der sich zahlreiche Andenkenläden und Bekleidungsgeschäfte befinden. Im Barrio de Santa Cruz (➤ 152) gibt es zwischen billigen Souvenirläden auch einige hochklassige Geschäfte, zum Beispiel **Agua de Sevilla** (Rodrigo Caro 16, Tel. 954210654) nicht weit von den Reales Alcázares (➤ 150f), eine sehr schicke Parfümerie, in der es auch Accessoires gibt. Wer Keramik und Kunsthandwerk sucht, sollte bei **Martian Ceramics** (Calle Sierpes 74, Tel. 954213413), **El Postigo** (Arfe, Tel. 954560013), **Cerámicas Antonio del Rey Fernández** (Feria 15) oder auf der anderen Seite des Flusses im Viertel Triana bei **Azulejos Santa Isabel** (Alfarería 12, Tel. 954344608) stöbern.

CARMONA

Keramikprodukte findet man in der Taller de Cerámica bei **María Jurado Pérez** (Urb. El Socorro 229; www.mariajurado.es). Wer nach typischen Produkten sucht, geht zum **Markt**, der morgens an der Calle Domínguez de Aposanto stattfindet.

PROVINZ HUELVA

Das Einkaufsparadies von Huelva ist das mehrstöckige **Centro Comercial Aqualón**, von dessen oberstem Stockwerk man einen schönen Blick auf den Fluss genießt (Glorieta Norte; www.ccaqualon.com). Hier gibt es unterschiedliche Geschäfte, Kinos, Restaurants und Bars. In Aracena verkauft **Jamones y Embutidos Ibéricos, La Trastienda** (Plaza San Pedro 2, Tel. 959 127158) alle möglichen Schinkensorten und gekochtes Fleisch; die größte Auswahl findet man jedoch im Dorf **Jabugo** (➤ 188). In Topgeschäften wie **La Cañada de Jabugo** (Carretera San Juan del Puerto-Cáceres 2, Tel. 959121207) ist die Auswahl an *jamón, chorizo* (würzige Würstchen) und *salchichón* (Salami) umwerfend. Auch an der Costa de la Luz gibt es Geschäfte mit dem gewissen Etwas. Zum Infozentrum des Parque Nacional Coto de Doñana, dem **Centro de Recepción del Acebuche** (➤ 161), gehört ein Andenkenladen, der auch Kunsthandwerk anbietet.

Wohin zum ... Ausgehen?

In Sevilla gibt es am Kiosk den Monatskalender *El Giraldillo* (www.elegirhoy.com), manchmal liegt er, wie auch *Sevilla Welcome & Olé,* in den Touristeninformationen kostenlos aus.

NACHTLEBEN

In **Sevilla** gibt es jede Menge Musikbars, die alle an der Plaza de la Alfalfa ein paar Straßen östlich der Calle Sierpes liegen. Am Westufer des Río Guadalquivir bietet die Calle del Betis am Eingang zum Viertel Triana Livemusik.

FLAMENCO

Sevilla gehört zu den großen Flamencostädten, und es gibt mehrere Lokale, in denen »spontan« getanzt wird. Hinzu kommen relativ exaltierte Shows; empfehlenswert ist das **El Arenal** (Calle Rodo 7, Tel. 954216492), ein etabliertes Lokal mit zwei *tablaos* (► 21) pro Nacht und einem Speisenangebot. Im Herzen des Barrio de Santa Cruz (► 152) finden sich **Los Gallos** (Plaza de Santa Cruz 11, Tel. 954 216981) und **El Tamboril** (Plaza de Santa Cruz). Mehr Atmosphäre bietet das beliebte **La Carbonería** (Calle Levríes 18, Tel. 954 214460), wo oft am Donnerstag und Montag Flamenco stattfindet, selten jedoch vor 22 Uhr. Zur Calle Levíes gelangt man über die Calle San José, ein paar Straßen nordöstlich der Calle Mateos Gago im Barrio de Santa Cruz.

THEATER

Sevillas **Teatro de la Maestranza** (Paseo de Cristóbal Colón 22, Tel. 954223344; www.teatrodelamaestranza.es), etwa 100 Meter von der Stierkampfarena entfernt, bringt Opern, klassische Konzerte und Jazz auf die Bühne. Das **Teatro Lope de Vega** (Avenida María Luisa, Tel. 954472828) zeigt Schauspiel Musik und Tanz.

STIERKAMPF

Sevillas legendäre Arena aus dem 18. Jh., **La Maestranza** (Paseo de Cristóbal Colón, Tel. 954224577), zeigt *corridas* von Weltrang, die immer ausverkauft sind; selbst ein Ticket auf der sonnigen Seite muss man lange im Voraus buchen. Saison ist von Ostersonntag bis Oktober, wobei im Juni und Juli Berühmtheiten zu sehen sind, die übrige Zeit auch Anfänger. Die Stierkämpfe finden am Sonntagabend statt, während der Feria de Abril (► 22) jeden Abend. Die besten Chancen, ein Ticket zu ergattern, hat man beim Schalter direkt an der Arena.

AKTIVITÄTEN IM FREIEN

Bei Aracena bietet die **Sierra Morena** vielfältige Möglichkeiten zum Wandern. Organisierte Unternehmungen sind relativ selten, doch hält die Touristeninformation Auskünfte über geführte Wanderungen und Radtouren bereit.

An der Costa de la Luz (► 166) von Huelva bietet sich im **Parque Nacional Coto de Doñana** (► 160) Gelegenheit, Vögel zu beobachten. Sie können auch an einer Tour im Auto durch den Park teilnehmen (zu buchen über Centro de Recepción del Acebuche, Tel. 959 430432; www.donanavisitas.es). Hoch zu Ross kann man im Rahmen eines eintägigen Ausritts durch das Marschland der Doñana ebenfalls viele Vögel sehen (zu buchen über **Doñana Ecuestre**, El Rocío, Tel. 674219568; www.donanaacaballo.com).

Spaziergänge & Touren

1 GRANADAS ALBAICÍN

Spaziergang

LÄNGE: 3 Kilometer
DAUER: 2–3 Stunden
START/ZIEL: Plaza Nueva 204 C2

Auf diesem Rundweg wird das malerische alte Maurenviertel von Granada, der Albaicín, erkundet. Immer wieder bieten sich herrliche Blicke auf die Alhambra und die Sierra Nevada. Die Strecke führt durch enge Gassen den Albaicín-Hügel hinauf, vorbei an historischen Kirchen und mitten durchs Herz des Viertels bis zum Aussichtspunkt Mirador de San Nicolás.

1–2

Von der Plaza Nueva spaziert man über die Plaza de Santa Ana mit der Iglesia de Santa Ana y San Gil und durch die schmale, aber verkehrsreiche Carrera del Darro. Rechter Hand bahnt sich ein Rinnsal, der Río Darro, seinen Weg durchs sumpfige Gestrüpp. Gehen Sie die Straße entlang, und passieren Sie zunächst eine alte maurische Brücke, den Puente de Cabrera, dann den Puente de Espinosa. Am gegenüberliegenden Ufer, direkt hinter der zweiten Brücke, stehen die Überreste eines Tores aus dem 11. Jh., der Puerta de los Tableros, und einer alten Brücke, des Puente del Cadí. Halten Sie nun links nach einer Gasse namens Bañuelo Ausschau, dort befinden sich linker Hand die **Baños Árabes** (➤ 89).

2–3

Gehen Sie auf der Carrera del Darro weiter, vorbei am **Convento de Santa Catalina de Zafra** (tgl. geöffnet), wo Sie bei den Nonnen leckeren Mandelkuchen kaufen können. Dann folgt das **Museo Arqueológico** (➤ 89). Gehen Sie weiter geradeaus, und passieren Sie die Terrasse des Paseo del Padre Manjón, auch bekannt als Paseo de los Tristes, weil hier einst die Priester öffentlich der Gemeinde Trost zusprachen. Heute steht hier alles voller Cafétische.

3–4

Biegen Sie gleich hinter der Bar La Fuente links ab, und gehen Sie die schmale gepflasterte Calle Horno del Oro hinauf. Am Ende der Gasse folgen ein paar Stufen, rechts dann noch weitere. Überqueren Sie die nächste Gasse, und gehen Sie die Calle

Valenzuela hinauf. Ganz oben warten weitere Stufen, halten Sie sich links und an der nächsten Gabelung

Innenhof der Alhambra

rechts. Biegen Sie nach 20 Metern scharf links ab, dann geht es bergauf und rechts weiter. An der Kreuzung mit der Carril de San Augustín halten Sie sich scharf links und folgen einer Gasse mit Kopfsteinpflaster. Links bietet sich wieder ein schöner Blick auf die Alhambra.

4–5

Folgen Sie der Gasse nun nach rechts und gehen Sie an der Kreuzung auf der linken Seite vorbei geradeaus weiter. Sie passieren nun einen maurischen Ziegelbrunnen, den Aljibe de Bibalbonud, und den Convento Santo Tomasas de Villanueva. Hinter der von Bäumen gesäumten Placeta del Abad führt der Weg an der Mauer der Kirche **San Salvador** entlang. Wenn Sie sich links halten, gelangen Sie zum Eingang. Die Kirche steht am Platz der früheren Moschee.

5–6

Halten Sie sich nach dem Verlassen der Kirche links, und biegen Sie dann noch einmal links in die Calle Panaderos ab. Gehen Sie an einem weiteren alten Brunnen, dem Aljibe de Polo, mehreren kleinen Läden und netten Bars vorbei zur Plaza Larga, an der es noch mehr Geschäfte und Lokale gibt, außerdem Stände mit Blumen und Obst am Morgen. Überqueren Sie den Platz, und durchschreiten Sie die **Puerta de las Pesas**, ein altes Tor in den Mauern der Maurenburg, der Alcazaba.

6–7

Steigen Sie hinter dem Torbogen die Stufen bis zur Placeta de las Minas hinauf, und biegen Sie oben links in den Calejón de San Cecilio ein. Folgen Sie der Gasse bis zur

Macht müde Spaziergänger wieder munter: ein Abstecher ins arabische Bad

Plaza del Cementerio de San Nicolás mit der gleichnamigen Kirche aus dem 16. Jahrhundert. Auf der rechten Seite der Kirche befindet sich eine maurische Zisterne, aus deren Hähnen Wasser sprudelt. Direkt vor der Kirche liegt der **Mirador de San Nicolás**, der bekannteste Aussichtspunkt von Granada; hier sollte man gut auf seine Sachen aufpassen.

7–8

Gehen Sie rechts vom Mirador bergab, und rechts über den Camino Nuevo de San Nicolás. Biegen Sie an der Kreuzung links ab, und folgen Sie einer schmalen Gasse, der Cuesta María de la Miel. Rechts beginnt nun der Algibe del Gato. Nach einigen Metern verläuft der Weg zuerst links und dann rechts zur **Placeta Nevot**. Auf der rechten Seite des Platzes steht ein Haus im arabischen Stil mit schönem Torbogen.

8–9

Gehen Sie weiter bergab und über die **Placeta de la Cruz Verde** – hier erhascht man einen Blick auf die Alhambra. Wenn Sie der San Gregorio und der Calderería Nueva folgen, kommen Sie schnell am »arabischen Viertel« von Granada mit muslimischen Lebensmittelgeschäften, Teehäusern und Läden mit Kunsthandwerk vorbei. Biegen Sie an der Calle de Elvira links ab, um wieder zur Plaza Nueva zu gelangen.

KLEINE PAUSE

An der Plaza del Cementerio de San Nicolás, kurz vor dem Mirador de San Nicolás, können Sie in der **Café-Bar El Mirador** und in der **Café-Bar Kiki San Nicolás** wunderbar sitzen und sich erholen.

WANN?

Es ist günstig, diesen Spaziergang am späten Vormittag zu unternehmen. Die Morgensonne ist noch nicht zu heiß, und auf den Straßen und Plätzen ist viel los.

SEHENSWÜRDIGKEITEN

Iglesia de San Salvador

Mo–Sa 11.30–13 und 17–18.30 Uhr

2 VERBORGENE WINKEL IN CÓRDOBA

Spaziergang

LÄNGE: 4 Kilometer
DAUER: 2–3 Stunden
START/ZIEL: Mezquita 203 D3

Entfliehen Sie den Menschenmassen rund um die Mezquita, und erkunden Sie jene Ecken von Córdoba, in denen es keine Andenkenläden gibt, dafür aber faszinierende alte Gebäude und verschwiegene Winkel, dazu Bars und Cafés, in denen sich die Einheimischen treffen.

1–2

Der Spaziergang beginnt an der Nordecke der Mezquita, wo die Magistral González Francés auf die schmale Calle Encarnación trifft. Folgen Sie der Encarnación, und werfen Sie einen Blick auf den Eingang des **Meryan**, eines der schönsten Ledergeschäfte der Stadt. Biegen Sie bei der Iglesia de la Encarnación rechts in die Calle del Rey Heredia ab. In die Ecke der Kirche wurde eine römische Säule integriert, einer der zahlreichen Überreste des prämuslimischen Córdoba, auf die man immer wieder stößt. Biegen Sie nach 20 Metern links in die Horno del Cristo ein, halten Sie sich dann abermals links, um zur Plaza de Jerónimo Páez zu gelangen. Hinter den Wipfeln der Palmen, Zypressen und Orangenbäume können Sie schon die Renaissancefassade des **Museo Arqueológico** (➤ 120) von Córdoba erkennen.

2–3

Folgen Sie der schmalen Marqués del Villar rechts vom Museum. Die Straße schlängelt sich nach links und rechts und führt vorbei an einem herrlichen Barockportal mit gewundenen Säulen und einer beschlagenen Tür. Biegen Sie am Ende der Straße rechts in die Ambrosio de Morales ein, und gehen Sie zur **Plaza Seneca** mit Barockstatuen und römischen Kapitellen. Der Name des Platzes erinnert an einen der berühmtesten Söhne der Stadt: den Philosophen Seneca, der im Jahr 51 v. Chr. in Córdoba geboren wurde. Hier befindet sich auch die **Taberna Sociedad Plateros**, eine Bar

Maurisches Bauwerk auf römischem Fundament: Córdobas Puento Romano

mit einer Holzbalkendecke, die von alten Steinsäulen gestützt wird; sie ist in Besitz der Zunft der Silberschmiede.

3–4

Gehen Sie nun weiter über die San Eulogio und die Calle Cabezas zum Hostal Portillo. Der Name bezieht sich auf den **Arco de Portillo**, ein maurisches Stadttor, das etwas weiter unten auf der linken Seite steht. Nach einer weiteren römischen Säule, die in eine Mauer integriert worden ist, folgt die verfallene Fassade eines Renaissancepalasts, der **Casa de los Marqueses del Carpio**. Einige Meter dahinter beginnt ein schmaler Torweg, **De los Arquillos** genannt. An der Wand links erzählt ein Schild die grausame Geschichte von einem Ritter, der im 10. Jh. Rache nahm für die Beleidigungen, die sieben adelige Brüder seiner Braut zufügten: Er ließ alle sieben Brüder umbringen, setzte deren Vater in dem Haus, das an Los Arquillos angrenzte, gefangen und stellte dann auch noch die Köpfe der Ermordeten am Torweg zur Schau. Spazieren Sie weiter bis zu einer Kreuzung, und biegen Sie links in die Caldereros ein. Wenn Sie geradeaus weitergehen, kommen Sie zur Plaza de la Pescadería mit einer Palme in der Mitte. Kurze Zeit später zweigt dann die Calle de San Fernando ab.

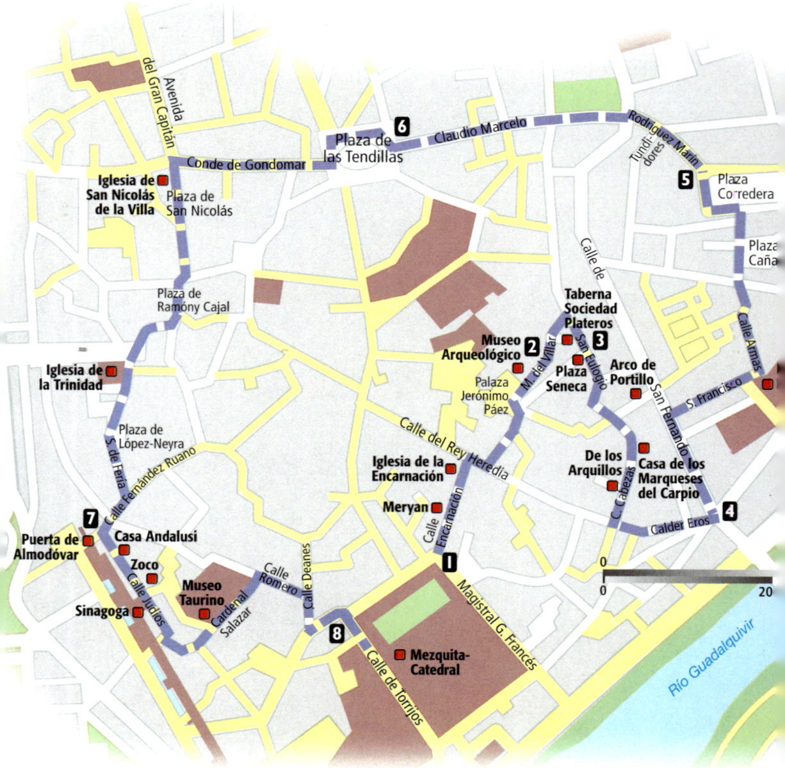

4–5
Spazieren Sie nun links die Calle de San Fernando hinauf. Überqueren Sie die Straße, und biegen Sie nach einigen Metern rechts in die Calle San Francisco ab. Passieren Sie die Kreuzung (rechts liegt die **Plaza del Potro**, ➤ 120), und biegen Sie links in die Calle Armas ein. Von dort aus geht es über die Calle Sanchez Pena und die Plaza Canas zur arkadengesäumten Plaza Corredera. Sie wurde im 17. Jh. angelegt, in den vergangenen Jahren restauriert und diente schon als Schauplatz für die Verbrennungen während der Inquisition, für Stierkämpfe, Feste und moderne Rockkonzerte.

5–6
Verlassen Sie die Plaza an der Ecke auf der gegenüberliegenden Seite links, und gehen Sie die Calle Rodriguez Marín hinauf. Überqueren Sie ganz oben die betriebsame Kreuzung Tundidores/Capitulares, und spazieren Sie auf der Claudio Marcelo weiter. Hinter rekonstruierten römischen Säulen folgt die **Plaza de las Tendillas** mit der Uhr, die Flamencomusik spielt (➤ 121).

6–7
Überqueren Sie nun die Plaza de las Tendillas, und bummeln Sie anschließend die Einkaufsstraße Conde de Gondomar rechts von der Flamencouhr hinunter. Sie gelangen jetzt zur breiten Avenida del Gran Capitán und zur **Iglesia de San Nicolás de la Villa**. Diese Kirche mit ihrem schmucken Glockenturm zählt zu den schönsten Sakralbauten Córdobas. Biegen Sie nun links in die Calle San Felipe ein, die an der Kirche vorbeiführt. Über die Plaza de San Nicolás erreichen Sie die Plaza de Ramón y Cajal. Halten Sie sich rechts, und laufen Sie über die Tesero zur Plaza de la Trinidad mit der **Iglesia de la Trinidad**. In der Kirche mit dem weißen Innenraum steht ein schöner vergoldeter Altaraufsatz. Gegenüber der Kirche beginnt die Sánchez de Feria, die an der kleinen Plaza de Profesor López-Neyra vorbeiführt. Biegen Sie rechts in die Calle Fernández Ruano ab. Am Ende der Straße steht ein mächtiges mittelalterliches Tor, die **Puerta de Almodóvar** (➤ 120).

7–8
Gehen Sie nun durch die Puerta de Almodóvar und dann ein Stück die Calle Judíos hinunter, wo die hervorragende, seit Langem bei den Einheimischen überaus beliebte Taberna **Casa El Malacara** zu finden ist. Gleich danach beherbergt die **Casa Andalusí** ein ungewöhnliches Museum: In diesem alten Haus sind die *patios* und Räumlichkeiten wie im 12. Jh. ausgestattet. Im Keller befinden sich westgotische Reliefs und ein schönes römisches Mosaik. Wenn Sie der Straße weiter folgen, gelangen Sie zum **Zoco-Kunsthandwerksmarkt**, zur **Synagoge** und zur **Statue von Maimónides** (alle ➤ 119). Am **Museo Taurino** (➤ 119) vorbei gelangen Sie schließlich über die Calle Romero wieder zu Ihrem Ausgangspunkt zurück, der Mezquita.

KLEINE PAUSE
Am Weg liegen viele Bars und Cafés. Die **Taberna Sociedad de Plateros** (Calle San Francisco 6) ist sehr beliebt und wartet mit einem herrlichen überdachten patio auf. Die **Bodega Guzmán** (Calle Judíos 7) ist ebenfalls einen Besuch wert.

WANN?
Wer diesen Spaziergang mit dem Besuch des Museo Arqueológico und weiteren Sehenswürdigkeiten in der Calle Judíos verbinden möchte, sollte am Vormittag oder frühen Abend starten.

SEHENSWÜRDIGKEITEN
Casa Andalusí
✉ Casa Nr. 12, Calle Judíos
⌚ tgl. 11–23 Uhr

3 SIERRA DE GRAZALEMA

Tour

LÄNGE: 80 Kilometer
DAUER: 4–5 Stunden
START/ZIEL: Grazalema 199 D2

Die berühmten pueblos blancos in der Provinz Málaga und Cádiz sind Bergdörfer mit weiß getünchten Häusern mitten im imposanten Parque Natural Sierra de Grazalema. Auf dieser Tour lernt man einige der schönsten Orte kennen.

1–2

Verlassen Sie **Grazalema**, das unterhalb des felsigen Peñón Grande liegt, auf der Straße in Richtung Ronda. Überqueren Sie die Kreuzung, und folgen Sie den Schildern nach Ronda und Ubrique. Die Straße

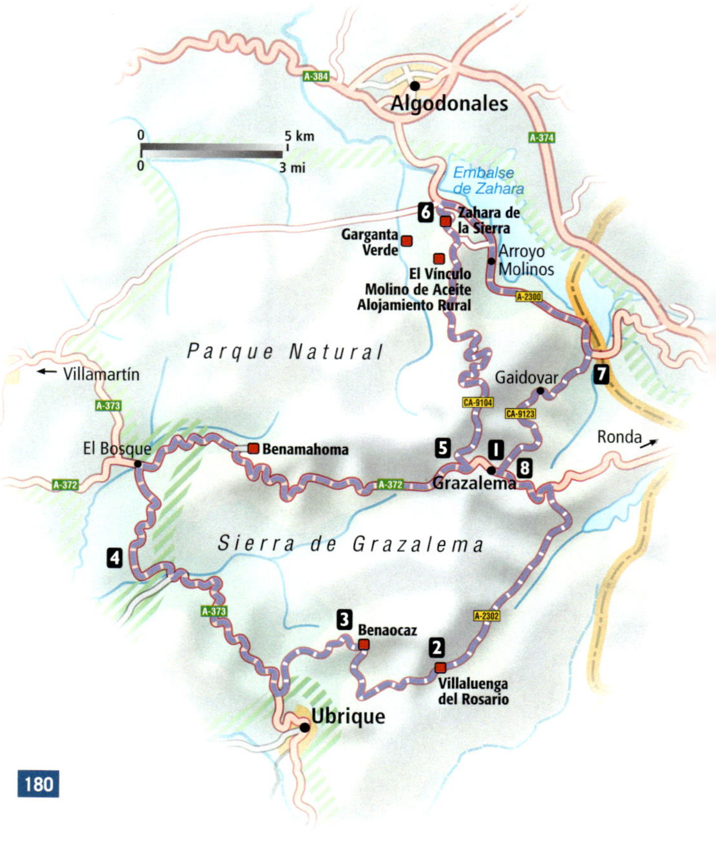

schlängelt sich unter Felsvorsprüngen bergauf. Folgen Sie an der nächsten Gabelung der A374 in Richtung Ubrique. Durch die schroffen Felsen der Sierra del Caillo geht es vorbei an **Villaluenga del Rosario**, dem höchst-gelegenen Dorf der Provinz Cádiz.

2–3
Die Fahrt führt durch das Tal La Manga mit Steilhängen zu beiden Seiten und Steinmauern am Rand der Klippen. Hinter einem Aussichtspunkt mit Picknickplatz macht die Straße eine scharfe Rechtskurve. Biegen Sie etwa einen Kilometer dahinter in Richtung **Benaocaz** ab, und fahren Sie ins Dorf hinein. Sie können Ihr Auto auch am Ortsrand auf der Plaza de la Vista Hermosa auf dem Parkplatz abstellen. Das Dorf, eine Maurensiedlung aus dem 8. Jh., ist ein typisches *pueblo blanco*. Rund um den Hauptplatz, die Plaza de las Libertades, stehen Säulen mit kleinen Keramikkacheln, auf denen Wahrzeichen der Region dargestellt sind.

3–4
Fahren Sie von der Plaza de la Vista Hermosa aus über die Calle Lavadero zur Plaza de las Libertades. Biegen Sie nun links in die Calle San Blas ein, und fahren Sie an der Hauptstraße rechts in die mit A373 Villamartín ausgeschilderte Straße. Nach etwa drei Kilometern folgt eine Kreuzung, an der Sie rechts abbiegen müssen. Nun liegt die Stadt Ubrique direkt links unter den Felsen des Cruz de Tajo. Über die A373 kommen Sie etwas schneller voran.

4–5
Folgen Sie den Schildern in Richtung El Bosque, und biegen Sie am Wegweiser nach Benamahoma und Grazalema rechts ab. Halten Sie sich an der nächsten Kreuzung abermals rechts, und fahren Sie auf der A372 in Richtung **Benamahoma**, Ronda und Grazalema. Die Straße windet sich nun die massiven Felsen der Sierra del Pinar hinauf, vorbei an Benamahoma, einem hübschen *pueblo blanco*. Hier wird das maurische Erbe am ersten Sonntag im August bei einem farbenprächtigen Fest gefeiert (inklusive fingierter Schlachten zwischen Mauren und Christen). Weiter geht es über die A372 mit herrlicher Aussicht auf die Kalksteinfelsen rechts. Etwa 8 Kilometer weiter geht es links ab nach Zahara de la Sierra.

5–6
Nun fahren Sie durch eine herrliche Landschaft mit Bergen, die von Kork- und Steineichen sowie Edeltannen bestanden sind, einer Koniferenart, die schon seit der letzten Eiszeit hier heimisch ist und jetzt im Parque Natural Sierra de Grazalema gedeiht. Die Straße windet sich in vielen Haarnadelkurven stetig bergauf bis zum Puerto de Palomas in 1357 Metern Höhe. Von da ab geht es genau-

DIE GARGANTA VERDE
Wer zwei oder drei Stunden erübrigen kann, sollte sich eine Wanderung in diesem wunderschönen Teil der Sierra nicht entgehen lassen. Man muss sich allerdings eine Genehmigung im Informationsbüro in El Bosque (➤ 66) besorgen. Der Weg vom Parkplatz am Straßenrand ist gut ausgeschildert und führt tief in die Schlucht der Garganta Verde hinein. Kurz bevor der Pfad wieder zur Talsohle der Schlucht zurückführt, sollte man noch einen kleinen Abstecher steil hinauf zu den atemberaubenden **Buitreras de Garganta Verde** machen. Von oben blickt man auf riesige Felswände, in denen Dutzende von Gänsegeiern nisten. Mit etwas Geduld bekommt man einen der imposanten Vögel mit drei Metern Flügelspannweite zu Gesicht. Der Hauptweg führt in die steinige Schlucht hinunter, wo die Höhlen der **Garganta de la Ermita** mit vielfarbigen Gesteinsformationen beeindrucken.

KLEINE PAUSE

In Benaocaz kann man im **Casa Olivia** (Calle Lavadero, Tel. 956125598) in angenehmer Atmosphäre gute einheimische Gerichte essen. In Zahara de la Sierra kann man im **El Rincón de la Ermita** (Calle San Juan 14) essen – gute Auswahl an spanischen Gerichten (Tel. 956 123061). In der einfachen **Bar Nuevo** (Calle San Juan 8) wird ebenfalls für das leibliche Wohl gesorgt.

so kurvenreich wieder hinunter. Etwa vier Kilometer unterhalb des Passes führt ein Pfad zur imposanten Garganta Verde, einer Schlucht (➤ 181, Kasten). In Richtung Zahara de la Sierra geht es weiter, vorbei an einer Ölmühle, **El Vínculo Molino de Aceite Alojamiento Rural**, die zu den normalen Arbeitszeiten (➤ 74) besichtigt werden kann. Bis zum Dorf Zahara de la Sierra sind es jetzt noch 4 Kilometer.

6–7

Nach **Zahara de la Sierra** gelangen Sie über eine Straße, die sich den Berg hinaufschlängelt. Kurz vor dem Ortseingang gibt es einige Parkplätze; es ist ratsam, den Wagen gleich hier oder weiter unten am Berg abzustellen. Zahara ist eines der schönsten *pueblos blancos*. Das Dorf klammert sich an einen felsigen Berg, auf dem eine restaurierte Burg aus dem 12. Jh. thront. Die schmale Hauptstraße führt zur Plaza, die von der Barockkirche Santa María de Mesa beherrscht wird, außerdem gibt es einen Aussichtspunkt mit Blick auf den Embalse de Zahara, einen Stausee unterhalb des Dorfes. Zur Burg gelangt man über einen steinigen Weg vom Platz aus. Der Blick von der Brustwehr lohnt die Anstrengung. Verlassen Sie Zahara auf der Hauptstraße. Halten Sie sich an der Plaza rechts, dann links, umrunden Sie den Kreisel, und fahren Sie durch schmale Straßen zum Ortsausgang. An der Einbahnstraße, über die Sie gekommen sind, biegen Sie scharf rechts in eine kurze Seitenstraße ein, die zur Hauptstraße führt. Biegen Sie am Wegweiser nach Grazalema rechts und an der nächsten Kreuzung links nach Arroyo Molinos ab. Folgen Sie den Schildern nach Arroyo Molinos; Sie gelangen auf die Straße oberhalb des Stausees.

7–8

Fahren Sie gleich hinter dem Stausee rechts in Richtung Grazalema und bei einer Abzweigung ebenfalls nach rechts.

Die restaurierte maurische Burg (12. Jh.) überragt das Dorf Zahara de la Sierra.

4 KERAMIKDÖRFER UND COWBOYLAND

Tour

LÄNGE: 100 Kilometer
DAUER: 3 Stunden (bei Aufenthalt in Níjar oder Mini Hollywood länger)
START/ZIEL: Almería 201 E2

Die wüstenartige Landschaft um Tabernas verströmt Westernromantik pur.

Erster Halt auf dieser Tour ist das Dorf Níjar, eines der wichtigsten Keramikzentren in Andalusien. Von hier führt die Route durch Gebirgslandschaften zu den imposanten Cañons von Almería. Hier wurden eine ganze Reihe von Italowestern gedreht, unter anderem Sergio Leones *Für eine Handvoll Dollar* 1964). Im Themenpark Mini Hollywood lebt der Wilde Westen fort.

1–2

Fahen Sie am Ende der Rambla de Belén in Almería am Kreisel in Richtung Murcia und Mojácar. Nach 17 Kilometern erreichen Sie die Abfahrt zur A7. Hinter den Vorstädten von Almería und dem Flughafen beginnt die bizarre Welt der *plasticultura* mit Treibhäusern aus Plastik, in denen Obst und Gemüse angebaut wird (➤ 184, Kasten). Hinter der Ebene Campo de Níjar ragen die Berge der Sierra de Alhamilla auf. Nach 30 Kilometern folgt der Wegweiser nach **Níjar** (➤ 101). Auf der langen Hauptstraße, der Avenida García Lorca, gibt es viele Parkbuchten. Die Keramikherstellung floriert hier schon seit der Zeit der Mauren, und so befinden sich an der Avenida Gar-

KLEINE PAUSE

Im hübschen Hauptplatz im alten Níjar befinden sich die Café-Bars **La Glorieta** und **El Pipa**. In Mini Hollywood gibt es auch ein Café, eine Bar und ein Restaurant.

EIN MEER AUS PLASTIK
Im Westen der Provinz Almería nutzt man 40 000 Hektar ehemals trockenen, unbesiedelten Flachlandes für plasticultura. In Plastiktreibhäusern mit Flachdächern züchten die Gärtner mithilfe von Tropfbewässerung Unmengen von Gemüse, Obst und Blumen. Dieser Industriezweig verhalf der ehemals armen Region zu einigem Wohlstand, hatte allerdings auch gravierende soziale und gesundheitliche Probleme bei den Arbeitern zur Folge. Außerdem stellen Umweltprobleme und Wassermangel die Zukunft des Projekts infrage.

cía Lorca sowie im angrenzenden Barrio Alfarero unzählige Geschäfte. Wenn man schon einmal hier ist, sollte man der Plaza de la Glorieta, dem Hauptplatz der Oberstadt, einen Besuch abstatten – fahren Sie einfach über die Avenida García Lorca bergauf. Die hübsche Kirche Santa María de la Anunciacíon aus dem 16. Jh. lohnt wegen ihrer bemerkenswerten Kassettendecke im *mudéjar*-Stil einen Besuch.

2–3
Verlassen Sie Níjar auf der Avenida García Lorca. Biegen Sie an der Kreuzung links nach Campohermosa und Murcia ab. An der nächsten Kreuzung geht es dann wieder links, die AL 103 führt Richtung Lucainena bergauf. Halten Sie sich an der nächsten Kreuzung rechts, und folgen Sie den Wegweisern in Richtung Lucainena (Achtung, das Schild kann durch einen Baum verdeckt sein!). Die Straße führt nun direkt in die Berge der **Sierra de Alhamilla** hinein. Hier ist es menschenleer, das karge Gebirge ist nur von Eichen und Gestrüpp bewachsen. Tief unten sieht man Plastiktreibhäuser schimmern, welche die ganze Ebene, den Campo de Níjar, bedecken. Die Straße ist hier voller Schlaglöcher. Etwa 16 Kilometer hinter Níjar führt sie zu dem Dorf **Lucainena de las Torres** hinunter, wo weiß getünchte Häuser sich um eine Kirche unterhalb des felsigen Peñón de Turrillas gruppieren. Nach weiteren neun Kilometern erreichen Sie eine gerade, von Eukalyptusbäumen gesäumte Straße, die zur Kreuzung mit der N-340a führt.

3–4
Entscheiden Sie nun, ob Sie rechts zum 8 Kilometer entfernten Dorf Sorbas abbiegen möchten. **Sorbas** (► 103) liegt direkt am Hang einer Felsschlucht. Wie Níjar hat auch dieses Dorf eine lange Tradition der Keramikherstellung, die Produkte sind allerdings weniger dekorativ und eher funktional. Die Kalksteinhöhlen, die **Cuevas de Sorbas** (Führungen möglich, ► 103), sind etwa 2 Kilometer vom Ort entfernt. Biegen Sie auf der Hauptstraße an der Kreuzung mit der N–340a links ab, und folgen Sie dem Schild nach Almería. 17 Kilometer lang

Mini Hollywood westlich von Tabernas ist der bekannteste Westernpark der Region.

geht es durch wüstenartiges Land mit graubraunen Sandsteinhügeln, die der Wind fantasievoll geformt hat. Die Straße führt um das Dorf **Tabernas** herum, über dem eine maurische Burg thront; sie wirkt aus der Ferne imposant, ist aber nur noch eine Ruine. Sie befinden sich nun im Gebiet der Wildwest-Themenparks, das seit 1950 immer wieder als Schauplatz für amerikanische Cowboyfilme diente. Die erste der drei Wildwestattraktionen ist **Texas Hollywood**, das man über eine staubige Piste erreicht. Hier gibt es ein Fort und ein Dorf mit Indianerzelten. Regelmäßig werden Showschießereien inszeniert, man kann Pferde mieten und sich als Cowboy verkleiden. Am besten – und teuersten – ist **Mini Hollywood** (► 103) etwa sechs Kilometer westlich von Tabernas. Noch einen Kilometer weiter führt die N–340a zur neu eröffneten Autobahn Granada–Almería. Wenn Sie sich hier rechts halten, erreichen Sie die Zufahrt zur dritten Westernstadt, **Western Leone**. Sie wurde nach Sergio Leone benannt, der hier erfolgreiche Italowestern wie *Zwei glorreiche Halunken* drehte. Dieser Park ist am preiswertesten und wirkt durch seine Lage über einer ausgetrockneten Bergschlucht auch am authentischsten. Um wieder nach Almería zu gelangen, nimmt man die Autobahn Richtung Süden.

5 SIERRA DE ARACENA

Tour

LÄNGE: 60 Kilometer
DAUER: 2–3 Stunden (bei ausgedehnteren Aufenthalten in den Dörfern und bei den Sehenswürdigkeiten entsprechend länger)
START/ZIEL: Aracena 198 B4

Die Sierra de Aracena ist eine ganz eigene Welt voller bewaldeter Hügel, durch die sich Straßen von einem malerischem Dorf zum anderen schlängeln. In all diesen Dörfern münden schmale Kopfsteinpflastergassen auf einen zentralen Platz, auf dem im Hochsommer sogar ein Brunnen mit kristallklarem Wasser plätschert.

1–2

Verlassen Sie Aracena über die Plaza de San Pedro gleich unterhalb des Parkplatzes, und fahren Sie in Richtung Alájar nach Südwesten. Zuerst geht es eine Platanenallee entlang. Folgen Sie an der nächsten Kreuzung dem Schild nach Alájar. Wenig später beginnt die Hügellandschaft der **Sierra de la Virgen**. Hier kann man seine Fahrkünste unter Beweis stellen: Oft muss man den Gang wechseln, da die A470 sich kurvenreich durch Kastanien-, Eschen- und Eichenwälder windet. Schon bald können Sie einen ersten Blick auf das winzige Dorf **Linares de la Sierra** im Tal unten werfen. Der Ort ist einen Umweg wert. Am besten parken Sie ober-

Blick auf Almonaster la Real in der frühlingsbunten Sierra de Aracena

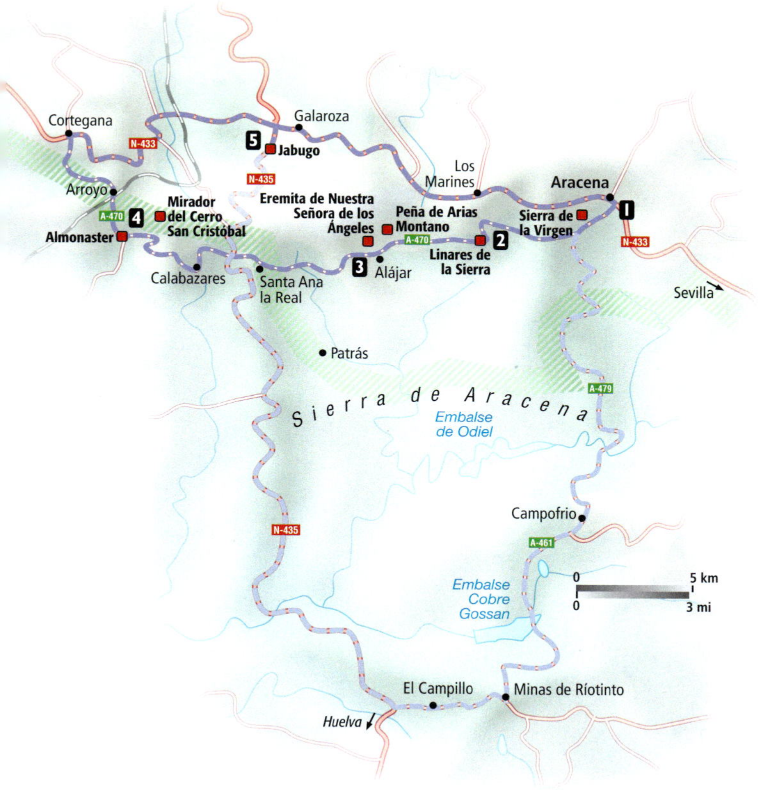

halb und spazieren zum Hauptplatz hinunter. Hier hat jedes Haus sein eigenes Mosaik vor der Tür, das aussieht wie ein Fußabstreifer.

2–3

Weiter geht es über die A470, bis linker Hand die Abzweigung zum Dorf **Alájar** auftaucht. Über dem Ort ragen die Felsen der **Peña de Arias Montano** empor, deren Höhlen in prähistorischen Zeiten angeblich als Behausung dienten. Eine Seitenstraße führt von der Hauptstraße zur **Eremita de Nuestra Señora de los Ángeles**. Im 16. Jh. zog sich hier der Geistliche und Gelehrte Benito Arias Montano zurück. Er war der Beichtvater von Philipp II., der die Einsiedelei besuchte und in einer Höhle in der Nähe meditierte (unterhalb des heutigen Parkplatzes). Ein großer Felsen neben der Höhle trägt seitdem den Namen »Königsstuhl«.

3–4

Kehren Sie auf die A470 zurück, und fahren Sie weiter bis zur Kreuzung mit der Straße von Huelva, der N435. Gegenüber liegt das Hostal el Cruce mit einer guten *tapas*-Bar. Setzen Sie Ihre Fahrt auf der A470 fort, die mit Almonaster la Real und Cortegana ausgeschildert ist und durch den Wald

ABSTECHER ZU DEN MINAS DE RÍO TINTO

Sie können die Fahrt um 60 Kilometer verlängern und dem Bergbaugebiet **Río Tinto** (➤ 165) einen Besuch abstatten. Wer das vorhat, verlässt Jabugo am südlichen Ortsausgang, folgt den Wegweisern nach Huelva und fährt auf die N 345 Richtung Süden. Nach 25 Kilometern biegt man links in die A 461 ein, die mit Río Tinto und Nerva ausgeschildert ist. Folgen Sie nun den Schildern zum Dorf **Minas de Río Tinto** (➤ 165). Um das Dorf wieder zu verlassen, nimmt man die Ausfallstraße nach Sevilla und fährt auf der A 461 durch bewaldete Hügel weiter. Dann wird ein Damm über den Embalse Cobre-Cossan, einen Stausee, überquert. Biegen Sie links auf die A 479 Richtung Compofrío und Aracena ab.

führt. Auf einem Abstecher kurz vor dem Dorf gelangen Sie auf einer kleinen steinigen Seitenstraße mit vielen Haarnadelkurven zum 912 Meter hohen **Mirador del Cerro San Cristóbal**. Auf dem bewaldeten Gipfel gibt es zwei Aussichtspunkte: Von dem einen blickt man zwischen Funkmasten hindurch auf Almonaster hinunter; den anderen erreicht man über einen Pfad, der am Ende der Straße abzweigt und eine atemberaubende Aussicht nach Westen auf die Sierra Pelada und im Nordosten auf die Picos de Aroche ermöglicht. Hier kann man gut Geier über dem Land kreisen sehen. Kehren Sie zur Hauptstraße zurück, und biegen Sie wenig später links nach **Almonaster** ab. Am Ortseingang gibt es Parkplätze. In Almonaster steht eine schöne **Moschee** aus dem 10. Jh., die zum Teil ins Felsgestein hineingebaut und auch nach ihrer Umfunktionierung zur christlichen Kirche im 13. Jh. nicht verändert wurde. Es beeindrucken die Hufeisenbögen aus Ziegelstein, die von vermutlich römischen oder westgotischen Säulen getragen werden – sie erinnern an die Mezquita von Córdoba. Außerdem findet sich hier noch ein restaurierter Steinaltar, der aus einer westgotischen Kirche stammen soll. Vom Minarett kann man auf die Arena hinunterschauen; besonders Kinder sollten hier vorsichtig sein. Wer das Innere der Moschee besichtigen möchte, der lässt sich im Rathaus an der *plaza* den Schlüssel geben.

4–5

Von Almonaster gelangt man auf der A 470 nach etwa 3 Kilometern zu einer mit »Estación FFCC« beschilderten Abzweigung. Halten Sie sich danach an der nächsten Kreuzung links, und lassen Sie die Straße nach Canaleja links liegen. An der Kreuzung mit der N 433, der Straße von Sevilla nach Portugal, biegen Sie rechts in Richtung Aracena und Sevilla ab. Nach 2 Kilometern folgt die Abfahrt nach Jabugo, wohin Sie noch einen Abstecher machen.

5–1

Das ruhige und beschauliche Dorf **Jabugo** ist das Zentrum der Schinkenindustrie. Sobald Sie die ersten Gebäude der Stadt sehen, sollten Sie am Schild »Centro Urbano« rechts abbiegen und einen Parkplatz suchen. Spazieren Sie die Straße hinauf, und halten Sie sich links, biegen Sie abermals links ab, und gehen Sie durch die Calle Silencio zu einer Straße, wo alle möglichen Wurstwaren verkauft werden.

KLEINE PAUSE

In der Calle de **Alfonso VI** kann man im Mesón Jabugo gut zu Mittag essen. In Jabugo kommt in allen Lokalen leckeren Schinken auf den Tisch – bei den Preisen kann einem allerdings schon mal der Appetit vergehen.

Praktisches

REISEVORBEREITUNGEN

WICHTIGE PAPIERE

● Erforderlich
○ Empfohlen
▲ Nicht erforderlich

	Deutschland	Österreich	Schweiz
Pass/Personalausweis	●	●	●
Visum	▲	▲	▲
Weiter- und Rückflugticket	▲	▲	▲
Impfungen (Tetanus und Polio)	▲	▲	▲
Krankenversicherung (➤ 180, Gesundheit)	●	●	●
Reiseversicherung	○	○	○
Führerschein (national)	●	●	●
Kfz-Haftpflichtversicherung (eigenes Auto)	●	●	●
Fahrzeugschein (eigenes Auto)	●	●	●

REISEZEIT

Hauptsaison · Nebensaison

	JAN	FEB	MÄRZ	APRIL	MAI	JUNI	JULI	AUG	SEPT	OKT	NOV	DEZ
Saison	Nebensaison	Nebensaison	Nebensaison	Hauptsaison	Hauptsaison	Hauptsaison	Hauptsaison	Hauptsaison	Hauptsaison	Hauptsaison	Nebensaison	Nebensaison
Temperatur	16°C	17°C	18°C	21°C	23°C	27°C	29°C	29°C	27°C	23°C	19°C	17°C
Wetter	Regnerisch	Wechselhaft	Wechselhaft	Sonnig	Sonnig	Sonnig	Sonnig	Sonnig	Sonnig	Wechselhaft	Bewölkt	Regnerisch

Sonnig · Wechselhaft · Regnerisch · Bewölkt

Die Temperaturangaben beziehen sich auf die **durschnittliche Tageshöchsttemperatur** in jedem Monat. An Ostern ist es in der Regel sonnig, aber noch nicht zu heiß; die Quartiere sind in den Städten oft ziemlich ausgebucht. Günstigste Reisezeiten sind Mai und Anfang Juni, dann scheint meist die Sonne bei durchschnittlichen Tagestemperaturen von 23 bis 25 °C. Es sind auch noch nicht zu viele Touristen unterwegs, und die Auswahl an Unterkunftsmöglichkeiten ist groß. Hauptsaison ist im Juli und August, wenn es am heißesten ist. Die Andalusier machen im August Ferien, es kommt dann zu einer regelrechten Völkerwanderung ans Meer. September und Oktober können herrlich sein, die Sonne scheint bis weit in den Herbst hinein. Im Winter sind die Temperaturen an der Küste und in tiefer liegenden Gebieten angenehm, in den Bergen kann es jedoch kalt werden.

INFORMATIONEN VORAB

Websites

- Fremdenverkehrsbehörde von Spanien: www.spain.info
- Links zu Sites von Andalusien: www.andalucia.org
- Allgemeine Informationen über Andalusien: www.andalucia.com

ANREISE

Mit dem Flugzeug: Im Linien- und Low-Cost-Verkehr werden von vielen deutschen Flughäfen und aus der Schweiz Málaga und Jerez de la Frontera angeflogen; es gibt auch Flüge von Wien nach Málaga. Sevilla ist von Frankfurt am Main und München aus zu erreichen. Verbindungen nach Almería und Granada bestehen über Madrid und Barcelona.

Mit der Bahn: Man kann über Basel, Genf, Lyon und Port Bou nach Barcelona und weiter nach Málaga fahren oder die Strecke über Madrid wählen; nach Sevilla verkehrt von dort ein Hochgeschwindigkeitszug. Auf 30 bis 35 Stunden Reisezeit sollte man sich einstellen. Es ist außerdem schwierig, für die Züge innerhalb Spaniens von Deutschland aus Platzkarten oder gar Liege- bzw. Schlafwagen zu reservieren.

Mit dem Bus: Die Deutsche Touring GmbH bietet regelmäßig und häufig Direktverbindungen von vielen deutschen Städten u. a. nach Málaga und Sevilla an. Auch in der Schweiz und Österreich gibt es Veranstalter. Die Busse sind bequem und klimatisiert, die Preise akzeptabel.

Mit dem Auto: Nach Andalusien kann man über Madrid fahren oder die küstennahe Autobahn (gebührenpflichtig) benutzen. Wegen der langen Anreise von zwei bis drei Tagen sind Autoreisezüge eine gute Alternative.

ZEIT

In Andalusien gilt die Mitteleuropäische Zeit (MEZ); es besteht somit kein Zeitunterschied. Auch auf die Sommerzeit wird parallel umgestellt.

WÄHRUNG UND GELDWECHSEL

Währung: Spanien gehört zur Eurozone.
Für die Schweiz gilt: 1 CHF entspricht ca. 0,90 €, 1 € entspricht ca. 1,10 CHF
Kreditkarten, Geldwechsel: Reiseschecks und die gängigen Kreditkarten wie VISA, MasterCard und Diners Club werden in den meisten Hotels und Geschäften akzeptiert. Reiseschecks wechseln Banken oder auch die jeweilige Hauptpost in den Städten gegen Gebühr ein.
Sperrnummern: Unter Tel. 11 61 16 (aus dem Ausland mit der Vorwahl 0049) kann man für **Deutschland** elektronische Berechtigungen wie Bank- und Kreditkarten, Handykarten und die Identitätsfunktion des neuen Personalausweises bei Verlust sperren lassen.
Für **Österreich** gilt die Telefonnummer: 0043 1 204 88 00
Die wichtigsten Notfallnummern in der **Schweiz** sind: 0041 44 6 59 69 00 (Swisscard), 0041 8 48 88 86 01 (UBS Card Center), 0041 58 9 58 83 83 (VISECA), 0041 44 8 28 32 81 (Postfinance).

Deutschland
Spanisches Fremdenverkehrsamt
Lietzenburgerstr. 99/5, OG
D-10707 Berlin
☎ (030) 882 65 43
berlin@tourspain.es

Österreich
Spanisches Fremdenverkehrsamt
Walfischgasse 8
A-1010 Wien
☎ (01) 512 95 80
viena@tourspain.es

Schweiz
Spanisches Fremdenverkehrsamt
Seefeldstr. 19
CH-8008 Zürich
☎ (44) 253 60 50
zurich@tourspain.es

Praktisches

DAS WICHTIGSTE VOR ORT

KONFEKTIONSGRÖSSEN

Spanien	Deutschland	
46	46	Anzüge
48	48	
50	50	
52	52	
54	54	
56	56	
8	41	Schuhe
8.5	42	
9.5	43	
10.5	44	
11.5	45	
12	46	
37	37	Hemden
38	38	
39/40	39/40	
41	41	
42	42	
43	43	
36	36	Kleider
38	38	
40	40	
42	42	
44	44	
46	46	
6	38	Schuhe
6.5	38	
7	39	
7.5	39	
8	40	
8.5	41	

FEIERTAGE

1. Januar	Neujahrstag
6. Januar	Dreikönig
28. Februar	Andalusientag (regional)
April/Mai	Ostern
1. Mai	Tag der Arbeit
24. Juni	Johannisfest (regional)
25. Juli	Jakobi (regional)
15. August	Mariä Himmelfahrt
12. Oktober	Nationalfeiertag
1. November	Allerheiligen
6. Dezember	Verfassungstag
8. Dezember	Mariä Empfängnis
25. Dezember	Weihnachten

ÖFFNUNGSZEITEN

Geschäfte
Büros
Banken
Postämter
Museen/Sehenswertes
Apotheken

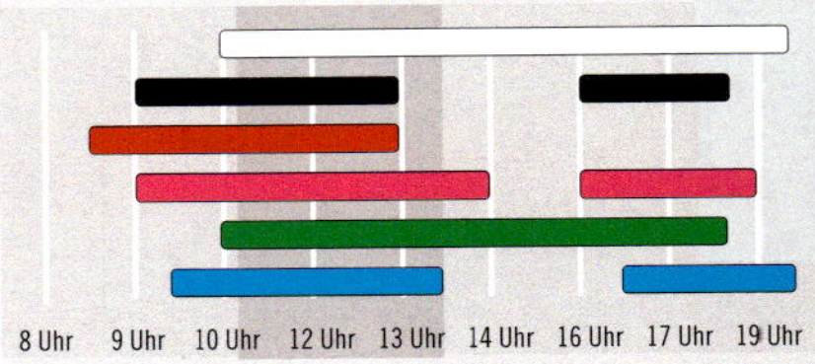

Tagsüber Mittags Abends

Kaufhäuser, große Supermärkte und Geschäfte in Ferienorten haben von 10 bis 20 Uhr, manchmal sogar bis 21 oder 22 Uhr geöffnet. Bis auf den ersten Sonntag eines Monats haben alle Läden am Sonntag geschlossen, einige zudem im August. Einige Banken öffnen auch samstags (Okt.–Mai) von 8.30 bis 13 Uhr. Die Öffnungszeiten der Museen schwanken sehr. Generell ist im Sommer länger offen, viele Museen schließen am Sonntagnachmittag, einige auch am Samstagnachmittag, außerdem ist häufig montags zu. EU-Bürger haben oft freien Eintritt, wenn sie ihren Pass vorzeigen. **Aber Achtung: Die Öffnungszeiten können sich stets ändern.**

ZEITUNTERSCHIED

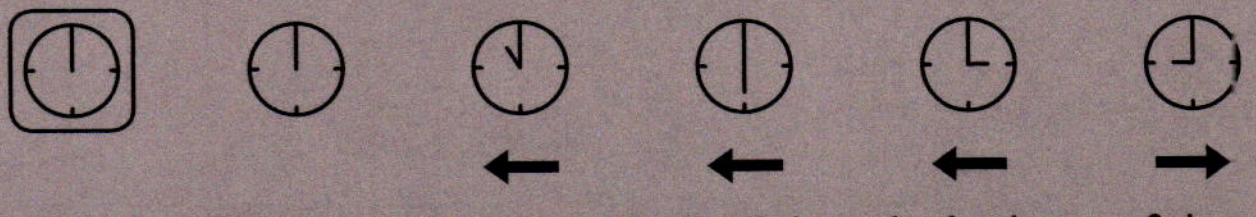

Sevilla	MEZ (Berlin)	London	New York	Los Angeles	Sydney
12 Uhr	12 Uhr	11 Uhr	6 Uhr	3 Uhr	21 Uhr

SICHERHEIT

Taschendiebe treiben ihr Unwesen, schnell wird die Tasche oder der Fotoapparat entrissen, unbeaufsichtigtes Gepäck gestohlen oder das Auto aufgebrochen. Jedes Vergehen sollte der Polizei (Policía Nacional) gemeldet werden, die an blauen Uniformen zu erkennen ist. Einige Vorsichtsmaßnahmen:

- Keine Wertsachen am Strand oder am Pool lassen.
- Alle Wertsachen im Hotelsafe deponieren.
- Handtaschen und Fotoapparate nicht über der Schulter, sondern quer über die Brust am Riemen tragen.
- Nachts einsame und zwielichtige Viertel meiden.

ELEKTRIZITÄT

Die Stromspannung liegt bei 220/230 Volt. Für Geräte mit Schukosteckern benötigt man teilweise einen Adapter.

TELEFONIEREN

Die Telefonnummern in Spanien bestehen einheitlich aus neun Ziffern, wobei die frühere Vorwahl mit der vorangestellten 9 immer mitgewählt werden muss, ganz gleich, von wo aus man anruft. Für viele öffentliche Telefone *(teléfonos públicos)* benötigt man eine Telefonkarte *(tarjeta telefónica)*, die in Postämtern und an Kiosken für 6 oder 12 € erhältlich ist.

Internationale Vorwahlnummern:
Deutschland: 00 49
Österreich: 00 43
Schweiz: 00 41
Spanien: 00 34

POST

Postämter *(correos)* sind in der Regel von 9 bis 14 Uhr geöffnet, am Samstag nur bis 13 Uhr. In den großen Touristenzentren gelten oft erweiterte Öffnungszeiten. Die Hauptpost von Málaga ist in der Avenida de Andalucía (Tel. 952 36 43 80). Briefmarken *(sellos)* gibt's auch am Kiosk.

TRINKGELD

Nicht für alle Dienstleitungen wird ein Trinkgeld erwartet, außerdem ist der Betrag in Spanien eher gering. Als Faustregel gilt:

Restaurants (Service nicht inklusive)	5–10%
Cafés/Imbiss	Wechselgeld
Reiseleiter	Kleingeld
Taxi	2–3%
Zimmermädchen	Kleingeld
Gepäckträger	Kleingeld
Garderoben	Kleingeld

POLIZEI (Policía Nacional) 112
(Policía Local) 112

FEUERWEHR (Bomberos) 112

KRANKENWAGEN (Ambulancia) 061/112

Praktisches

GESUNDHEIT

Krankenversicherung: deutsche oder österreichische Versicherte benötigen die EHIC (European Health Insurance Card). Schweizer Staatsbürger und privat Versicherte reichen die Originalrechung zu Hause bei der jeweiligen Versicherung ein. Zusätzlich privat versichern ist ratsam.

Zahnarzt: Zahnärztliche Behandlungen sind in der Regel bar zu bezahlen Eine Liste mit *dentistas* findet sich im örtlichen Branchenbuch. Reisekrankenversicherungen übernehmen die Kosten für Notfallbehandlungen.

Sonneneinstrahlung: Die sonnigsten und heißesten Monate sind Juli und August, wenn die Temperaturen auf über 30 °C klettern. Meiden Sie die Sonne über Mittag, und verwenden Sie Sonnencreme mit einem hohen Lichtschutzfaktor.

Medikamente: In den Apotheken (*farmacias*, erkennbar am grünen Kreuz) gibt es verschreibungspflichtige und frei verkäufliche Medikamente. In Spanien sind mehr Medikamente frei verkäuflich als in anderen Ländern.

Trinkwasser: Man kann das gechlorte Wasser aus dem Wasserhahn trinken; leichte Magenbeschwerden sind jedoch eine mögliche Folge. Mineralwasser (agua mineral) gibt es überall.

ERMÄSSIGUNGEN

Studenten/Jugendliche: Wer einen Internationalen Studentenausweis besitzt, bekommt auf Reisen, Eintritte etc. eine Ermäßigung; das gilt allerdings nicht für die die Costa del Sol.
Kinder und Senioren über 65 profitieren bei Eintrittsgeldern von Preisnachlässen oder haben sogar freien Eintritt in viele Museen und Sehenswürdigkeiten. Die Unter-Vierjährigen haben freie Fahrt in spanischen Zügen und die Vier- bis Elfjährigen zahlen lediglich 60 % des Normalpreises. Für Senioren über 60 und Studenten gibt es ebenfalls verbilligte Bahntickets.

EINRICHTUNGEN FÜR BEHINDERTE

In Andalusien verbessern sich die Bedingungen allmählich – immer mehr Hotels verfügen über Zufahrtsrampen und Lifte. Infos zu Restaurants, Unterkünften etc.:www.spain.info/de (Stichpunkt Barrierefreier Tourismus“ oder Cruz Roja, Tel. 902222292).

KINDER

Kinder sind in Andalusien stets gern gesehen und fast überall willkommen. Besondere Attraktionen für Kinder sind durch oben stehendes Logo gekennzeichnet.

TOILETTEN

Es gibt nur wenige öffentliche Toiletten, man kann jedoch einfach in ein Café gehen. Ausgeschildert sind Toiletten mit *Servicios* bzw. *Aseos* für *Señoras* (Damen) oder *Caballeros* (Herren).

ZOLL

Die Ausfuhr von Souvenirs, für welche seltene oder gefährdete Tierarten verwendet wurden, ist entweder verboten oder bedarf einer besonderen Genehmigung Erkundigen Sie sich vor dem Kauf.

KONSULATE

Deutschland
☏ 952363591
(Málaga)

Österreich
☏ 955517717
(Sevilla)

Schweiz
☏ 645010303
(Málaga)

IMMER ZU GEBRAUCHEN

Ja/nein **Sí/no**
Bitte **Por favor**
Danke **Gracias**
Keine Ursache/gern **De nada**
Hallo **Hola**
Auf Wiedersehen **Adiós**
Guten Morgen **Buenos días**
Guten Tag (nach 12 Uhr) **Buenas tardes**
Guten Abend **Buenas noches**
Wie geht's? **¿Qué tal?**
Wie viel kostet das? **¿Cuánto vale?**
Tut mir Leid **Lo siento**
Verzeihung **Perdone**
Ich würde gern… **Me gustaría…**
Offen **Abierto**
Geschlossen **Cerrado**
Heute **Hoy**
Morgen **Mañana**
Gestern **Ayer**
Montag **Lunes**
Dienstag **Martes**
Mittwoch **Miércoles**
Donnerstag **Jueves**
Freitag **Viernes**
Samstag **Sábado**
Sonntag **Domingo**

NACH DEM WEG FRAGEN

Ich habe mich verlaufen.
Me he perdido.
Wo ist ...? **¿Dónde está ...?**
Wie komme ich ...? **¿Cómo se va ...?**
zur Bank **al banco**
zur Post **a la oficina de correos**
zum Bahnhof **a la estación de trenes**
Wo sind die Toiletten?
¿Dónde están los servicios?
Links **a la izquierda**
Rechts **a la derecha**
Geradeaus **todo recto**
An der Ecke **en la esquina**
An der Ampel **en el semáforo**
An der Kreuzung **en la intersección**

IM NOTFALL

Hilfe! **¡Socorro!/¡Ayuda!**
Könnten Sie mir bitte helfen?
¿Podría ayudarme, por favor?
Sprechen Sie Deutsch? **¿Habla alemán?**
Ich verstehe (Sie) nicht. **No comprendo.**
Ich spreche nicht Spanisch. **No hablo español.**
Könnten Sie bitte einen Arzt rufen?
¿Podría llamar a un médico, por favor?

ÜBERNACHTEN

Haben Sie ein Einzel-/Doppelzimmer?
¿Le queda alguna habitación individual/doble?
mit/ohne Bad/WC/Dusche
con/sin baño propio/lavabo propio/ducha propia
Ist das Frühstück inbegriffen?
¿Incluye el desayuno?
Kann ich das Zimmer ansehen?
¿Puedo ver la habitación?
Ich nehme das Zimmer.
Me quedo con esta habitación.
Den Schlüssel für Zimmer ..., bitte.
La llave de la habitación ..., por favor.
Danke für Ihre Gastfreundschaft.
Muchas gracias por la hospitalidad.

ZAHLEN

1 **uno**	11 **once**	21 **veintiuno**	200 **doscientos**
2 **dos**	12 **doce**	22 **veintidós**	300 **trescientos**
3 **tres**	13 **trece**	30 **treinta**	400 **cuatrocientos**
4 **cuatro**	14 **catorce**	40 **cuarenta**	500 **quinientos**
5 **cinco**	15 **quince**	50 **cincuenta**	600 **seiscientos**
6 **seis**	16 **dieciséis**	60 **sesenta**	700 **setecientos**
7 **siete**	17 **diecisiete**	70 **setenta**	800 **ochocientos**
8 **ocho**	18 **dieciocho**	80 **ochenta**	900 **novecientos**
9 **nueve**	19 **diecinueve**	90 **noventa**	1000 **mil**
10 **diez**	20 **veinte**	100 **cien**	

IM RESTAURANT

Ich würde gern einen Tisch reservieren.
Me gustaría reservar una mesa.
Haben Sie einen Tisch für zwei Personen, bitte?
¿Tienen una mesa para dos personas, por favor?
Würden Sie uns bitte die Speisekarte bringen?
¿Nos podría traer la carta, por favor?
Die Rechnung, bitte.
La cuenta, por favor.

Bedienung inklusive
Servicio incluido
Frühstück **el desayuno**
Mittagessen **el almuerzo**
Abendessen **la cena**
Kellner/Kellnerin **camarero/camarera**
Vorspeise **los entremeses**
Hauptgericht **el plato principal**
Nachspeise **el postre**
Tagesgericht **plato del día**
Rechnung **la cuenta**

SPEISEKARTE

aceituna Olive
ajo Knoblauch
alcachofa Artischocke
almejas Muscheln
almendras Mandeln
anguila Aal
arroz Reis
atún/bonito Thunfisch
bacalao Kabeljau
berenjena Aubergine
biftec Steak
bocadillo Sandwich
boquerones Sardellen
calamares Tintenfisch (gegrillt)
caldo Fleischbrühe
callos Kutteln
cangrejo Krebs
cebolla Zwiebel
cerdo Schweinefleisch
cerezas Kirschen
cerveza Bier
champiñones Champignons
chorizo würziges Würstchen
chuleta Kotelett
churros frittiertes Gebäck
ciruela Pflaume
cochinillo asado Spanferkel
codorniz Wachtel
conejo Kaninchen
cordero Lamm
crema Sahne
criadillas Hoden
crudo roh
endibia Chicorée
ensalada (mixta) (gemischter) Salat
ensaladilla rusa russischer Salat
espárragos Spargel
espinaca Spinat
fideos Nudeln
filete Filet
flan Karamellpudding
frambuesa Himbeere
fresa Erdbeere
fruta (de temporada) Früchte (der Saison)
galleta Keks
gambas Shrimps
garbanzos Kichererbsen
gazpacho andaluz kalte Gemüsesuppe
grosellas rote/schwarze Johannisbeeren
guisantes Erbsen
habas Saubohnen
helado Eis
hígado de oca Gänseleber
huevos fritos/revueltos Spiegelei, Rührei
jamón Schinken
judías verdes grüne Bohnen
jugo Saft
langostino Languste
leche Milch
lechuga Kopfsalat
legumbres Gemüse
lengua Zunge
lenguado Seezunge
liebre Hase
lomo de cerdo Schweinelende
manzana Apfel
mariscos Meeresfrüchte
mejillones Miesmuscheln
melocotón Pfirsich
melón Melone
merluza Seehecht
mero Zackenbarsch
morcilla Blutwurst
pan Brot
pato Ente
pepino Gurke
pepinillos Essiggurken
pera Birne
perejil Petersilie
pez espada Schwertfisch
pescado Fischgericht
pimientos roter/grüner Paprika
piña Ananas
plátano Banane
pollo Huhn
puerro Lauch
pulpo Tintenfisch
queso Käse
rape Seeteufel
riñones Niere
salchicha Würstchen
salchichón Hartwurst
salmonete Meerbarbe
solomillo de buey Rinderfilet
sopa Suppe
tocino Speck
tortilla española Omelett mit Kartoffeln
tortilla francesa Omelett natur
trucha Forelle
verduras grünes Gemüse
zanahorias Karotten

Reiseatlas

Kapiteleinteilung: siehe Übersichtskarte auf der Umschlaginnenseite

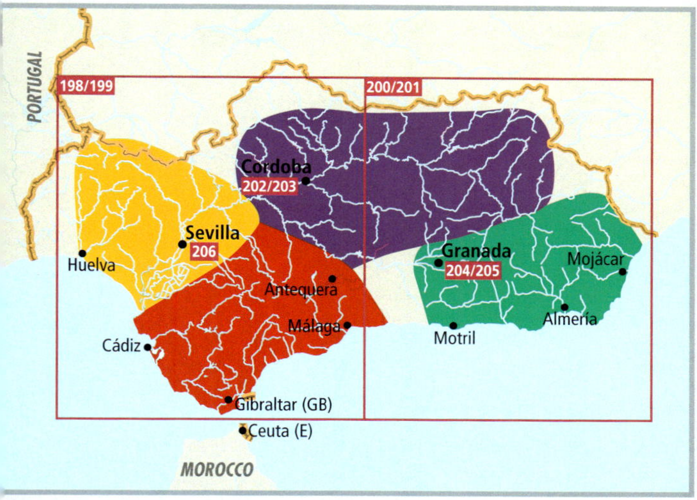

Legende

A-7 Autobahn	Burg, Kastell; Ruine
A-381 Schnellstraße	Kloster; Kirche, Kapelle
A-369 Fernstraße	Sehenswürdigkeit
A-2226 Hauptstraße	Archäologische Stätte
Nebenstraße	Sendemast; Windkraftanlage
Straße in Bau	Höhle; Leuchtturm
Straße, nicht befestigt	Berggipfel; Pass, Joch
Fahrweg	Skigebiet
Fußweg	Windsurfing; Jachthafen
Fähre, Bootsverbindung	Badestrand
Staatsgrenze	1 TOP 10
Provinzgrenze	26 Nicht verpassen!
Naturparkgrenze	22 Nach Lust und Laune!
Internationaler Flughafen	
Regionaler Flughafen	

1 : 3.700.000

0 — 50 — 100 km

0 — 25 — 50 mi

A
B
C
Alconchal
Barcarrota
Los Santos de Maimona
Villafranca de los Barros
Hornachos
Reguengos de Monsaraz
Zafra
Villanueva del Fresno
Jerez de los Caballeros
Usagre
Valencia de las Torres
Amareleja
Fregenal de la Sierra
Llerena
Sobral da Adiça
Pias
Monesterio
Rosal de la Frontera
Cortegana
Galaroza
Aracena
Santa Olalla del Cala
Santa Bárbara de Casa
Paymogo
Sierra de Aracena
Minas de Ríotinto
Nerva
Calañas
Castilblanco de los Arroyos
Las Nieves
Tharsis
Valverde de Camino
Villanueva de los Castillejos
Aznalcóllar
La Algaba
Trigueros
La Palma del Condado
Itálica
Camas
Tomares
SEVILLA
Gibraleón
San Juan de Aznalfarache
Bollullos
Mairena del Aljarafe
Ayamonte
Lepe
Huelva
Rociana
Coria del Río
Moguer
Almonte
Isla Cristina
Punta Umbría
El Rocío
Mazagón
Los Palacios y Villafranca
Río Guadalquivir
Matalascañas
Parque Nacional de Doñana
Lebrija
Costa de la Luz
Sanlúcar de Barrameda
Arcos de la Frontera
Chipiona
JEREZ DE LA FRONTERA
Rota
El Puerto de Santa María
Cádiz
Puerto Real
San Fernando
Chiclana de la Frontera
Medina Sidonia
Conil de la Frontera
Barbate
Oceano Atlântico
N-432
EX-101
A-66
N-435
N-433
N260
A-49
H-31
A-497
A-4
AP-4
A-382
A-381
A-48
N-340

D
E
F
Campillo de Llerena
Paraleda de Zaucejo
Belalcázar
Hinojosa del Duque
N-420
Conquista
Alacaracejos
Pedroche
Fuencalie
La Granjuela
Peñarroya-Pueblonuevo
Pozoblanco
Villanueva de Córdoba
5
Azuaga
Fuente Obejuna
Bélmez
Cardeña
N-432
Embalse de Puente Nuevo
Guadalcanal
Villaviciosa de Córdoba
El Vacar
N-420
Alanis
Marmolejo
Montoro
35
A-4
Cazalla de la Sierra
Medina Azahara
31
CÓRDOBA
Constantina
Bujalance
2
Pedroso
Almodóvar del Río
Posadas
4
A-4
N-432
A-45
Palma del Río
Lora del Río
Río Guadalquivir
Castro del Río
Villanueva del Río y Minas
La Rambla
Montilla
Baena
La Campana
Brenes
Écija
Aguilar de Frontera
Zuheros
6
A-4
37
32
Carmona
Cabra
28
Mairena del Alcor
SE-40
Puente Genil
El Rubio
Lucena
Alcalá de Guadaíra
A-92
Marchena
Rute
Encinas Reales
A-45
Casariche
Iznájar
Estepa
3
Arahal
Utrera
A-92
Alameda
Embalse de Iznájar
La Puebla de Cazalla
Osuna
SE-40
Morón de la Frontera
La Roda de Andalucía
Archidona
El Coronil
El Saucejo
Campillos
A-384
A-92
200
A-92M
Montellano
Antequera
14
Puerto de las Pedrizas
Teba
Olvera
A-384
El Chorro
Colmenar
Bornos
Villamartín
Algodonales
Ardales
A-45
A-384
Álora
Prado del Rey
Arriate
El Burgo
Grazalema
Ronda
Rincón de la Victoria
A-7
16
Parque Natural
Sierra de Grazalema
15
4
Alozaina
Cártama
Ubrique
Parque Natural Sierra de las Nieves
Coín
Alhaurín de la Torre
11
MÁLAGA
2
Alhaurin el Grande
Mijas
Torremolinos
Benalmádena
Marbella
AP-7
Fuengirola
Gaucin
Alcalá de los Gazules
A-7
A-7
San Pedro de Alcántara
Puerto Cabopino
Jimena de la Frontera
Estepona
AP-7
10
Costa del Sol
la Frontera
Sotogrande
A-381
San Roque
Los Barrios
A-7
La Línea de la Concepción
Algeciras
20
Gibraltar
Punta de Europa
1
N-340
Tarifa
Estrecho de Gibraltar
Ceuta
D
E
F

A
B
C
Almadén
Almagro
Corral de Calatrava
CM-412
Moral de Calatrava
de Franco
Valdepeñas
A-41
Puertollano
Brazatortas
Calzada de Calatrava
N-420
Mestanza
Santa Cruz de Mudela
Solana del Pino
Viso del Marqués
A-4
Almuradiel
Conquista
Pedroche
Fuencaliente
Villanueva de Córdoba
Cardeña
La Carolina
Baños de la Encina
34
Arquillos
Villacarrillo
Bailén
N-322
Linares
Vacar
4
Marmolejo
Andújar
A-44
Montoro
35
Úbeda
Baeza
29
5
Mengíbar
Lopera
CÓRDOBA
2
Bujalance
Porcuna
A-316
Jódar
Mancha Real
N-432
Torredonjimeno
Jaén
33
A-45
Castro del Río
Martos
Huelma
Montilla
Baena
Alcaudete
Aguilar de la Frontera
3
Zuheros
32
Guadahortuna
Torre Cardela
Cabra
28
Priego de Córdoba
Alcalá la Real
Puente Genil
Lucena
Iznalloz
Rute
Montefrío
A-92
Guadix
27
Encinas Reales
Casariche
199
Iznájar
Pinos-Puente
Maracena
Alameda
Embalse de Iznájar
Atarfe
GRANADA
1
Loja
Huétor Tájar
Santa Fé
Archidona
Malá
Armilla
Parque Nacional de Sierra
Sierra
A-384
A-92M
Alhama de Granada
Antequera
14
Puerto de las Pedrizas
Sierra de Almijara
Durcal
Las Alpujarras
Órgiva
8
El Chorro
Colmenar
Vélez de Benaudalla
Álora
Vélez-Málaga
13
Otivar
Albuñol
Rincón de la Victoria
A-7
Torrox
Motril
Cártama
Torre del Mar
Nerja
Almuñécar
Torrenueva
La Rábita
Alhaurín de la Torre
11
MÁLAGA
Mijas
Torremolinos
Benalmádena
AP-7
Fuengirola
Puerto Cabopino
Costa Tropic
Costa del Sol
10
200

D
E
F
Balazote
Pozo Cañada
Villahermosa
Villanueva de los Infantes
CM-412
Villanueva de la Fuente
Alcaraz
Peñas de San Pedro
Pozohondo
Torre de Juan Abad
Albaladejo
Vianos
N-322
CM-3216
Tobarra
A-30
Hellín
Ríopar
Elche de la Sierra
CM-3216
Génave
Siles
Puente de Génave
Orcera
Yeste
Férez
Cenajo
Beas de Segura
Hornos
Gutar
Nerpio
Moratalla
Calasparra
Cieza
Pontones
Caravaca de la Cruz
Cehegín
Parque Natural de Cazorla y Segura
30
Sierra de Segura
Bullas
Las Torres
Puebla de Don Fadrique
Cazorla
Alhama de Murcia
Quesado
La Paca
Huéscar
Castril
Totana
Los
Pozo Alcón
Galera
Vélez-Blanco
A-7
Vélez-Rubio
Lorca
Villanueva de las Torres
Chirivel
A-91
Altobordo
Cúllar
A-92N
Puerto Lumbreras
Alicún del las Torres
A-7
Baza
Caniles
Sierra de los Filabres
Olula del Río
Cantoria
Albox
Huércal Overa
Águilas
A-92N
Gor
Tijola
AP-7
Cuevas de Almanzora
27
A-92
Antas
Vera
Huéneja
Lubrín
A-7
Garrucha
La Calahorra
Uleila del Campo
Mojácar
Fiñana
Turre
Gérgal
25
24
Nevada
N-340a
Sorbas
A-92
Tabernas
Sierra Nevada
26
Sierra de Alhamilla
Laujar
Carboneras
Ugíjar
Alhama de Almería
Gádor
Níjar
23
Cádiar
A-7
Sierra de Gádor
Almería
Parque Natural Cabo de Gata-Níjar
Berja
Vícar
El Ejido
21
San Miguel de Cabo de Gata
22
San José
A-7
Balanegra
Adra
Roquetas de Mar
Guardias Viejas
Almerimar
Cabo de Gata
Costa de Almería
Costa de Almería
Mar Mediterráneo
5
4
3
2
1
D
E
F

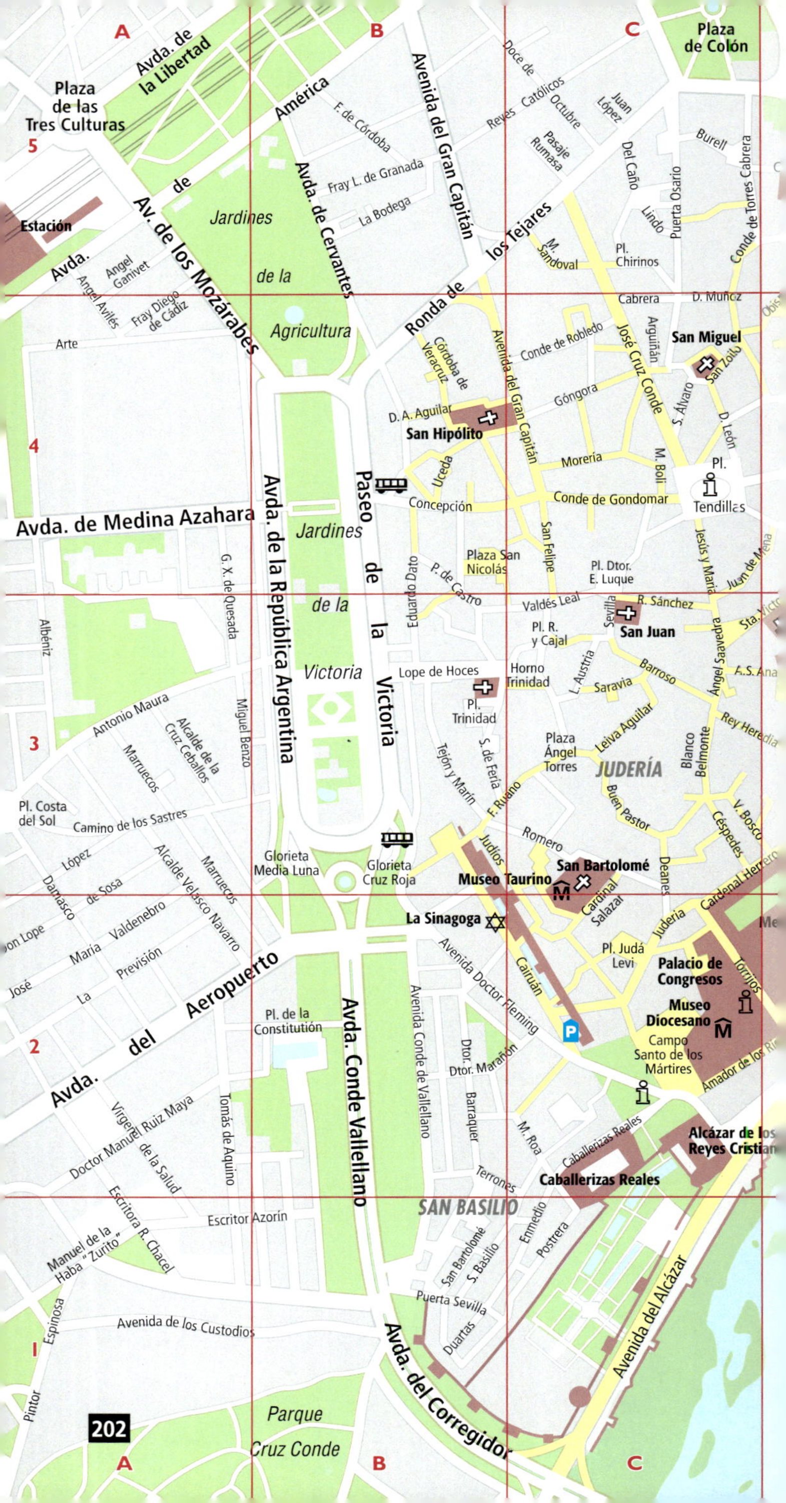
A
B
C
Plaza de Colón
Plaza de las Tres Culturas
Avda. de la Libertad
Avda. de América
Estación
Avda.
Av. de los Mozárabes
Jardines de la Agricultura
Avda. de Cervantes
Avenida del Gran Capitán
F. de Córdoba
Fray L. de Granada
La Bodega
Reyes Católicos
Doce de Octubre
Juan López
Pasaje Rumasa
Burell
Del Caño
Lindo
Puerta Osario
Conde de Torres Cabrera
Ronda de los Tejares
M. Sandoval
Pl. Chirinos
Cabrera
D. Muñoz
Angel Ganivet
Angel Avilés
Fray Diego de Cádiz
Arte
Córdoba de Veracruz
Conde de Robledo
Arguiñán
José Cruz Conde
San Miguel
San Zoilo
S. Álvaro
Góngora
D. A. Aguilar
San Hipólito
D. León
M. Boil
Pl. Tendillas
Uceda
Morería
Concepción
Conde de Gondomar
Jesús y María
Paseo de la Victoria
Jardines de la Victoria
Avda. de Medina Azahara
Avda. de la República Argentina
G. X. de Quesada
Eduardo Dato
P. de Castro
Plaza San Nicolás
San Felipe
Pl. Dtor. E. Luque
Juan de Mena
Valdés Leal
Sevilla
R. Sánchez
San Juan
Sta. Victoria
Albéniz
Pl. R. y Cajal
L. Austria
Barroso
A. S. Ana
Ángel Saavedra
Lope de Hoces
Horno Trinidad
Pl. Trinidad
Saravia
Antonio Maura
Alcalde de la Cruz Ceballos
Miguel Benzo
Marruecos
Tejón y Marín
S. de Fería
Plaza Ángel Torres
Leiva Aguilar
JUDERÍA
Blanco Belmonte
Rey Heredia
Pl. Costa del Sol
Camino de los Sastres
F. Ruano
Buen Pastor
V. Bosco
Céspedes
López de Sosa
Alcalde Velasco Navarro
Glorieta Media Luna
Glorieta Cruz Roja
Romero
Judíos
San Bartolomé
Museo Taurino
Cardenal Salazar
Deanes
Cardenal Herrero
Damasco
Don Lope
María Valdenebro
La Sinagoga
Judería
Pl. Judá Levi
Palacio de Congresos
Torrijos
José
La Previsión
Avda. del Aeropuerto
Avenida Doctor Fleming
Cairuán
Museo Diocesano
Pl. de la Constitución
Avda. Conde Vallellano
Avenida Conde de Vallellano
Campo Santo de los Mártires
Amador de los Ríos
P
1
2
3
4
5
Dtor. Marañón
Dtor. Barraquer
Virgen de la Salud
Doctor Manuel Ruiz Maya
Tomás de Aquino
M. Roa
Caballerizas Reales
Alcázar de los Reyes Cristianos
Terrones
Escritora R. Chacel
Escritor Azorín
SAN BASILIO
Enmedio
Postrera
Manuel de la Haba "Zurito"
San Bartolomé
S. Basilio
Puerta Sevilla
Espinosa
Avenida de los Custodios
Duartas
Avenida del Alcázar
Pintor
Avda. del Corregidor
Parque Cruz Conde

Córdoba
150 m
150 yd
D
E
F
5
4
3
2
1
Pl. de los Dolores
Isabel Losa
Pl. Don Gome
Palacio de Viana
D. Gome
San Rafael
Aguilar
Espejo
J.
Juan Rufo
Muñoz Capilla
Parras
Hinojo
Ocaña
Arroyo S. Rafael
Sta. María de Gracia
P. Verdugo
Pl. Capuchinos
Pta. del Rincón
Enrique Redel
Arroyo San Andrés
I. Peral
Cidros
Manchado
R. Casas Deza
Alfaros
Convento de Santa Maria
P. Fdez.
Plaza Realejo
Abéjar
Golondrina
Crucifício
Cerro
Muñices
Historiador D. Ortiz
Iglesia de la Magdalena
Obispo Fitero
Pl. Cardenal Toledo
Carbonell y Morand
Realejo
San Andrés
D. Mendéz
Ronda de Andújar
Borja Pavón
San Pablo
Villalones
P. Bermejo
Sta. Inés
Rastrera
Magdalena
Capitulares
San Pablo
F. P. Oliva
D. Victoria
Pl. Orive
Arenillas
Alfonso XIII
M. Cristina
Huerto de San Pablo
Gutiérrez de los Ríos
Regina
Pl. Regina
Isabel II
G. Lovera
López
Pedro
La Palma
Alfonso XII
Cruz Verde
C. Marcelo
R. Marín
Juramento
Alcántara
San Eloy
Frías
Conde
Plaza de la Corredera
Toril
Escultor
Pl. Aguayos
Pl. Vizconde de Miranda
Siete Revueltas
A. de Morales
D. Córdoba
Reloj
P. Rey
S. Peña
Pl. Cañas
Pl. Paja
Carlos Rubio
J. de Mesa
San Pedro
Ravé
Pompeyos
La Rosa
M. Luis
Tornillo
Agustín Moreno
Santa Victoria
Museo Arqueológico
H. San Pedro El Real
Candelaria
Don Rodrigo
Valderrama
G. J. Carillo
Aceite
Ronquillo Briceño
Santiago
Claustro
Tinte
Pl. Jerónimo Páez
M. del Villar
A. del Castillo
Eulogio
Armas
Lineros
Mucho Trigo
Museo de la Bellas Artes
Ronda de los Mártires
J. R. Torres
S. Francisco
R. Barros
E. R. Torres
Badanas
Noques
H. Cristo
Cjón Arquillos
San Fernando
Posada del Potro
Paseo de la Ribera
Encarnación
Caldereros
Lucano
Río Guadalquivir
Osio
M. Rucker
Amparo
Plaza Cruz del Rastro
Alfayatas
M. G. Francés
Puente de Miraflores
Mezquita
Corregidor Luis de la Cerda
Parque de Miraflores
Ronda de Isasa
Triunfo
Ríos
Futuro Centro de Congresos de Córdoba
Puente Romano
Gitanos
Virrey Moya
Torre de la Calahorra
Jesús
M. Lopez
F. de Córdoba
Plaza Santa Teresa
Pl. Rastro
Avda. de la Diputación
Avda. de Cádiz
El Rosario
S. D. de Guzmán
Tenerife
Fray Pedro de Córdoba
S. José
Virgen del Rayo
Avenida Fray Albino
Obispo Cubero
Cordel de Écija
Pl. Sor Pilar
Castro
Adalid

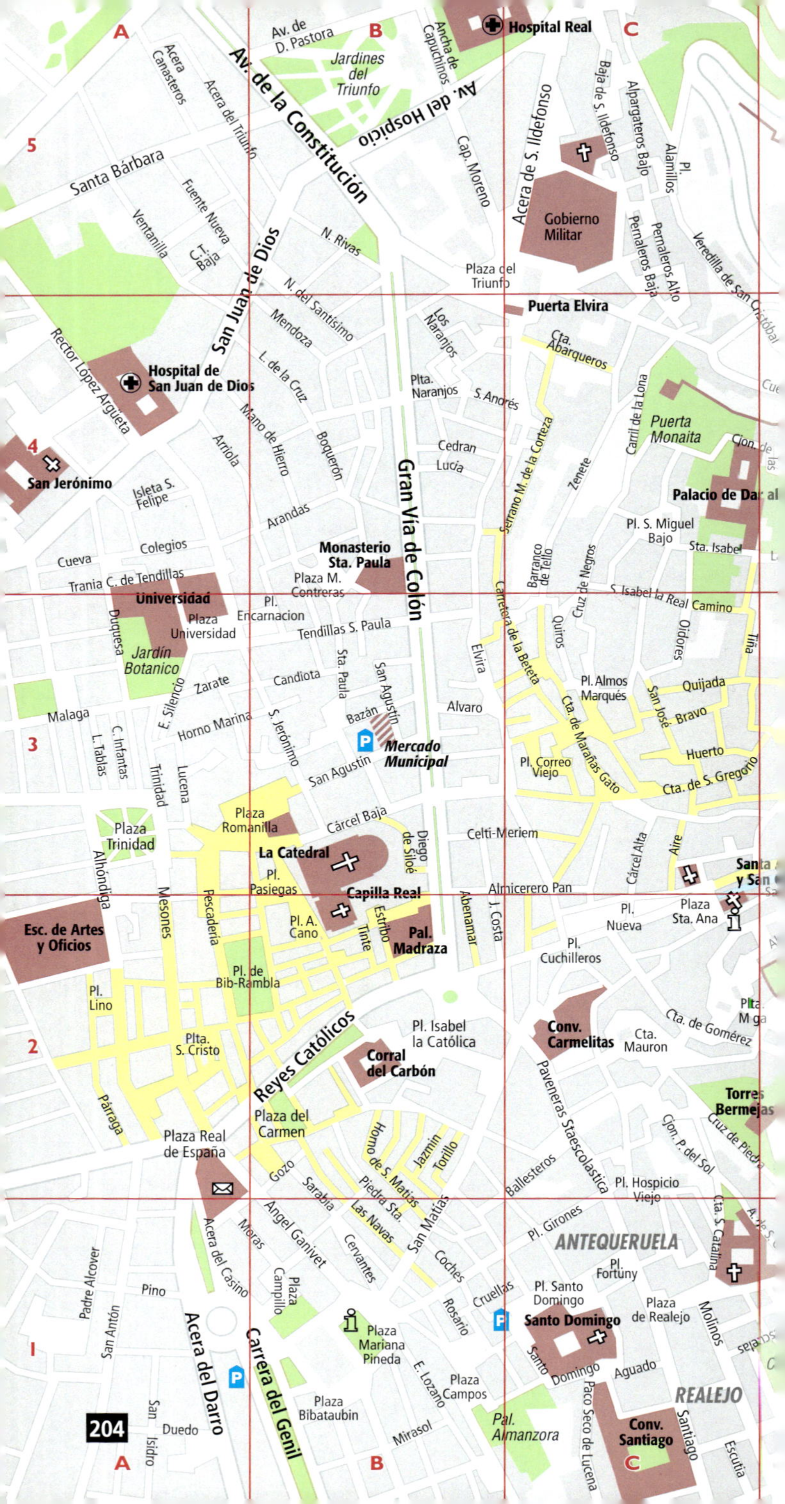
A
B
C
1
2
3
4
5
Hospital Real
Av. de D. Pastora
Jardines del Triunfo
Ancha de Capuchinos
Av. del Hospicio
Av. de la Constitución
Acera Canasteros
Acera del Triunfo
Santa Bárbara
Fuente Nueva
Ventanilla
C.T. Baja
San Juan de Dios
N. Rivas
Cap. Moreno
Acera de S. Ildefonso
Baja de S. Ildefonso
Alpargateros Bajo
Pl. Alamillos
Gobierno Militar
Pernaleros Baja
Pernaleros Alto
Veredilla de San Cristóbal
Plaza del Triunfo
Puerta Elvira
N. del Santísimo
Mendoza
Los Naranjos
Cta. Abarqueros
Rector López Argüeta
Hospital de San Juan de Dios
L. de la Cruz
Plta. Naranjos
S. Andrés
Carril de la Lona
Puerta Monaita
Cjon. de las
Mano de Hierro
Boquerón
Arriola
Gran Vía de Colón
Cedran
Lucía
Serrano M. de la Corteza
Zenete
San Jerónimo
Isleta S. Felipe
Arandas
Palacio de Dar al
Pl. S. Miguel Bajo
Sta. Isabel
Cueva
Colegios
Monasterio Sta. Paula
Barranco de Tello
Cruz de Negros
Trania C. de Tendillas
Plaza M. Contreras
Universidad
Pl. Encarnacion
Plaza Universidad
Duquesa
Jardín Botanico
Tendillas S. Paula
Carretera de la Beteta
Quiros
S. Isabel la Real Camino
Oidores
Tiña
Elvira
Zarate
Candiota
Sta. Paula
San Agustín
Pl. Almos Marqués
San José
Quijada
Bravo
E. Silencio
Malaga
Horno Marina
S. Jerónimo
Bazán
Alvaro
Cta. de Marañas Gato
L. Tablas
C. Infantas
Mercado Municipal
Pl. Correo Viejo
Huerto
Cta. de S. Gregorio
Trinidad
Lucena
San Agustín
Plaza Trinidad
Plaza Romanilla
Cárcel Baja
Diego de Siloé
Celti-Meriem
Cárcel Alta
Aire
La Catedral
Santa y San
Alhóndiga
Pl. Pasiegas
Capilla Real
Almicerero Pan
Esc. de Artes y Oficios
Mesones
Pescadería
Pl. A. Cano
Estribo
Tinte
Pal. Madraza
Abenamar
J. Costa
Pl. Nueva
Plaza Sta. Ana
Pl. Cuchilleros
Pl. de Bib-Rambla
Pl. Lino
Plta. M ga
Cta. de Gomérez
Plta. S. Cristo
Reyes Católicos
Pl. Isabel la Católica
Conv. Carmelitas
Cta. Mauron
Corral del Carbón
Torres Bermejas
Párraga
Plaza del Carmen
Paveneras Staescolastica
Cjon. P. del Sol
Cruz de Piedra
Plaza Real de España
Horno de S. Matías
Jazmín
Torillo
Gozo
Sarabia
Piedra Sta.
Ballesteros
Pl. Hospicio Viejo
Angel Ganivet
Las Navas
San Matías
Pl. Girones
ANTEQUERUELA
Cta. S. Catalina
Moras
Acera del Casino
Cervantes
Coches
Pl. Fortuny
Padre Alcover
Pino
Plaza Campillo
Rosario
Cruellas
Pl. Santo Domingo
Plaza de Realejo
Molinos
San Antón
Plaza Mariana Pineda
Santo Domingo
Acera del Darro
Carrera del Genil
E. Lozano
Plaza Campos
Aguado
REALEJO
San Isidro
Duedo
Plaza Bibataubin
Mirasol
Pal. Almanzora
Paco Seco de Lucena
Conv. Santiago
Santiago
Escutia

Granada
HAZA GRANDE
ALBAYZÍN
ALHAMBRA
GENERALIFE
Carretera de Murcia
Camino de S. Antonio
Fajalauza
Callejón de la Alberzana
Cruz de Piedra
S. Gregorio
I. E. M.
Plta. San Bartolome
Alto
Estrella
B. Viejo
San Luis
Brujones
S. Cristobal
Cjon. S. Barto
Pages
Ceniceros
Plta. Almona
Agua
Fátima
Algibe de Pino
Cuesta de Alhacaba
Puerta Nueva
Las Minas
Pl. Larga
Panaderos
Algibe de la Gitana
Monjas
al-Horra
San Salvador
Pl. S. Trinidad
Cjon. S. Cecilio
Charca
S. Agustín
Pl. S. Nicolás
S. A. Alto
Cta. Veredilla S. Agustín
Plta. Albaida
Real Camino
Mezquita Mayor
Plazoleta del Abad
N. S. Nicolás
Museo Moreau
Cjon. de las Tomasas
Carril
Carretera Chinos Vda. Enmedio Alta
Cta. de San Agustín
Plta. Nevot
Pl. Almes
Guinea Careillos S. Agustín
Pl. de Toqueros
Cta. S. Agustín
Casa del Chapiz
Camino del Sacromonte
Rosal S. Pedro
Plta. Cobertizo
San Juan de Los Reyes
Carro Clavel
Gloria
Santisimo S. Pedro
Valenzuela Hormo del Oro
Grajales
Carnero P. Concepcion
Zafra
Museo Arqueológico
Candil
G. S. Pedro
Cta. Victoria
Cta. Chapiz
Bañuelo
Carrera del Darro
Ana Gil
Santa Ana
Paseo Padre Manjón
Paseo de los Tristes
Río Darro
Almazora Alta
Chirimías
Camino Fuente del Avellano
Alcazaba
Plaza Aljibes
Alhambra
Palacio
Arco de las Granadas
Jardines del Partal
Carretera de Los Chinos
Parador San Francisco
Jardines del Generalife
Aire Alta
Callejón Niño del Royo
Cecilio
Cta. del Realejo
Plegadero Alto
Huerto San Cecilio
Taxi
A. Alta Paseo de Mártires
Teatro
Medina
Campo del Príncipe
Campo del Principe Huete
Parra de S. Cecilio
Carril de S. Cecilio
A. Baja
Nevot
D
E
F
1
2
3
4
5
0
200 m
200 yd

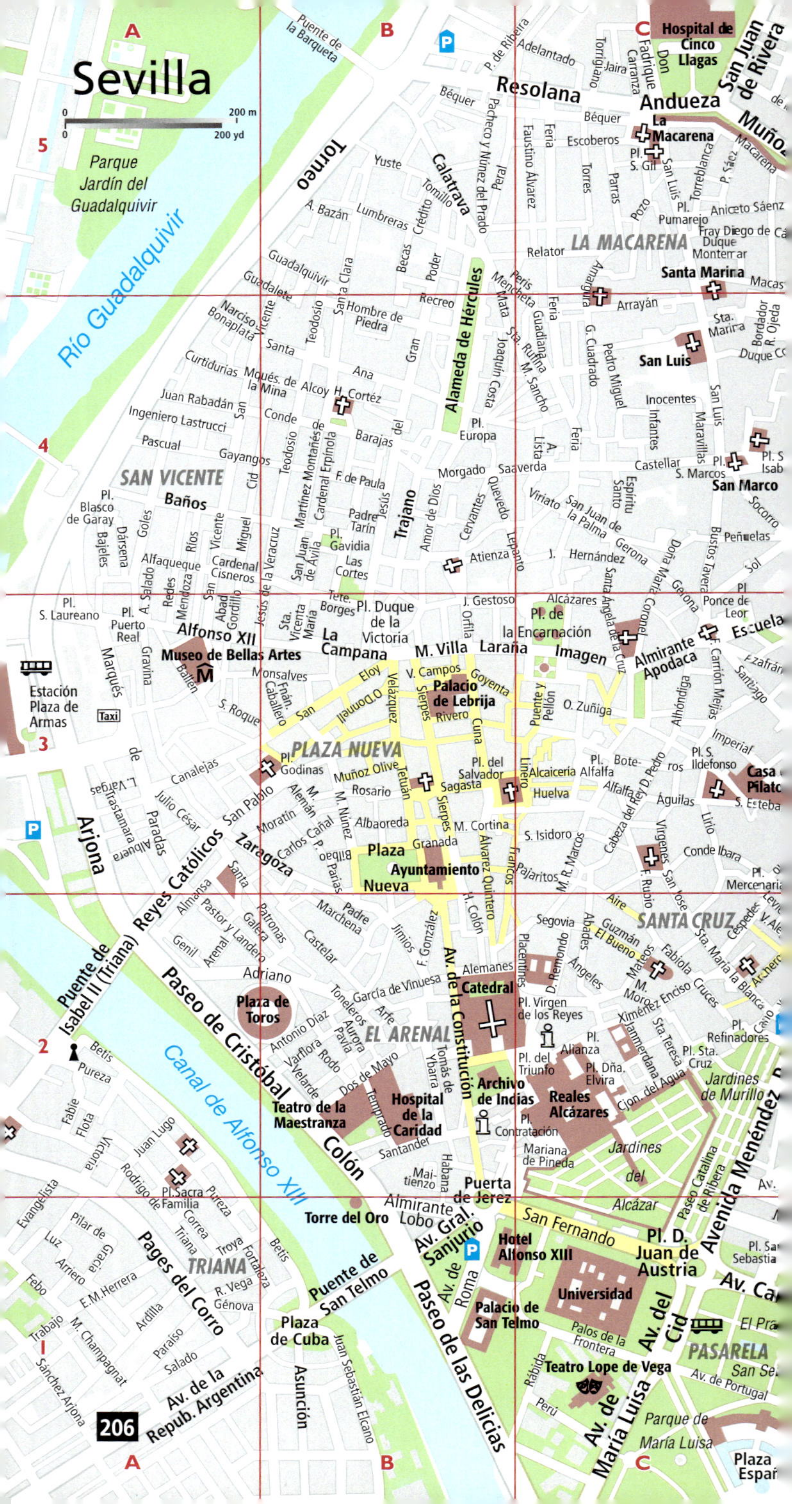
Sevilla
0 200 m
0 200 yd
A
B
C
5
4
3
2
Parque Jardín del Guadalquivir
Río Guadalquivir
Puente de la Barqueta
Torneo
Resolana
Andueza
Hospital de Cinco Llagas
San Juan de Rivera
La Macarena
LA MACARENA
Santa Marina
San Luis
Alameda de Hércules
Calatrava
Trajano
SAN VICENTE
Baños
Alfonso XII
Museo de Bellas Artes
Estación Plaza de Armas
Taxi
La Campana
M. Villa
Laraña
Imagen
Pl. de la Encarnación
Pl. Duque de la Victoria
Almirante Apodaca
Escuela
Palacio de Lebrija
PLAZA NUEVA
Pl. del Salvador
Casa de Pilatos
San Marcos
Plaza Nueva
Ayuntamiento
Reyes Católicos
Zaragoza
Arjona
Puente de Isabel II (Triana)
Paseo de Cristóbal Colón
Plaza de Toros
EL ARENAL
Catedral
Archivo de Indias
Reales Alcázares
SANTA CRUZ
Teatro de la Maestranza
Hospital de la Caridad
Av. de la Constitución
Canal de Alfonso XIII
Torre del Oro
Puerta de Jerez
San Fernando
Jardines de Murillo
Jardines del Alcázar
Avenida Menéndez
Pl. D. Juan de Austria
Hotel Alfonso XIII
Universidad
Palacio de San Telmo
Teatro Lope de Vega
Av. de María Luisa
Av. del Cid
Parque de María Luisa
PASARELA
Plaza de España
Puente de San Telmo
Plaza de Cuba
Paseo de las Delicias
TRIANA
Pages del Corro
Av. de la Repub. Argentina
Asunción
Juan Sebastián Elcano
Betis
Pureza

Register

Abbildungsnachweis

Abkürzungen: (o) oben; (u) unten; (l) links; (r) rechts; (m) Mitte

AA/Michelle Chaplow: S. 90, 100, 111, 131, 193 (o.), 193 (u. re.)

AA/Jerry Edmanson: S. 50, 88

AA/Max Jourdan: S. 19

AA/Andrew Molyneux: S. 146

AA/Jens Poulsen: S. 65 (u.)

AA/Douglas Robertson: S. 63 (o.), 81, 91, 126, 184

AA/James Tims: S. 48 (o.), 57, 65 (o.), 193 (u. li.)

AA/Peter Wilson: S. 16, 48 (u.), 51, 67, 140, 160

akg-images: S. 24

DuMont Bildarchiv/Arthur F. Selbach: S. 4, 10, 11, 13, 23, 26, 30, 31 (li.), 31 (re.), 47, 53, 54, 55, 58, 59, 60/61, 63 (u.), 64, 68 (o. und u.), 69, 78, 79 (o.), 79 (u.), 80/81, 82, 83, 86, 110, 112, 115, 118, 119, 120/121, 122, 123, 125, 127, 130, 141, 142/143, 144, 145, 151, 152, 153, 154/155, 156, 157, 158/159, 161, 165, 175, 176, 177, 182

Getty/flickr/Jesús Gabán: S. 128 (o.)

Getty/Sean Gallup: S. 85

Getty/Daniel Perez Garcia-Santos: S. 17

Getty/Carolyn Hubbard-Ford: S. 14

Getty/Tino Soriano: S. 93

laif/hemis.fr/Rene Mattes: S. 129

LOOK-foto/age fotostock: S. 20, 94, 95, 97, 98/99, 100, 101, 102, 132, 150, 150/151, 162, 164, 183, 186

LOOK-foto/Ingrid Firmhofer: S. 7, 146/147

LOOK-foto/Elan Fleisher: S. 89

LOOK-foto/photononstop: S. 114

LOOK-foto/Jürgen Richter: S. 29, 56

LOOK-foto/Arthur F. Selbach: S. 8

Titelbild: Getty Images/TERRY MCCORMICK

Impressum

2. Aufl. 2017

Text: Des Hannigan, Josephine Quintero, Achim Bourmer
Übersetzung: Jutta Ressel M.A., München
Aktualisierung: Achim Bourmer
Redaktion: b2 Text- und Redaktionsbüro (Gabriele Gaßmann)
Projektleitung: Dieter Luippold
Programmleitung: Birgit Borowski
Chefredaktion: Rainer Eisenschmid

Kartografie: ©MAIRDUMONT GmbH & Co. KG, Ostfildern
3D-Illustrationen: jangled nerves, Stuttgart

Anzeigenvermarktung:
MAIRDUMONT MEDIA
Tel. 0711/45020
media@mairdumont.com
media.mairdumont.com

Printed in China

Trotz aller Sorgfalt von Autoren und Redaktion sind Fehler und Änderungen nach Drucklegung leider nicht auszuschließen. Dafür kann der Verlag keine Haftung übernehmen. Berichtigungen, Kritik und Verbesserungsvorschläge sind uns jederzeit willkommen, bitte informieren Sie uns unter:

Verlag Karl Baedeker/Redaktion
Postfach 3162
D-73751 Ostfildern
Tel. 0711 4502 262
smart@baedeker.com
www.baedeker.com

FSC
www.fsc.org
MIX
Papier aus verantwortungsvollen Quellen
FSC® C124385

10 GRÜNDE WIEDERZUKOMMEN

1. **Andalusien** bietet viel Geschichte: antike Stätten, maurische Paläste, Renaissancestädte.

2. Es gibt **herrliche Strände** – an zwei unterschiedlichen Meeren, dem Mittelmeer und dem Atlantik.

3. Die **köstlichen *tapas*** können ein Mittag- oder Abendessen ersetzen.

4. Der **fino**, ein Sherry, schmeckt am besten nach dem Besuch einer namhaften *bodega*!

5. Nirgendwo wird **Flamenco** authentischer und ausgelassener gesungen und getanzt.

6. Bei den **Festivitäten** lernt man die andalusische Seele kennen.

7. **Wandern, Rad fahren, Ski fahren, Windsurfen:** Die Region ist ein Eldorado für Sportler.

8. Der **Tanz der andalusischen Pferde** in Jerez de la Frontera ist hinreißend.

9. Wo sonst in Europa lassen sich so viele **Walarten beobachten** wie bei Gibraltar?

10. Im Parque Nacional Coto de Doñana mit **über 300 Vogelarten** wird man zum Hobby-Ornithologen.